Elemente der Politik

Reihe herausgegeben von

Hartmut Aden, Campus Lichtenberg, Hochschule für Wirtschaft
und Recht Berlin, Berlin, Deutschland

Sonja Blum, Institut für Politikwissenschaft, FernUniversität in
Hagen, Hagen, Deutschland

Hendrik Hegemann, IFSH, Universität Hamburg, Hamburg,
Deutschland

Andrea Schneiker, Staats- und Gesellschaftswissenschaften,
Zeppelin Universität, Friedrichshafen, Deutschland

Sven Siefken, Institut für Politikwissenschaft, Universität
Halle-Wittenberg, Halle (Saale), Deutschland

D1731947

Die ELEMENTE DER POLITIK sind eine politikwissenschaft-liche Lehrbuchreihe. Ausgewiesene Experten und Expertinnen informieren über wichtige Themen und Grundbegriffe der Politikwissenschaft und stellen sie auf knappem Raum fundiert und verständlich dar. Die einzelnen Titel der ELEMENTE dienen somit Studierenden und Lehrenden der Politikwissenschaft und benachbarter Fächer als Einführung und erste Orientierung zum Gebrauch in Seminaren und Vorlesungen, bieten aber auch politisch Interessierten einen soliden Überblick zum Thema.

Die Reihe wurde zuvor herausgegeben von Hans-Georg Ehrhart, Bernhard Frevel, Klaus Schubert, Suzanne S. Schüttemeyer.

Weitere Bände in der Reihe http://www.springer.com/series/12234

Hans-Gerd Jaschke

Politischer Extremismus

Eine Einführung

2., vollständig überarbeitete und erweiterte Auflage

 Springer VS

Hans-Gerd Jaschke
Berlin, Deutschland

Die Deutsche Nationalbibliothek verzeichnet diese Publikation in der Deutschen Nationalbibliografie; detaillierte bibliografische Daten sind im Internet über http://dnb.d-nb.de abrufbar.

© Der/die Herausgeber bzw. der/die Autor(en), exklusiv lizenziert durch Springer Fachmedien Wiesbaden GmbH, ein Teil von Springer Nature 2006, 2020
Das Werk einschließlich aller seiner Teile ist urheberrechtlich geschützt. Jede Verwertung, die nicht ausdrücklich vom Urheberrechtsgesetz zugelassen ist, bedarf der vorherigen Zustimmung der Verlage. Das gilt insbesondere für Vervielfältigungen, Bearbeitungen, Übersetzungen, Mikroverfilmungen und die Einspeicherung und Verarbeitung in elektronischen Systemen.
Die Wiedergabe von allgemein beschreibenden Bezeichnungen, Marken, Unternehmensnamen etc. in diesem Werk bedeutet nicht, dass diese frei durch jedermann benutzt werden dürfen. Die Berechtigung zur Benutzung unterliegt, auch ohne gesonderten Hinweis hierzu, den Regeln des Markenrechts. Die Rechte des jeweiligen Zeicheninhabers sind zu beachten.
Der Verlag, die Autoren und die Herausgeber gehen davon aus, dass die Angaben und Informationen in diesem Werk zum Zeitpunkt der Veröffentlichung vollständig und korrekt sind. Weder der Verlag, noch die Autoren oder die Herausgeber übernehmen, ausdrücklich oder implizit, Gewähr für den Inhalt des Werkes, etwaige Fehler oder Äußerungen. Der Verlag bleibt im Hinblick auf geografische Zuordnungen und Gebietsbezeichnungen in veröffentlichten Karten und Institutionsadressen neutral.

Lektorat: Jan Treibel
Springer VS ist ein Imprint der eingetragenen Gesellschaft Springer Fachmedien Wiesbaden GmbH und ist ein Teil von Springer Nature.
Die Anschrift der Gesellschaft ist: Abraham-Lincoln-Str. 46, 65189 Wiesbaden, Germany

Inhaltsverzeichnis

Tabellenverzeichnis

Einleitung

Das Zeitalter der Extreme – so hat der britische Historiker Eric Hobsbawm das zu Ende gegangene 20. Jahrhundert genannt (Hobsbawm 1995). In der Tat: Auf- und Abstieg des Kommunismus und des Nationalsozialismus, also extrem linker und rechter politischer Regime einschließlich ihrer Vorgeschichten und ihrer lang andauernden Nachwirkungen haben diesem Jahrhundert den Stempel aufgedrückt. Hobsbawm sieht den zentralen Gegensatz jedoch nicht, wie zu vermuten wäre, zwischen diesen beiden Herrschaftsformen, sondern zwischen Kapitalismus und Sozialismus, mithin zwischen den ökonomischen und sozialen Fundamenten totalitärer Herrschaft. Das 20. Jahrhundert war aber auch, zumal in der zweiten Hälfte, ein Siegeszug der Demokratie in Europa und vielen Staaten der Dritten Welt. Menschenrechte, Rechts- und Sozialstaat, Meinungs- und Versammlungsfreiheit – liberale Grundwerte prägen die europäische Verfassungsgeschichte und wirken weit darüber hinaus. Brüche, Rückschläge und das Fortleben extremistischer Tendenzen in der Demokratie begleiten diesen historischen Prozess. Ungewiss ist allerdings, wie stabil die Demokratien auf lange Sicht sind. Ihre Annehmlichkeiten werden zwar wie selbstverständlich wahrgenommen, doch historisch betrachtet ist sie gerade in Deutschland noch recht jung. Krisenhafte Anzeichen sind unübersehbar. Verwerfungen der Globalisierung, wachsende soziale Ungleichheit, die Vermischung von Verteilungs- und

1

ethnischen Konflikten in den städtischen Ballungsräumen und
weltweite terroristische Bedrohungen können die sozialen und
wertbezogenen Grundlagen der Demokratien mittel- und längerfristig gefährden. Die soziale Sicherung breiter Schichten der
Bevölkerung und ein liberaler Rechtsstaat mit größtmöglichen
bürgerlichen Freiheiten sind Errungenschaften, die durchaus
bedroht sind durch Wirtschaftskrisen und Überreaktionen auf
terroristische Herausforderungen.

Rechts- und linksextreme Parteien und Gruppierungen
fungieren als Protestplattformen, denn sie bieten einfache
Antworten auf schwierige Fragen und sie sind in der Lage, die
herrschenden politischen Kräfte nachhaltig zu provozieren.
Beide Lager haben populistische Strategien entwickelt, die an
den Bedürfnissen der Wähler unmittelbar ansetzen und diese in
politischen Protest umformen können. Ihre soziale Basis besteht
nicht zuletzt in jenen Teilen der Bevölkerung, bei denen demokratische Grundüberzeugungen wenig gefestigt sind. In Deutschland nach 1945 haben sie ein bewegtes Auf und Ab durchlebt,
auch mit zeitweiligen parlamentarischen Erfolgen. Sie haben
eigene Traditionen herausgebildet und sind am Rande des demokratischen Spektrums durchaus zählebig. Aber auch jenseits des
politischen Rechts-Links-Spektrums haben sich *Spielarten des
Extremismus* entwickelt, mehr oder weniger beobachtet von den
kritischen Blicken der Öffentlichkeit. Dazu gehören religiös-
fundamentalistische Strömungen, allen voran der militante
Islamismus, aber auch andere. Extremistische Websites im
Internet zeigen eine überraschende Vielfalt: Neben Rechts- und
Linksextremismus finden sich dort teilweise militante Tier-
schützer, Schwulenhasser, Abtreibungsgegner, religiöse Kulte,
Waffenfetischisten und diverse Variationen von *hate crime*.
Die Beseitigung der Demokratie gehört nicht unbedingt zum
Programm dieser Gruppen, aber umgekehrt sind Zweifel
an grundlegenden demokratischen Werten wie Pluralismus,
Toleranz und demokratischen Verfahren durchaus angebracht.

Auch das 21. Jahrhundert wird mit den Bedrohungen des
Extremismus leben müssen. Im Verlauf der ersten 20 Jahre hat
insbesondere der militante Islamismus nach der Ausrufung

des IS-Kalifats 2014 von sich reden gemacht, aber auch der scheinbar unaufhaltsame Aufstieg des Rechtspopulismus in Europa und darüber hinaus. Linke und rechte Varianten von Populismus und Extremismus haben lange Vorgeschichten. Rechte Extermismen entwickelten sich schon Ende des 19. Jahrhunderts als Abspaltungen vom Konservatismus, der Startschuss für linke Formen fiel spätestens mit der russischen Revolution 1917 und ihren Folgewirkungen in Europa. Vermutlich werden die Aktionsformen der Vergangenheit sich fortsetzen, andere, neue, bisher wenig bekannte werden die politische Bühne betreten. In Zukunft wird man nicht mehr nur von Links- oder Rechtsextremismus sprechen, andere Formen wie der Islamismus sind schon hinzugetreten und verweisen darauf, dass die Links-Rechts-Achse politischer Orientierungen erweiterungsbedürftig ist. Dabei geht es nicht nur um die bürgerlich-liberale Werteordnung der Demokratien, sondern um Grundlagen der westlichen Zivilisation und der Kultur, um den westlichen *way of life*. Der von dem amerikanischen Politikwissenschaftler Samuel Huntington zuerst 1993 in einer Fachzeitschrift veröffentliche und später weltweit breit diskutierte Aufsatz über den Zusammenprall der Kulturen (Huntington 1993 und 1996) weist die Richtung: Kriege könnten in Zukunft nicht mehr nur von staatlichen Akteuren entfesselt werden, sondern mehr und mehr von ethnischen und religiösen Privatarmeen, die sich berufen fühlen, ihre Kultur und Lebensweise zu verteidigen und anderswo zu verbreiten. Neben den Inhalten wird aber auch mit einer zeitgemäßen Modernisierung der Mittel zu rechnen sein. Vor allem die Möglichkeiten von social media treiben die nationale und internationale Vernetzung extremistischer Gruppen voran.

Politischer Extremismus scheint nach allen historischen Erfahrungen und nach allen sozialwissenschaftlichen Deutungsversuchen dennoch eine normale Begleiterscheinung entwickelter Demokratien zu sein. Ein komplexes Geflecht von politischen, ökonomischen, kulturellen und technischen

Gegebenheiten ist maßgeblich für die jeweiligen nationalen und internationalen Ausprägungen. Die zentralen Störanfälligkeiten der Demokratien sind seit langem bekannt:

- Staaten in der Übergangsphase von der Diktatur zur Demokratie, die noch keine stabilisierenden demokratischen Traditionen und Mechanismen der Konfliktregulierung herausgebildet haben, erweisen sich als vergleichsweise anfällig gegenüber extremistischen Tendenzen. Zumal dann, wenn die Kräfte der untergegangenen, nicht-demokratischen Regierungsform stark sind und auch die neuen Gegebenheiten maßgeblich beeinflussen und wenn Korruption besonders ausgeprägt ist. Man könnte in diesem Falle von einer Ungleichzeitigkeit sprechen: Das untergegangene Regime lebt fort in Teilen der neuen Eliten, die neuen demokratischen müssen sich demgegenüber behaupten. Die osteuropäischen Gesellschaften nach dem Systemwandel 1990 sind davon in doppelter Weise betroffen. Die alten kommunistischen Kräfte wirken weiterhin, aber es ist auch eine rechtsextreme Szene von Parteien und Gruppen entstanden, die sich auf bemerkenswerte entsprechende Einstellungen in der Bevölkerung beziehen kann. Auch an den Balkanstaaten des ehemaligen Jugoslawien lässt sich studieren, wie sehr die Transformation zur Demokratie langfristig behindert wird von den Kräften des alten kommunistischen Regimes bzw. der Vorherrschaft einer nationalistischen Politik der ethnischen Zugehörigkeit.
- Demokratische Überzeugungen und Verhaltensweisen haben zur Voraussetzung ein Mindestmaß an ökonomischer und sozialer Teilhabe am Wohlstand der Gesellschaft. Große soziale Verwerfungen, starke soziale Ungleichheit und schwindende Lebenschancen breiter Schichten der Bevölkerung führen zu Protest und nachlassender Legitimation der Regierungen und möglicherweise des demokratischen Systems insgesamt. Das klassische Beispiel hierfür ist der Untergang der Weimarer Republik 1930 bis 1933, als Massenarbeitslosigkeit, ein Mangel an demokratischen Grundüberzeugungen und aggressive systemfeindliche Politik

vor allem von Nationalsozialisten und Kommunisten die Ränder links und rechts erstarken ließen.

- Dauerhafte, nicht auf Lebensphasen beschränkte soziale Desintegration von einzelnen oder bestimmten Gruppen fördert die Ausbreitung des politischen Extremismus. Wenn die Kräfte des Arbeitsmarktes und des Bildungssystems bestimmte Gruppen der Gesellschaft benachteiligen und Teilhabe erschwert oder verunmöglicht wird, dann sind wesentliche Voraussetzungen gegeben für extremistische Protestformen. Teile der militanten jugendlichen Subkulturen wie etwa Autonome, rechte Skinheads und ethnisch begründete Streetgangs in städtischen sozialen Brennpunkten verbindet der soziale Ausschluss aus der Gesellschaft. Sicher könnte man einwenden, dass Lebensformen und Lebensstile frei gewählt sind, aber dennoch sind die Ausschlussmechanismen gerade gegenüber diesen Subkulturen unübersehbar.

- Schwelende und ungelöste ethnische und kulturelle Konflikte sind ein besonderes, in der globalisierten, von Migration geprägten Welt wachsendes Problem. Ausbleibende soziale Integration kann zur Entstehung von Parallelgesellschaften führen und auch zum Anwachsen von extremistischen Tendenzen auf beiden Seiten, sowohl bei der Minderheit als auch in Teilen der Mehrheitsgesellschaft. Der radikale und militante Islamismus in Europa ist hierfür ein wichtiges Beispiel. Wenig effektive Integrationsbemühungen der Aufnahmegesellschaften erleichtern fanatischen Gruppen des Islamismus ihre Agitation, indem diese soziale Integrationsangebote für muslimische Jugendliche anbieten und auf diese Weise das Potential des militanten Islamismus vergrößern und vertiefen.

- Das Dilemma der staatlichen Reaktionen auf den politischen Extremismus besteht in der Verhältnismäßigkeit: Zu starke Repression gefährdet Freiheitsrechte und damit auch die liberale Demokratie, zu schwache oder nachlässige gefährdet die Demokratie durch Gewährenlassen extremistischer Kräfte. Zu starke Repression, etwa in der Gesetzgebung zur inneren Sicherheit und der Befugnisse von Sicherheitsbehörden kann zur Implosion der Demokratie führen, zu einer Demokratie mit stetig nachlassender grundrechtlicher und institutioneller Absicherung. Man könnte von der Gefahr sprechen, dass sich Demokratien durch überzogene Abwehrfronten zu Tode schützen und wesentliche Voraussetzungen der rechtsstaatlichen Demokratie aufgeben. *Keine Freiheit für die Feinde der Freiheit* – unter dieser Parole hatten die Jakobiner unter Saint-Just während der Französischen Revolution ihre politischen Gegner auf die Guillotine geschickt und das Prinzip des Selbstschutzes der Demokratie ins Gegenteil verkehrt. Die Anti-Terror-Politik der USA nach den Anschlägen am 11. September 2001 („Nine Eleven") in Form des *Patriot Acts* und die Aussetzung von Grund- und Menschenrechten in Gefangenenlagern wie Guantanamo mögen Beispiele dafür sein, wie Demokratien ihre eigenen Grundlagen unterhöhlen, wenn sie überzogen auf extremistische Angriffe reagieren.

- Zu schwache Repression gegen Extremismus hingegen würde diesem quasi kampflos das Feld überlassen, indem extremistischen Kräften freie Hand gelassen wird zur Abschaffung der Demokratie. Die liberale Weimarer Reichsverfassung setzte ganz auf parlamentarische Mehrheiten und verzichtete im Gegensatz zum Grundgesetz auf unveränderliche, durch keine Mehrheit veränderbare Werteordnungen. Auch dies hat zum Untergang der Weimarer Republik beigetragen. Insofern müssen Demokratien mit Augenmaß ihre Abwehrinstrumente entwickeln und ständig überprüfen. Nach der Wende 1989/1990 gelang es dem organisierten Rechtsextremismus vor allem in Ostdeutschland, in Dörfern und Kleinstädten die kulturelle Hegemonie zu übernehmen, indem öffentliche Treffpunkte der Jugendlichen praktisch von rechts besetzt wurden. Diese Politik der „national befreiten Zonen" ist ein Zeichen dafür, dass die örtliche Politik versagte und es nicht gelang, angemessene Formen der demokratischen Gegenwehr zu etablieren.
- Modernste Mittel der Technik, zumal der Informations- und Kommunikationstechnologie, erhöhen die Störanfälligkeit moderner Gesellschaften und liefern zumal den militanten

Teilen des Extremismus die Mittel zur Zerstörung von lebenswichtigen Infrastrukturen. Der Terrorismus als gewaltförmige
Variante des Extremismus profitiert weltweit am meisten von
dieser Entwicklung. Die Verwandlung von Düsenflugzeugen
in militärische Waffen wie beim 9. September 2001, als
Terroristen das New Yorker World Trade Center zerstörten,
hat das Sicherheitsgefühl von Menschen weltweit auf Jahre
hin beeinflusst und zu erheblichen Veränderungen der Sicher-
heitsarchitekturen in den westlichen Demokratien geführt.

Demokratien ohne extremistische Strömungen sind ebenso
wenig denkbar wie eine Gesellschaft ohne Kriminalität. Der
Extremismus ist eine mehr oder weniger stark ausgeprägte
pathologische Komponente moderner demokratischer Gesell-
schaften. Er ist gleichwohl Teil der Gesellschaft, er hält ihr ein
Spiegelbild vor. Das Studium des Extremismus ermöglicht
Einsichten in Defizite der politischen und gesellschaftlichen
Entwicklung und in den Stand der Demokratisierung. *Extremis-
musforschung ist immer auch angewandte Demokratieforschung.*
Von dieser Grundannahme wird im Folgenden ausgegangen.

Es gibt eine breite, unübersichtliche internationale
Forschungslage zu den Feldern Politischer Extremismus,
Fundamentalismus und Terrorismus. Der vorliegende Band ver-
folgt das Ziel, davon ausgehend den politischen Extremismus und
seine hauptsächlichen Ausprägungen, nämlich Fundamentalismus, Populismus und Terrorismus, zusammenhängend in den
wesentlichen Zügen vorzustellen, wobei sowohl die Realent-
wicklungen als auch die sozialwissenschaftliche Debatte Eingang finden. Im Verlauf der Arbeit an diesem Buch stellte sich
heraus, dass der Extremismus mehr und mehr internationale Ver-
flechtungen aufweist. Insofern wäre es unangemessen, die Darstellung auf Deutschland zu beschränken. Umgekehrt kann aber
der internationale Kontext schon aus Platzgründen hier nicht
erschöpfend einbezogen werden. Deshalb sind internationale
Bezüge integriert worden, wo die Sache es verlangt.

Am Anfang steht die Diskussion über den Extremismus-
Begriff, der sowohl wissenschaftliche als auch politische
Aspekte hervortreten lässt. Er ist bis heute umstritten geblieben,

deshalb sollte möglichst sorgfältig mit ihm umgegangen werden. Das folgende Kapitel über Entwicklungen des politischen Extremismus behandelt vor allem die wesentlichen Ausprägungen, die rechte und die linke Variante. Aufgrund der Entwicklungsdynamiken im 19. und im 20. Jahrhundert ist eine historisch angelegte Darstellungsform geradezu zwingend. Das Phänomen des politischen Extremismus ist eine historische Ausdifferenzierung aus den bis heute nachhaltig fortwirkenden politischen Hauptströmungen Liberalismus, Konservatismus und Sozialismus. Konservatismus und Sozialismus sind historische Reaktionsweisen auf die liberalen Ideen der Aufklärung und der Französischen Revolution, politisch mobilisiert werden sie von der im entstehenden Kapitalismus Mitte des 19. Jahrhunderts aufgeworfenen sozialen Frage. Politischer Extremismus in der linken und rechten Variante entsteht durch Radikalisierungsprozesse im konservativen und sozialistischen Lager in der zweiten Hälfte des 19. Jahrhunderts. Es reicht also nicht aus, Extremismus an der Messlatte der freiheitlichen demokratischen Grundordnung des 1949 verabschiedeten Grundgesetzes zu messen, sinnvoller ist ein übergreifender historischer Bezug auf den europäischen Verfassungskern oder auch die liberalen Grundideen, von denen Europa bis heute lebt. Das gilt auch für die beiden nachfolgenden Abschnitte über den Fundamentalismus und den Terrorismus. Beide sind Teil des politischen Extremismus mit sehr unterschiedlichen historischen Verlaufsformen. Auch ihre Geschichte reicht historisch weit zurück. Von Fundamentalismus wird seit etwa hundert Jahren gesprochen, Terrorismus hat sich noch viel früher entwickelt.

Es kann und wird in Zukunft nicht um die *Überwindung* des Extremismus gehen, wohl aber um die Minimierung und Zivilisierung. Es geht darum, die Voraussetzungen für die Entstehung des Extremismus zu beeinflussen und alles zu tun, seine Entfaltungen und Ausprägungen in Grenzen zu halten. Extremismus beginnt nicht bei den Selbstmord-Anschlägen islamistischer Terroristen, sondern bei der Herausbildung von Meinungen und Überzeugungen in vielfältigen alltäglichen Dimensionen. Alltagserfahrungen und ihre Deutungen sind die maßgeblichen Produzenten politischer Überzeugungen. So gesehen sind wir alle gefordert, Demokratie nicht nur zu wollen, sondern auch zu leben und zu gestalten. Handlungsspielräume dafür gibt es in praktisch allen gesellschaftlichen und politischen Lebensbereichen: In Familie und Nachbarschaften, am Arbeitsplatz, in der Gemeinde, in der Landes- und Bundespolitik und in den internationalen Beziehungen.

Bei der Auseinandersetzung mit allen Formen des politischen Extremismus geht es um nichts weniger als um die Erhaltung der Demokratie und der *offenen Gesellschaft* (Karl R. Popper). Vor allem die terroristische Variante des Extremismus bedroht sie ernsthaft, indem sie die westlichen Staaten zu Repressionen und Einschränkungen von Bürgerrechten nötigt. Gewiss ist Freiheit nur auf der Grundlage von Sicherheit möglich. Aber auch, wie es Ulrich Beck formuliert hat, umgekehrt: „Ohne Freiheit verliert Sicherheit ihren Sinn. Wer die Gefahr der Terrorattentate dazu nutzt, mit dem Sicherheitsversprechen die Freiheitsrechte zu (er)drosseln, schafft am Ende eine geschlossene Gesellschaft" (Beck 2005).

Bei der vorliegenden zweiten, überarbeiteten und erweiterten Auflage ist gegenüber der 2006 erschienenen Erstauflage eine Reihe von Veränderungen vorgenommen worden. Der Text wurde durchgängig aktualisiert, ebenso die kommentierten Literaturhinweise. Der Abschnitt über Rechtspopulismus (Abschn. 3.8) ist neu, denn das Pegida-Protestphänomen und der Aufstieg der AfD nach 2014 und anderer rechtspopulistischer Parteien in Europa konnten in der ersten Auflage nicht berücksichtigt werden. Ebenfalls neu sind die Abschnitte über den islamistischen Terrorismus in Deutschland (Abschn. 5.4) und über den Terror von rechts (Abschn. 5.5). Die darauf bezogenen Entwicklungen nach dem Erscheinen der Erstauflage 2006 – Stichworte: NSU-Terror, Anschläge des IS, Morde in Hanau und Halle und das Attentat auf den Kasseler Regierungspräsidenten Walter Lübcke – ließen es ratsam erscheinen, in eigenen Abschnitten darauf näher einzugehen.

Was ist politischer Extremismus?

Hitler, Mussolini, Stalin, Pol Pot, Khomeini, Saddam Hussein und andere Diktatoren würden sich selbst nicht als Extremisten bezeichnen. Ebenso wenig die heutigen Führer und Anhänger rechts- oder linksextremistischer Parteien. Sie würden sich allesamt als Freiheitskämpfer, Sozialisten, Kommunisten oder auch Nationalisten oder einfach nur als Linke oder als Rechte bezeichnen. Der Begriff „Extremismus" ist folglich ein Etikett, das den Betroffenen von der Gesellschaft insgesamt oder von gesellschaftlichen oder politischen Akteuren aufgeklebt wird, die sich öffentliches Gehör verschaffen können. Es könnte zutreffen, es könnte aber auch lediglich dazu dienen, den so Bezeichneten zu diskreditieren. „Extremismus" erweist sich damit aber auch als politischer Kampfbegriff, der zur Ausgrenzung politischer Gegner dient, der sich offenbar nur in Bezug auf etwas anderes, etwa die Mitte der Gesellschaft oder die *political correctness* oder die geltende Verfassungsordnung, definiert, der als extreme Abweichung von Normalität oder common sense zu verstehen ist. Es handelt sich folglich um einen *Abgrenzungsbegriff,* wie Pfahl-Traughber zu Recht bemerkt, so

> „dass Extremismus nicht allein für sich, sondern in Abhängigkeit von einem anderen Begriff oder Wert definiert werden muß. Es geht demnach dabei um die äußerste Abweichung oder den äußersten Gegensatz von einem anderen Standpunkt oder Wert. Worin dieser besteht, macht demnach auch einen Kernaspekt des inhaltlichen Verständnisses von Extremismus aus" (Pfahl-Traughber 2000, S. 186).

Die ideengeschichtliche Entstehung und Verwendung des Extremismusbegriffs lässt sich lange zurückverfolgen. Seit der Französischen Revolution sprechen wir vor dem Hintergrund der parlamentarischen Sitzverteilung von einer politischen Rechten und einer politischen Linken. Der Begriff „Extremismus" wurde seit Beginn des 19. Jahrhunderts auf internationaler Ebene in Lexika und anderen Publikationen verwendet (Backes 2006, S. 15 ff.).

Ein Blick auf moderne politische Konstellationen verdeutlicht die Kontinuität der abwertenden Bedeutung des Extremismus-Begriffs. In der politischen Tagesauseinandersetzung, bei Parteien, Interessenverbänden und Medien, spielt er häufig dann eine Rolle, wenn es darum geht, missliebige Gegner zu etikettieren und an den Pranger zu stellen. Bis in die siebziger Jahre, unter Bedingungen des Ost-West-Konfliktes und der Furcht vor einer sich in Westdeutschland ausbreitenden, von der Sowjetunion und der DDR geförderten sozialistischen Strömung, wurden linke und rechte Radikale, linke und rechte Extremisten häufig in einem Atemzug genannt. Hier haben sich konservative Politiker und die mit ihnen verbündete konservative Presse besonders hervorgetan. Die Gleichsetzung von Sowjetkommunismus und Nationalsozialismus, Links- und Rechtsextremismus in der Bundesrepublik verharmloste die NS-Herrschaft, diskreditierte auch die demokratische Linke in Westdeutschland insgesamt, mobilisierte die Ängste breiter Schichten vor dem Kommunismus und folgte damit der politischen Logik von Ausgrenzung und Stigmatisierung.

Bis in die siebziger Jahre wurden die Begriffe Links- und Rechts*radikalismus* häufig synonym mit dem Extremismus-Begriff verwendet, teilweise auch dazu, um eine weichere Form des Extremismus anzudeuten. „Radikalismus" bewegt sich noch, so viele Politik-Lexika, im Rahmen der Verfassung, Extremismus hat diesen Rahmen verlassen. Der Radikalismus-Begriff ist heute aus dem öffentlichen und wissenschaftlichen Sprachgebrauch fast verschwunden. Zumindest prägt er nicht mehr die politischen Debatten – wie etwa die um den Radikalen-Erlass Anfang der siebziger Jahre, als es darum ging, den Öffentlichen Dienst vor einer Unterwanderung durch radikale Kräfte zu

schützen. Auch im wissenschaftlichen Diskurs ist der Radikalismus-Begriff eher selten und nicht mehr diskussionsbestimmend.

In den achtziger Jahren wurde den Grünen demokratische
Legitimität abgesprochen durch den Vorwurf, ein ungeklärtes Verhältnis zur Gewalt zu haben und ehemalige Extremisten aus dem
Bereich der kommunistischen sogenannten K-Gruppen in ihren
Reihen zu beherbergen. Später haben sich auf der rechten Seite
die Republikaner, die Hamburger Schill-Partei und die AfD mit
dem Extremismus-Vorwurf auseinandersetzen müssen, auf der
linken Seite waren es vor allem die PDS und danach Die Linke.
Die neuen Konkurrenten um Wählerstimmen und Mandate
müssen sich den direkten oder indirekt-subtilen Vorwurf der
ungebrochenen Kontinuität gefallen lassen: Die Linke gleich SED,
AfD gleich NSDAP. Schon die in den Medien und in Teilen der
Politikwissenschaft gerne und häufig diskutierte Frage, *ob* eine
Partei extremistisch sei oder nicht, haftet ihr einen Makel an.
Solche Vorgänge zeigen, dass die interessengeleitete Operation
mit dem Extremismus-Begriff zum Zweck der Skandalisierung,
Ausgrenzung und Ausschaltung politischer Konkurrenz zum
politischen Tagesgeschäft gehört und eine differenzierte,
abgewogene Diskussion erschwert. Umso wichtiger ist die Sorg-
falt, die eine politikwissenschaftliche Begriffsbestimmung walten
lassen muss, ist sie doch umzingelt von politischen Kalkülen.

Extremismus ist aber auch ein gängiger und etablierter
sozialwissenschaftlicher Begriff. Er wird verwendet in der
Parteien- und Bewegungsforschung, vor allem aber auch in der
Ideengeschichte und der Einstellungsforschung (Arzheimer
2019, S. 296 ff.). In vielen politikwissenschaftlichen Lexika und
Handbüchern finden sich Definitionen wie etwa die folgende:

> „Im politischen Sinne bedeutet Extremismus die prinzipielle, unver-
> söhnliche Gegnerschaft gegenüber Ordnungen, Regeln und Normen
> des demokratischen Verfassungsstaates sowie die fundamentale
> Ablehnung der mit ihm verbundenen gesellschaftlichen und öko-
> nomischen Gegebenheiten. Extremistische Einstellungen basieren
> i.d.R. auf grundsätzlicher Ablehnung gesellschaftlicher Vielfalt,
> Toleranz und Offenheit und stellen häufig den Versuch dar, die
> aktuellen politischen, ökonomischen und sozialen Probleme auf eine
> einzige Ursache zurückzuführen" (Schubert und Klein 2018, S. 124).

Die eigentliche Problematik solcher durchaus breit akzeptierter Definitionen besteht in der Frage: Wer ist wodurch berechtigt, eine solche Begriffsbestimmung auf den Gegenstand mit Autorität anzuwenden? Viele gängige Definitionen wie die zitierte beziehen sich im Hinblick auf die zugrundeliegenden Werteordnungen auf das Grundgesetz und die dort festgelegten Vorschriften und Wertentscheidungen. So gesehen kann man von einem breiten Konsens darüber ausgehen, wie eine positive Bestimmung des Extremismus vorzunehmen wäre, nicht aber in der Frage, wem die Autorität der Anwendung zuzuschreiben ist.

2.1 Grundgesetz und streitbare Demokratie

Eine Betrachtung des Grundgesetzes, des Selbstverständnisses der deutschen Demokratie als streitbare oder auch wehrhafte, des politischen Strafrechts und der abwehrbereiten Institutionen zeigt ein breites Spektrum der staatlichen Auseinandersetzung mit dem Extremismus. Darüber hinaus wird deutlich, in welcher Weise Verfassung und Institutionen Extremismus definieren und damit auch Vorgaben machen für die wissenschaftliche Auseinandersetzung.

Das Grundgesetz regelt in mehrfacher Hinsicht den Umgang mit politischem Extremismus, ohne diesen Begriff selbst zu verwenden. Die wichtigste Demokratieschutzkonzeption findet sich im Artikel 79 Abs. 3, der sogenannten *Ewigkeitsklausel,* die wesentliche Teile des Grundgesetzes, nämlich Artikel 1 und 20 bis zur Annahme einer neuen, gesamtdeutschen Verfassung für unaufhebbar erklärt. Tragende Pfeiler wie Menschenwürde, Gewaltenteilung, Rechts-, Bundes- und Sozialstaatsstruktur sind damit unaufhebbar und keiner parlamentarischen Mehrheitsentscheidung zugänglich. Diese wertgebundene Ordnung des Grundgesetzes entstand vor dem Hintergrund extremistischer Bedrohungen des 20. Jahrhunderts und sollte rechts- und linksextremistischen Angriffen auf die Demokratie und das Grundgesetz den Boden entziehen. Das Wiederaufleben des Nationalsozialismus und eine kommunistische Machtergreifung in Westdeutschland auf demokratischem Weg sollten erschwert werden.

Im Grundgesetz findet sich eine Reihe weiterer Bestimmungen zum Schutz der Verfassung:

- Artikel 5 Abs. 3 bindet die Freiheit der Lehre an die Treue zur Verfassung. Extremisten sollen daran gehindert werden, ihre Ideologie im Hörsaal zu verbreiten, ein Missbrauch der Lehrfreiheit soll auf diese Weise unterbunden werden.
- Artikel 9 Abs. 2 erklärt Vereinigungen für verboten, „deren Zwecke oder deren Tätigkeit den Strafgesetzen zuwiderlaufen oder die sich gegen die verfassungsmäßige Ordnung oder gegen den Gedanken der Völkerverständigung richten". Das urdemokratische Recht zur Bildung freier Assoziationen darf nicht dazu benutzt werden, extremistische Politik gegen die Verfassung zu betreiben.
- Artikel 18 ermöglicht die Verwirkung von Grundrechten, wenn einzelne Grundfreiheiten „zum Kampfe gegen die freiheitliche demokratische Grundordnung missbraucht" werden. Zu denken ist hierbei weniger an alltägliches Verhalten, sondern eher an Multiplikatoren, die als Einzelne dauerhaft gegen die freiheitliche demokratische Grundordnung agitieren.
- Artikel 21 Abs. 2 erklärt Parteien für verfassungswidrig, „die nach ihren Zielen oder nach dem Verhalten ihrer Anhänger darauf ausgehen, die freiheitliche demokratische Grundordnung zu beeinträchtigen oder zu beseitigen oder den Bestand der Bundesrepublik Deutschland zu gefährden". Diese Vorschrift ist zweifellos die wichtigste, denn es sind Parteien, die machtpolitisch in der Lage sind, Mehrheiten auf sich zu versammeln und so das politische Kräftegleichgewicht zu verändern.

Dazu hat das Bundesverfassungsgericht im SRP-Verbotsurteil 1952 eine richtungsweisende Interpretation gegeben. Verfassungswidrig ist demnach der Verstoß gegen grundlegende Prinzipien der freiheitlichen demokratischen Grundordnung:

> „Die Achtung vor den im Grundgesetz konkretisierten Menschen-
> rechten, vor allem vor dem Recht der Persönlichkeit auf Leben und
> freie Entfaltung, die Volkssouveränität, die Gewaltenteilung, die Ver-
> antwortlichkeit der Regierung, die Gesetzmäßigkeit der Verwaltung,
> die Unabhängigkeit der Gerichte, das Mehrparteienprinzip und
> die Chancengleichheit für alle politischen Parteien mit dem Recht
> auf verfassungsmäßige Bildung und Ausübung einer Opposition"
> (BverfGE Bd. 2, S. 10 ff.).

Sieht man die Konzeptionen des Grundgesetzes im Zusammenhang, so kann man von einer *streitbaren* oder auch *wehrhaften
Demokratie* sprechen. „Die freiheitliche demokratische Grundordnung", schlussfolgert daraus Rudzio zu Recht, „ist damit
unvereinbar mit autoritären, diktatorischen und insbesondere
totalitären Herrschaftssystemen, aber auch mit einer radikal
identitären Demokratie ohne ausdifferenzierte Organe und
Befugnisse" (Rudzio 1996, S. 43).

Mehr als siebzig Jahre nach der Verabschiedung des Grundgesetzes kann man feststellen, dass die Möglichkeiten zum Demo-
kratieschutz insgesamt mit Bedacht angewandt worden sind.
Das Parteienverbot ist nur zweimal ausgesprochen worden: 1952
wurde die neonazistische Sozialistische Reichspartei (SRP) vom
Bundesverfassungsgericht verboten. Die SRP war eine Fortsetzung der NSDAP. In ihr versammelten sich ehemalige Nationalsozialisten, die an der Idee des Deutschen Reiches festhielten und
die junge deutsche Demokratie ablehnten. Anfang 1952 hatte sie
bei Nachwahlen in Niedersachsen in einigen Kommunen bis zu
11 Stimmenprozente erhalten, Grund genug also, gegen diese
Unverbesserlichen repressiv vorzugehen. Das Verbot hatte aber
auch eine symbolische Bedeutung: Die Bundesrepublik distanziert
sich in gebührender Weise vom offenen Fortleben des Nationalsozialismus – so hieß die Botschaft nach innen und nach außen
drei Jahre nach Verabschiedung des Grundgesetzes. 1956 wurde
die Kommunistische Partei Deutschlands (KPD) verboten. Sie
hatte immer wieder zum Sturz des Adenauer-Regimes aufgerufen,
bekämpfte aktiv den Kapitalismus und forderte in der Tradition der
Weimarer Kommunistischen Partei die Diktatur des Proletariats.
Das Verbot erfolgte unter außenpolitischen Bedingungen einer
starken Polarisierung zwischen West und Ost, fünf Jahre vor
dem Bau der Berliner Mauer und war als eindeutiges Signal zu

verstehen, dass im westdeutschen Teilstaat sowjetmarxistisch beeinflußte politische Bestrebungen eines System-Umsturzes nicht geduldet werden sollten. Die Verfassungsorgane waren gleichwohl über Jahrzehnte hinweg ausgesprochen vorsichtig und zurückhaltend in der Anwendung der Verbotsvorschrift.

Fast 50 Jahre nach dem KPD-Verbot, 2003, ist der von den Verfassungsorganen Bundestag, Bundesrat und Bundesregierung gestellte Antrag auf ein Verbot der NPD zurückgewiesen worden. Das Verfahren wurde vom Bundesverfassungsgericht eingestellt, weil es den Einsatz von V-Leuten des Verfassungsschutzes in der NPD auch noch während des Verfahrens für unvereinbar mit den Anforderungen eines rechtsstaatlichen Verfahrens hielt. Im Jahr 2017 kam es dann doch noch zu einem Urteil des Bundesverfassungsgerichts: Es stellte fest, dass die NPD zwar verfassungsfeindlich sei, aber der 2012 vom Bundesrat eingereichte Verbotsantrag wurde gleichwohl mit der Begründung zurückgewiesen, die NPD sei politisch nicht in der Lage, die Demokratie in der Bundesrepublik zu beseitigen.

Von der Möglichkeit des Vereinsverbotes nach Artikel 9 des Grundgesetzes ist hingegen seit den fünfziger Jahren häufig Gebrauch gemacht worden. Das Verfahren ist im Vergleich zu Parteiverbotsverfahren weitaus weniger kompliziert. Es entscheidet per Verfügung der Bundesinnenminister, soweit eine Vereinigung bundesweit tätig ist und die zuständigen Länder-Innenminister und -senatoren, wenn sie nur in einem Bundesland agiert. In den achtziger Jahren wurden u. a. die Wehrsportgruppe Hoffmann, die Volkssozialistische Bewegung Deutschlands/Partei der Arbeit, die Aktionsfront Nationaler Sozialisten und die Nationale Sammlung verboten. Nach der Wende 1989/1990 wurden auf der Bundesebene unter anderem verboten: Nationalistische Front (1992), Wiking-Jugend (1994), Blood and Honour (2000), Heimattreue deutsche Jugend (2009), Combat 18 (2020) und Sturm-/Wolfsbrigade 44 (2020). Hinzu kommen zahlreiche Verbote auf Länderebene.

Im Zusammenspiel mit den begleitenden Polizei-Razzien und entsprechender Publizität sind die Organisationsverbote ein verlockendes politisches Mittel, denn der Staat zeigt Zähne, demonstriert Entschlossenheit und Durchsetzungsfähigkeit und kann mit breiter öffentlicher Unterstützung rechnen. Tatsächlich

kann auf diese Weise aber kaum der rechtsextreme Organisations-
kern ausgetrocknet werden, im Gegenteil: Die rechtsextreme
Szene berücksichtigt die Verbotsgefahr und entwickelt immer
differenziertere Instrumente, um Verbote zu verhindern oder
zu umgehen, etwa den Anschluss an eine legale Partei wie die
NPD oder die Entwicklung dezentraler, schwer überschaubarer
Organisationsstrukturen. Zahlreiche Gründungen rechtsextremer
freier Kameradschaften noch unterhalb der Vereinsebene sind eine
Antwort der Szene auf die Verbote rechtsextremer Vereinigungen
in den neunziger Jahren.

·Das Erstarken des islamistischen Terrorismus nach Nine-Eleven
2002 und nach dem zeitweiligen Aufschwung des Islamischen
Staates hat in Deutschland auch zu einer Reihe von Vereinsverboten
geführt. Verboten wurden unter anderen die Gruppierungen
Islamischer Staat (2014), Die wahre Religion (2016) und der
Moscheeverein Fussilet 33 (2017), in dem der Attentäter des
Berliner Weihnachtsmarktes, Anis Amri, verkehrte. 2020 wurde die
als Terrororganisation vom Bundesinnenministerium eingestufte
Hisbollah verboten. Auch für diese Verbote gilt, was eine rechtswissenschaftliche Betrachtung der Verfahren von Partei- und Vereinsverboten nahelegt: Sie haben kaum abschreckende Wirkung,
darüber hinaus „scheint auch zu befürchten zu sein, dass Partei-
und Vereinsverbote zu mehr Radikalisierung ihrer Mitglieder und
Anhänger im Untergrund führt" (Möllers 2009, S. 150).

In der deutschen Politikwissenschaft hat sich im Laufe der
achtziger Jahre eine Strömung herausgebildet, die eine Extremismusforschung auf der Basis des Konzepts der streitbaren
Demokratie betreibt. Sie ist vor allem mit den Namen Eckhard
Jesse, Uwe Backes und Armin Pfahl-Traughber verbunden. Sie
haben eine Fülle von Studien vorgelegt, die den Extremismus-
begriff aus der Ablehnung von Prinzipien des demokratischen
Verfassungsstaates begründen und in denen Organisationen
und Parteien immer wieder daraufhin überprüft werden, ob sie
extremistisch sind oder nicht.[1] Gegen diesen dichotomischen,

---

[1]Vgl. das von Backes und Jesse seit 1989 herausgegebene Jahrbuch
Extremismus & Demokratie, Baden-Baden.

weil auf entweder/oder-Entscheidungen zentrierten Ansatz ist das Argument vorgebracht worden, er sei unterkomplex, indem er den amtlichen, normativen Begriff des Extremismus einfach übernehme und so die Problematik auf den zu einfachen Gegensatz von Demokratie und Extremismus reduziere (Neugebauer 2000). Dieser Einwand ist nicht von der Hand zu weisen und auch andernorts vorgetragen worden (Jaschke 1991, S. 43 ff.; Minkenberg 2005, S. 73 f.; Virchow 2016, S. 14 ff.).

2.2 Polizei und Verfassungsschutz

Das Prinzip der streitbaren Demokratie und die damit verbundenen Begrifflichkeiten sind allgemeine Handlungsgrundlagen der Sicherheitsbehörden bei der Bearbeitung des politischen Extremismus. Im Einzelnen haben sie unterschiedliche Befugnisse, Zuständigkeiten und Schwerpunkte, wobei sich in den zurückliegenden Jahren Tendenzen herausbilden, die mit Begriffen wie *neue Sicherheitsarchitektur* oder *kooperative Sicherheit* zum Ausdruck kommen. Zu den wichtigsten Sicherheitsbehörden in der Auseinandersetzung mit politischem Extremismus gehören Polizei und Verfassungsschutz.

Die Polizei bearbeitet Extremismus im Wesentlichen auf drei Ebenen. Beim Demonstrationsgeschehen geht es im Rahmen der Gefahrenabwehr vor allem darum, das Grundrecht auf Versammlungsfreiheit zu schützen und durchzusetzen, Straftaten zu verhindern und zu sanktionieren und gewalttätige Verläufe zu unterbinden. Demonstrationen von Rechtsextremisten waren im Jahr der Flüchtlingskrise, 2015, besonders ausgeprägt, die Zahl der Veranstaltungen und der Teilnehmer ging in den nachfolgenden Jahren zurück.[2] Von links haben Ausschreitungen bei Großereignissen von sich Reden gemacht: Im März 2015 brannten Barrikaden bei der Eröffnung der Europäischen Zentralbank (EZB) in Frankfurt, im Juli 2017 gab es militante

---

[2]Vgl. https://www.zeit.de/politik/ausland/2020-03/rechtsextremismus-zahl-der-aufmaersche-geht-zurueck, Zugegriffen: 30.April 2020.

Straßenkämpfe und Plünderungen beim G20-Treffen in Hamburg. Nicht zuletzt ist das Demonstrationsgeschehen rund um den 1. Mai in Berlin alljährlich eine Herausforderung für die Polizei.

Auf der zweiten Ebene, dem *polizeilichen Staatsschutz,* geht es darum, politisch motivierte Straftaten zu bekämpfen. Dies setzt Kenntnisse und Lagebilder über den politischen Extremismus voraus und ebenso die entsprechenden begrifflichen Kategorien. Insbesondere im Vorfeld des Terrorismus müssen die Staatsschutz-Abteilungen beim Bundeskriminalamt und den Landeskriminalämtern in der Lage sein, gewaltbereite Gruppierungen zu identifizieren, zu analysieren und entsprechende Strafverfolgungsmaßnahmen zu ergreifen. Die seit 1953 jährlich vom BKA erstellte Polizeiliche Kriminalstatistik (PKS) informiert über alle der Polizei bekanntgewordenen Straftaten und alle ermittelten Tatverdächtigen.

Aus dem Bereich des politischen Strafrechts sind einige Vorschriften hervorzuheben, die vor allem in der Praxis der Staatsschutzabteilungen bei Bundes- und Landeskriminalämtern von Bedeutung sind. Hierzu gehören vor allem

- Fortführung einer für verfassungswidrig erklärten Partei (§ 84 StGB).
- Verstoß gegen ein Vereinigungsverbot (§ 85 StGB).
- Hoch- und Landesverrat und Gefährdung der äußeren Sicherheit (§§ 94–100a StGB).
- Straftaten gegen Verfassungsorgane (§§ 105, 106 StGB).
- Bildung terroristischer Vereinigungen (§ 129a StGB).
- Die vor allem im Bereich Rechtsextremismus zu beobachtenden sogenannten Propagandadelikte umfassen die Verwendung oder Verbreitung von Kennzeichen verfassungswidriger Organisationen (§ 86a StGB) und die Volksverhetzung (§ 130 StGB).

Auf einer dritten Ebene der Auseinandersetzung geht es um eine polizeiinterne Problematik: Seit den 1990er Jahren muss sich die Polizei mit dem Vorwurf des Rechtsextremismus in den eigenen Reihen beschäftigen. Eine Reihe von Skandalen deutet darauf hin, dass es sich nicht um Einzelfälle handelt (Meissner und Kleffner 2019, S. 119 ff.). Neuere empirische Studien dazu fehlen, ältere aus den 1990er Jahren betonen eine Verbindung von Arbeitsüberlastung, mangelhafte interkulturelle Kompetenz, fehlende Nachbereitungen schwieriger Einsätze im Bereich der Kriminalität von Migranten und einen männlich geprägten Korpsgeist als wichtige Ursachen rechtsextremer Orientierungen in der Polizei (Jaschke 1997).

Zum Auftrag der *Verfassungsschutzbehörden* bei Bund und Ländern gehört es, Bestrebungen gegen die freiheitliche demokratische Grundordnung zu beobachten, auszuwerten und die Erkenntnisse den Innenbehörden und der Öffentlichkeit zur Verfügung zu stellen. Sie haben von daher eine Doppelfunktion: Öffentlichkeitsarbeit und Politikberatung auf der Grundlage besonderer geheimdienstlicher Befugnisse, die in den Verfassungsschutzgesetzen niedergelegt sind. Auch sie sind darauf angewiesen, mit einem möglichst klaren Begriff des politischen Extremismus zu arbeiten. Er ist strikt angelehnt an die vom Bundesverfassungsgericht im SRP-Urteil vorgegebene Definition der Bestrebungen gegen die freiheitliche demokratische Grundordnung.

Die Erkenntnisse der Verfassungsschutzbehörden prägen das öffentliche Bild über die Situation und Entwicklung des organisierten Extremismus und sie liefern entscheidende Vorarbeit für das Verbot extremistischer Vereinigungen oder gar Anträge auf ein Parteienverbot, die von den Verfassungsorganen Bundestag, Bundesrat oder Bundesregierung beim Bundesverfassungsgericht gestellt werden können. Die jährlichen Verfassungsschutzberichte des Bundes und der Länder sind Teil der expandierenden Öffentlichkeitsarbeit der Innenbehörden. Der Fall der Mauer 1989 und die Auflösung des Ost-West-Konfliktes der Nachkriegszeit haben eine Tendenz beschleunigt, die sich schon zuvor abgezeichnet hatte. Die Verfassungsschutzbehörden entwickeln sich von einer sich selbst abschottenden, daher geheimnisumwitterten und skandalanfälligen Institution hin zu aktiv Öffentlichkeitsarbeit betreibenden, Züge normaler Behörden annehmenden Einrichtungen. Experten der Verfassungsschutzämter beteiligen sich heute an öffentlichen Diskussionen und nehmen in den Medien wie selbstverständlich Stellung zu Fachfragen – eine bis in die achtziger Jahre schwer vorstellbare Entwicklung. Fallstudien und Lagebilder von gut ausgebildeten Sozialwissenschaftlern in den Verfassungsschutzämtern sind heute unverzichtbare Grundlagen zur Einschätzung aktueller Entwicklungen des Extremismus. Die Ämter bieten mittlerweile Kommunikationsangebote über E-Mail an und liefern umfangreiche Informationsmaterialien auch über eigene Websites. Sie sind zwar weiterhin im Visier einer kritischen Öffentlichkeit, von journalistischer Seite wegen ihrer Skandalanfälligkeit, von wissenschaftlicher Seite eher vor dem Hintergrund des Datenschutzrechts und des Trennungsgebotes zwischen Verfassungsschutz und Polizei, aber ihre Rolle als wichtige Informationsquellen zum politischen Extremismus hat sich stabilisiert.

Die Affäre um den im November 2018 entlassenen Verfassungsschutz-Präsidenten Hans-Georg Maaßen ist symptomatisch für die Skandalanfälligkeit des Verfassungsschutzes. Vorangegangen war Maaßens Kommentar von Videobildern von rassistischen Ausschreitungen in Chemnitz, die Kanzlerin Merkel als „Hetzjagd" auf Ausländer bezeichnet hatte. Maaßen widersprach ihr öffentlich. Er betonte, dem Bundesamt lägen keine dementsprechenden Informationen vor. Nach massiver öffentlicher Kritik an Maaßen einigen sich die Chefs von CDU, CSU und SPD darauf, ihn aus dem Amt zu entfernen durch Versetzung auf einen – Ironie der Geschichte – besser dotierten Posten als Staatssekretär im Bundesinnenministerium. Nach öffentlichen Protesten trat die SPD-Vorsitzende Nahles von ihrem Amt zurück, Maaßen wurde entlassen.

Die Affäre zeigt zum einen die Skandalanfälligkeit des Inlandsgeheimdienstes. Sie belegt aber auch das öffentlich aktive und auch eigenständige Agieren des Bundesamtes im Bemühen um Definitions- und Interpretationsmacht ohne Rücksicht auf die Position als nachgeordnete Behörde. Sie verweist darüber hinaus auf ein wenig sensibles Vorgehen der politisch Verantwortlichen, so dass Rufe nach verstärkter Kontrolle der Nachrichtendienste von daher nur allzu berechtigt erscheinen.

So begrüßenswert die gewachsene Transparenz der Verfassungsschutzbehörden ist, so bedenklich erscheint jedoch, wie der Fall Maaßen zeigt, das wachsende Bemühen um Definitionsmacht: Sie prägen nicht unerheblich die öffentliche und in Teilbereichen auch die wissenschaftliche Diskussion über den politischen Extremismus. Die amtliche Definition des Extremismus und der Einfluss auf die politische Diskussion können dazu führen, dass die Links-Rechts-Achse und das Gegensatzpaar Extremismus und Demokratie eine zu prägende Rolle spielen. Extremismus hat, wie oben angedeutet, viele Facetten. Eine Reduktion auf den Verfassungsbogen und die Problematik der streitbaren Demokratie allein kann aus politikwissenschaftlicher Sicht der Sache nicht gerecht werden, denn damit wird der politische Extremismus per definitionem verkürzt auf die Messlatte des Grundgesetzes. Internationale Entwicklungen auf der einen Seite, historisch langfristige Tendenzen, die weit vor 1949 ansetzen und bis in die Gegenwart weiterwirken, geraten so leicht aus dem Blick.

2.3 Einstellung und Verhalten

Die sozialwissenschaftliche Debatte unterscheidet grundlegend den politischen Extremismus in Dimensionen der Einstellungen und des Verhaltens. Beides bezieht sich sowohl auf Individuen wie auch auf Gruppen. Extremistische Einstellungen, Meinungen und Orientierungen können, müssen aber nicht zu entsprechenden Handlungsmustern führen. Umgekehrt sind extremistische Verhaltensweisen ohne die entsprechenden Grundüberzeugungen nicht vorstellbar, einmal abgesehen vom Mitläufertum in subkulturellen Jugendgruppen. Gerade die Orientierungsphase des Jugendalters zeichnet sich aus durch ein ausgeprägtes Probierverhalten der Jugendlichen, durch Entdeckungsfreude und Lust am Austesten von Grenzen, so dass extremistische Verhaltensweisen durchaus auch ohne verfestigte Grundüberzeugungen denkbar sind.

Die Unterscheidung macht auch deutlich, in welcher Weise Staat, Wissenschaft und Gesellschaft mit beiden Phänomenen umgehen. Dadurch wird aber auch der Blick frei für die politischen und gesellschaftlichen Kontexte, in die extremistische Verhaltensweisen eingebettet sind. Der Überblick in Tab. 2.1 zeigt die wichtigsten Mechanismen, die dabei dominieren im Hinblick auf individuelle und organisierte Handlungsmuster, aber auch auf Einstellungen.

Die in der linken Spalte genannten Handlungsmuster gehören zur Normalität und Kontinuität des Extremismus in der Demokratie. Allerdings muss ihr dynamischer Aspekt beachtet werden, denn diese Normalität wird durchbrochen, wenn sie zunehmen. Wenn also eine extremistische Partei starken Zulauf erhält oder wenn die Straftaten steigen, dann setzt eine entsprechend stärkere Aktivität von Staat und Gesellschaft ein, auch die wissenschaftlichen Bemühungen werden intensiver.

Ähnliche Mechanismen greifen bei Aktivitäten von Organisationen. Dazu gehören Parteien, Verbände, Kleingruppen und andere Gruppierungen. Auch unorganisierte Zusammenschlüsse, etwa von gleichgesinnten jugendlichen peer groups sind zu beachten (s. Tab. 2.2).

Tab. 2.1 Typologie individueller extremistischer Handlungsmuster

Handlungsmuster	Reaktion von Staat und Gesellschaft	Politikwissenschaft und benachbarte Disziplinen
Wahl einer extremistischen Partei	Stigmatisierung und Skandalisierung durch Medien Re-Integrationsversuche der demokratischen Parteien	*Wahl- und Parteiensoziologie*
Mitgliedschaft und Aktivitäten in einer extremistischen Organisation	Duldung, soweit die Organisation legal ist. Beobachtung durch Verfassungsschutz	Organisations- und Parteiensoziologie
Begehung von Straftaten aus extremistischer Überzeugung	Strafverfolgung durch Polizei und Staatsanwaltschaft	Soziologie der Gewalt, Kriminologie

Quelle: Eigene Zusammenstellung

Tab. 2.2 Typologie organisierter extremistischer Handlungsmuster

Handlungsmuster	Reaktion von Staat und Gesellschaft	Politikwissenschaft und benachbarte Disziplinen
Aktivitäten von Parteien	Stigmatisierung und Skandalisierung durch Medien. Duldung, Ignoranz. Verbotsdrohungen Adaption programmatischer Positionen durch demokratische Parteien	Wahl- und Parteiensoziologie. Extremismusforschung
Extremistische Jugendgruppen und sonstige Verbände	Ignoranz, Verbotsdrohung, Reintegration durch Sozialarbeit	Jugendsoziologie
Publizistische Aktivitäten, Ideologieproduktion	Ignoranz, Skandalisierung, Aufklärung	Ideologiekritik

Quelle: Eigene Zusammenstellung

Hinter den individuellen wie auch den organisationsbezogenen Handlungsmustern verbirgt sich das grundsätzliche Dilemma von Demokratien im Umgang mit dem Extremismus: *das unauflösliche Spannungsverhältnis von Freiheit und Sicherheit.* Auch extremistische Verhaltensweisen stehen unter dem Schutz der Grundrechte. Demokratien müssen auch abweichende politische Aktionen unterhalb der strafrechtlichen Ebene ertragen. Das gilt mehr noch für Einstellungen, Meinungen und Orientierungen, die nicht in organisierter Weise artikuliert werden, die nicht in politisches Handeln münden, aber gleichwohl im sozialen Nahraum durchaus einflussreich sein können.

Es gibt seit Ende der vierziger Jahre zahllose empirische Erhebungen über extremistische Einstellungs- und Wählerpotentiale im nationalen und internationalen Bereich. Befragt wurden die Gesamtbevölkerung, aber auch einzelne soziale Gruppen wie Parteien-Anhänger, Gewerkschaftsmitglieder oder auch Jugendliche. Für das, rückblickend betrachtet, größere öffentliche Interesse an rechtsextremistischen Einstellungen gibt es eine einfache Erklärung: In Deutschland kam der Rechtsextremismus in Gestalt der NSDAP durch eine *Massenbewegung* 1933 an die Macht, eine entsprechende linksextreme Bewegung gab es nicht, die DDR entstand aus sowjetischen Interessen und Kalkülen in der frühen Nachkriegszeit.

Obwohl die empirischen Studien mit unterschiedlichen Methoden arbeiten, einen deutlichen Schwerpunkt im Bereich Rechtsextremismus haben[3] und Längsschnittvergleiche schwierig sind, lässt sich doch festhalten, dass es einen kontinuierlichen Bodensatz extremistischer Einstellungen und Überzeugungen gibt, der sich in der Nachkriegsgeschichte nur unwesentlich verändert hat. Er reicht weit hinein in die Mitte der Gesellschaft. Wie anders wäre es zu erklären, dass zum Beispiel rechtsextreme Parteienbei Wahlen oft deutlich unter fünf Prozent liegen, rechtsextreme Einstellungen aber bei zehn bis fünfzehn Prozent der Bundesbürger verbreitet sind?[4] Eine empirische Untersuchung beziffert den Anteil rechtsextremer Einstellungen unter Gewerkschaftsmitgliedern sogar auf 19 % (Fichter et al. 2004, S. 1). Der Überblick in Tab. 2.3 gibt Hinweise darauf, wie Staat, Gesellschaft und Wissenschaft mit den Einstellungspotentialen umgehen und auf sie einwirken.

Extremistische Einstellungen und Verhaltensweisen treffen auf politische und gesellschaftliche Abwehrmechanismen, von denen sie bearbeitet und letztlich auch restrukturiert werden. Ignoranz, Skandalisierung, Verrechtlichung, politische Integration und Ausgrenzung, Aufmerksamkeit durch Wissenschaft und Medien beeinflussen den Extremismus, werten ihn auf oder ab in dynamischer, aber auch ritueller Art und Weise.

---

[3]Über linksextreme Einstellungen gibt es kaum empirische Forschungen, vgl. Hillebrand et al. (2015) und Schröder und Deutz-Schröder (2016).

[4]Falter kam in einer empirischen Studie des Wahlverhaltens Anfang der neunziger Jahre zum dem Ergebnis, dass innerhalb der Unionsparteien etwa 20 % der Wähler über ein relativ geschlossenes rechtsextremistisches Weltbild verfügen, bei den SPD-Wählern sind es etwa 14 % und bei den Nichtwählern etwa 17 % (Falter 1994, S. 158).

Tab. 2.3 Typologie extremistischer Einstellungen

Einstellungs-muster	Reaktion von Staat und Gesellschaft	Wissenschaft
Rechts-extreme, fremden-feindliche, antisemitische Einstellungen	Pendeln zwischen Ignoranz und Dramatisierung	Empirische Wahl- und Umfrageforschung
Links-extremistische Einstellungen	Konzentration auf bestimmte soziale Milieus und Sub-kulturen: RAF, K-Gruppen und DKP in den 70er Jahren, später Hausbesetzer-Szene, Autonome, militante Globalisierungsgegner	Subkulturforschung, Ideologie-kritik, Parteien- und Extremismusforschung
Islamistische Einstellungen	Schwerpunkte Islamischer Staat und Salafismus, Deradikalisierung-sprogramme	Forschung zu islamistischen Milieus und Deradikalisierungsprogrammen

Quelle: Eigene Zusammenstellung

Es kann davon ausgegangen werden, dass der Extremismus diese Mechanismen kennt, sich darauf einstellt und sie ins Kalkül zieht. So gesehen gleicht Extremismus in der demokratischen Gesellschaft einem stetigen Macht- und Wechselspiel mit klar verteilten Rollen, mit Gewinn und Verlustrechnungen auf beiden Seiten.

Politischer Extremismus ist, so gesehen, in Permanenz hergestellte Gesellschaftstatsache, politische Normabweichung, die von außen kontrolliert und in vielfältiger Weise zugerichtet wird. Politischer Extremist, Chaot, Verfassungsfeind, gewalttätiger Störer ist nicht derjenige, der objektiv, aber von anderen unbemerkt, von den Prinzipien der freiheitlichen demokratischen Grundordnung abweicht – durch Meinen und Handeln. Zur gesellschaftlichen Tatsache, eine Person oder eine Gruppe sei

„extremistisch", bedarf es der Feststellung, einer mit Definitionsmacht ausgestatteten Etikettierung. Es ist genau diese, eine
politische Normabweichung feststellende Attributierung, die den
Umgang mit Extremisten leitet und voraussetzt.

Extremistische Normabweichung feststellen, etikettieren, liegt
dann vor, wenn öffentlich akzeptierte Teilnehmer des allgemeinen
Diskurses Personen oder Organisationen eine politische Normabweichung vorwerfen und die Betroffenen dadurch bloßstellen.
Dieser kommunikative Vorgang findet in offizieller, staatlich
autorisierter Form statt (z. B. in Verfassungsschutzberichten,
Regierungserklärungen etc.), aber auch in privatwirtschaftlich
strukturierten, gleichwohl anerkannten Medien (z. B. Tages-
zeitungen, Verlage) oder in öffentlichen Veranstaltungen.

2.4   Rechts- und Linksextremismus, Islamismus

Kann man Rechts-, und Linksextremismus und Islamismus überhaupt vergleichen? Sollte man nicht betonen, dass diese drei
Spielarten inhaltlich große Unterschiede aufweisen und in verschiedenen historischen Zusammenhängen entstanden sind? Mehr
noch: Sie werden von sehr verschiedenen Bedrohungsszenarien
vorangetrieben. Der moderne Rechtsextremismus sieht die *Identität des Volkes,* verstanden als ethnische Gemeinschaft, *bedroht
durch Zuwanderung* und Politiker, die eine entsprechende Politik
der Globalisierung und der internationalen Kooperation betreiben.
Der moderne Extremismus von links sieht die *Bedrohung durch
den Kapitalismus, die Konzerne und Banken,* wodurch die Ausbeutung der Arbeiterklasse und die soziale Spaltung der Gesellschaft angetrieben wird. Der Islamismus, vor allem in der
salafistischen Spielart, *sieht die rechtgläubigen Muslime bedroht
durch die Ungläubigen, den Westen und die westlichen Werte.* Aus
diesen Bedrohungsszenarien haben alle drei Formen des Extremismus Narrative abgeleitet, die in der jeweiligen Propaganda immer
wieder vorgetragen werden.

Bei allen Differenzen gibt es aber auch eine Reihe gemeinsamer
Merkmale des modernen politischen Extremismus. Hierzu gehören

der Absolutheitsanspruch der eigenen Auffassungen, Dogmatismus, die Unterteilung der Welt in Freund und Feind, aber auch Verschwörungstheorien und Fanatismus (Backes 1989, S. 298 ff.). Extremistische Ideologien sind geschlossene Denkgebäude, die von ihren Anhängern angewandt oder ausgelegt, nicht aber reflektiert und fortentwickelt werden. Sie haben einen quasi-religiösen Status, sie werden nicht diskutiert sondern *geglaubt*. Politik besteht nicht aus einer Programmatik, Politik ist vielmehr *Weltanschauung*, die alle Lebensbereiche regelt. Sie gilt als ewiggültig oder von Natur aus wahr. Der Glaube an Volksgemeinschaft und Nation oder an die historische Mission der Arbeiterklasse und die Diktatur des Proletariats oder an die Vorschriften des Korans und den islamischen Gottesstaat treten an die Stelle politischer Programmatiken, denen es um die Diskussion und Durchsetzung von rationalen Zielen geht. Der ewige Überlebenskampf – gegen die „Verräter" und „Ungläubigen" oder die „jüdisch-bolschewistische Weltverschwörung" oder die „kapitalistische Ausbeutung" und den „Imperialismus" – und die Utopien von einer „homogenen Volksgemeinschaft", einer „klassenlosen Gesellschaft" oder eines „Gottesstaates" gelten nicht als diskussionswürdige Programme, sondern als substantielle und unverrückbare Grundfesten des politischen Glaubensbekenntnisses.

Die demokratische Idee der Herrschaft auf Zeit und der beständigen Legitimation und Kontrolle der politischen Führung durch ein institutionelles System von *checks and balances* ist dem politischen Extremismus fremd, denn sie unterläuft das Bild eines starken Staates auf der Grundlage einer einheitlichen, für alle geltenden Weltanschauung. Das Führerbild der extremen Rechten basiert auf der Idee der organischen Entwicklung der ethnisch homogenen Volksgemeinschaft. Führer ist, wer sich durchsetzt, ihm gebührt unbedingte Treue und Gehorsam. Auch die extreme Linke agiert mit einem Führerbild, das jedoch anders legitimiert ist. Arbeiterführer ist der am meisten klassenbewusste unter den Arbeitern, die Staatsführung soll in den Händen eines Gremiums liegen, das die Interessen der Arbeiterklasse monolithisch verkörpert und repräsentiert. Dies ist die kommunistische Partei, sie und nur sie verkörpert den Willen der Arbeiterklasse, nur sie führt zum Aufbau von

Sozialismus und Kommunismus. Das Führerbild auf beiden Seiten ist elitär. Das sozialdarwinistisch-organische Modell der Auslese durch Kampf, Sieg und Niederlage prägt rechtsextreme Vorstellungen. Auf der extremen Linken dominiert die Idee einer besonders klassenbewussten Schicht von Berufsrevolutionären, wie sie Lenin vor der russischen Revolution 1917 entworfen und propagiert hatte.

Trotz dieser Gemeinsamkeiten gibt es im Hinblick auf Entstehungsgeschichte, Ziele und Mittel erhebliche Unterschiede. Sie zeigen sich besonders deutlich in ihrer historischen Stellung zum Anfangspunkt der modernen demokratischen Gesellschaft, der Französischen Revolution und der von ihr ausgehenden modernen europäischen Verfassungsgeschichte. Sozialistische und kommunistische Bewegungen teilen die liberalen Ideen von Freiheit, Gleichheit und Brüderlichkeit, interpretieren sie auf ihre Weise und sehen ihre Ziele durchaus im Einklang mit den revolutionären Ideen. Vor allem erweitern sie die liberale Forderung nach Rechtsgleichheit um die Dimensionen wirtschaftlicher und sozialer Gleichheit. Das *Menschenbild* der extremen Linken ist davon ebenso stark geprägt wie von der Idee der in solidarischer Aktion der Arbeiterklasse durchgeführten Emanzipation des Menschen aus den Fesseln der kapitalistischen Ausbeutung, wie es Marx und Engels in ihren Werken dargelegt haben. Im Unterschied zum reformorientierten demokratischen Sozialismus sieht die extreme Linke den Kapitalismus in einer tiefen Krise und ist bestrebt, durch revolutionäre Aktion den Sturz des Kapitalismus herbeizuführen um dann die sozialistische Gesellschaftsordnung zu errichten.

Die extreme Rechte lehnt die Ideen der französischen Revolution ab und bekämpft sie. Im Mittelpunkt steht nicht die Idee gleichberechtigter und selbstbewusster Bürger, sondern die Volksgemeinschafts-Ideologie. Volk ist hier nicht die Gemeinschaft der Staatsbürger, sondern lebendiger Organismus. Der Einzelne ist Teil eines Volkes, er steht ihm aber auch in seiner individuellen Existenz gegenüber. Aus dieser Spannung entwirft die extreme Rechte ein Menschenbild, das sich an vorgeblich ewigen Naturgesetzen und der historischen Größe und

Überlegenheit des Volkes orientiert. Gegen die emanzipativen Bewegungen seit der Aufklärung und der Französischen Revolution setzt die extreme Rechte die Verwurzelung des Individuums in Familie, Volk, Nation und Tradition einerseits und seine genetische Determination andererseits. Der Einzelne ist Diener seines Volkes, dem er ethnisch und kulturell unaufhebbar angehört. Biologische, angeborene Grundausstattung und althergebrachte, im Volk verwurzelte Verhaltensmuster begrenzen einen Verhaltensspielraum, der mythisch aufgeladen wird: Ehre und Treue, Hingabe an den Führer, heldische Tugenden wie Wagemut und Opferbereitschaft ästhetisieren das rechtsextreme Menschenbild zu einem vorgeblich natürlichen, der kritischen Reflexion entzogenen Verhaltensstil.

Rechts- und Linksextremismus haben eher reservierte bis ablehnende Einstellungen gegenüber der Religion und dem Christentum, bei beiden gilt der Primat der Politik. Hier ist der zentrale Unterschied zu sehen gegenüber dem Islamismus. Er betont die Einheit von Religion und Politik. Die Idee des islamischen Gottesstaates basiert gerade darauf, dass es keine Trennung gibt und dass die Religion des Islam alle staatlichen und gesellschaftlichen Bereiche durchdringt. Doch Rechts- und Linksextremismus führen religiöse Momente auf eine andere Weise in ihre Ideologie wieder ein: Man könnte sie *als politische Religionen* betrachten, indem sie nämlich zentrale weltanschauliche Grundlagen quasi-religiös verfestigen: den *Glauben* an den Führer, an die historische Mission der Partei oder der Arbeiterklasse. Die politische Ästhetik der Massenveranstaltungen etwa der NSDAP vor und nach 1933, besonders bei den Reichsparteitagen, gleicht im Ablauf in frappierender Weise kirchlichen Zeremonien.

Der Islamismus betont die Einheit von Religion und Staat und er politisiert und instrumentalisiert die Religion des Islam. Die Grundprinzipien der westlichen Staats- und Gesellschaftsordnung sind ihm nicht nur fremd, er lehnt sie in militanter Weise ab: Grund- und Menschenrechte, Demokratie und Gewaltenteilung, Rechtsstaat. Man könnte noch einen Schritt weiter gehen und die Differenzen ausweiten

auf andere gesellschaftliche Teilbereiche. Schon Max Weber
hat in seiner 1905 erschienenen berühmten Abhandlung über
„Die protestantische Ethik und den Geist des Kapitalismus"
auf fundamental unterschiedliche Entwicklungspfade verwiesen: wissenschaftlich-experimentelles Denken, rationales
Verwaltungshandeln, Expertentum, juristische Kasuistik und
wirtschaftlich-kapitalistisches Denken und Verhalten – all dies
gab es nur im Okzident, nicht aber, oder nur schwach ausgeprägt, in anderen Kulturkreisen (Weber 2005, S. 7 ff.). Von
daher macht es durchaus Sinn, nicht allein von einer politisierten
Religion beim Islamismus auszugehen, sondern von einer viel
tiefer reichenden Frontstellung gegen *den* Westen, gegen den
gesamten westlichen *way of life*.

2.5   Totalitarismus

Politischer Extremismus befindet sich in einer Situation der
fundamentalen Opposition gegen die Herrschenden. Was aber,
wenn dieser Extremismus durch Wahlen oder durch einen
Putsch an die Macht gelangt? Es gibt zahlreiche Beispiele für
Extremismen, die, einmal an die politische Macht gekommen,
durch besonders brutale, menschenverachtende Praktiken ein
System der Gewaltherrschaft errichteten. Für diesen Prozess
kennt die Politikwissenschaft den Begriff des Totalitarismus, entstanden aus der Selbstdarstellung des italienischen Faschismus
unter Mussolini (Hobsbawm 1995, S. 146). Darunter versteht sie
den zur staatlichen Herrschaft gekommenen Extremismus:

> „Totalitarismus bezeichnet eine politische Herrschaft, die die unein-
> geschränkte Verfügung über die Beherrschten und ihre völlige
> Unterwerfung unter ein (diktatorisch vorgegebenes) politisches Ziel
> verlangt. Totalitäre Herrschaft, erzwungene Gleichschaltung und
> unerbittliche Härte werden oft mit existenzbedrohenden (inneren
> oder äußeren) Gefahren begründet, wie sie zunächst vom Faschis-
> mus und vom Nationalsozialismus, nicht zuletzt auch im Sowjet-
> kommunismus Stalins von den Herrschenden behauptet wurden.
> Insofern stellt der Totalitarismus das krasse Gegenteil des frei-
> heitlichen Verfassungsstaates, des Prinzips einer offenen, pluralen

Gesellschaft und moderner Demokratien dar" (Schubert und Klein 2018, S. 334).[5]

Die Geschichte des 20. Jahrhunderts ist von zwei gegenläufigen Prozessen gekennzeichnet. Auf der einen Seite ist die Demokratisierung und Liberalisierung insbesondere der westlichen Gesellschaften weiter vorangeschritten. Maßgeblich dafür sind die Erfolge demokratischer Politik, aber auch gesellschaftliche Veränderungen wie etwa der Wertewandel in der westlichen Welt und Prozesse der Individualisierung. *Wertewandel* nennt die Politikwissenschaft die langfristige Veränderung der Orientierungsmuster insbesondere der gut ausgebildeten Mittelschichten hin zu nicht-materiellen Werten wie etwa gesunde Umwelt, Klimaschutz, gute soziale Beziehungen, Selbstentfaltungswerte, aber auch ideelle wie Frieden. *Individualisierung* wird ein gesellschaftlicher Prozess genannt, der in der modernen Dienstleistungsgesellschaft von immer größerer Bedeutung ist. Demnach ist der Mensch immer mehr herausgelöst aus traditionellen Bindungen wie Familie, Religion, Sozialmilieu und immer stärker auf sich selbst und seine Entscheidungen bezogen. Beide, Wertewandel und Individualisierung, haben den langfristigen Prozess der Demokratisierung in der westlichen Welt wesentlich vorangetrieben.

Auf der anderen Seite sind jedoch die Gegenbewegungen, zusammengefasst in den theoretischen Begriffen Totalitarismus, Extremismus und Fundamentalismus, eine beharrliche Kraft gegen Freiheit und Demokratie. Sie haben verschiedene gemeinsame Struktureigenschaften, die in sieben Punkten zum Ausdruck kommen. Totalitäre Bewegungen erheben erstens einen *Alleinvertretungsanspruch.* Sie verstehen sich als alleinige und ausschließliche Besitzer politischer, religiöser oder sonstiger weltanschaulicher „Wahrheiten". Konkurrierende Bewegungen werden als Verirrungen oder Abweichungen aufgefasst, die es zu bekämpfen gilt. Damit einher geht die maßlose Selbstüberschätzung

---

[5]Zu den ideengeschichtlichen Wurzeln des Totalitarismuskonzepts vgl. Miliopoulos (2010) und Salzborn (2014, S. 82 ff.).

und Selbstüberhöhung als einzige und erste Kraft in der Geschichte, die der Menschheit das Heil bringt. Ihr Messianismus ist absolut und unteilbar.

Totalitäre Regime und Bewegungen sind, zweitens, *hermetisch abgeschlossene „Weltanschauungen"*. Sie sind, von innen betrachtet, rationaler Kritik nicht zugänglich. Ihre Ideologie entwickelt sich nicht in der permanenten, rationalen, diskussions- und lernbereiten Auseinandersetzung mit der Geistes- und Ideengeschichte, sondern sie berufen sich auf die angeblich „ewige" und unverrückbare Wahrheit bestimmter Lehrsätze. Weltanschauungen werden grundsätzlich nicht reflexiv und für die Diskussion offen fortentwickelt, sondern sie werden als vorgebliche Wahrheiten „geglaubt". Darin zeigt sich der quasi-religiöse Charakter aller totalitärer Glaubenssysteme. Lehrsätze werden nicht diskutiert und selbstkritisch überprüft, Kritik an ihnen gilt als abweichlerisches und sanktionswürdiges Verhalten.

Sie verfügen, drittens, über eine anti-aufklärerische, *absolutistische Legitimationsbasis.* Nicht die Vernunft des aufgeklärten Subjekts, sondern die prophetischen, charismatischen Gaben des die Weltanschauung in idealer und absoluter Weise verkörpernden Führers gelten als einzige Quelle der Legitimation. Schon von daher sind konkurrierende und relativierende Argumente aus der Tradition anderer Ideengeschichten ausgeschlossen. Der Führer wird verehrt und mystifiziert und gilt als der messianische, charismatische und vom Schicksal ausersehene „leader", der jeder Kritik unzugänglich ist. Interne demokratische Willensbildung im Rahmen eines Primats des besseren Arguments läuft dem Führer-Prinzip zuwider und könnte die Allmacht der Führer-Ideologie relativieren und delegitimieren. Aus diesem Grund kann es keine demokratische Willensbildung in totalitären Bewegungen geben. Es ist bezeichnend für totalitäre Organisationen, dass Führer nach ihrem Ableben als Leitfiguren, Aushängeschilder, ideologische Fixpunkte und „geistige Alleinherrscher", versehen mit einem Heiligenschein, fortleben und in ihrer Überhöhung und Glorifizierung weiterhin eine zentrale Legitimation für die Organisation liefern. Marx, Lenin und Mao tse Tung haben

eine solche Funktion für die extreme Linke in Deutschland eingenommen, Hitler ist für diverse Neonazi-Zirkel weiterhin der
entscheidende Fixpunkt.

Sie sind, viertens, geprägt von *Feindbild-Rhetorik* und der
rigiden Unterscheidung zwischen Gut und Böse. Gut ist die
eigene Weltanschauung, mehr oder weniger böse ist alles, was
ihr nicht folgen will oder kann. Der moralischen Differenz
zwischen Gut und Böse folgt die handlungsorientierte, ebenso
radikal vereinfachende Unterscheidung von „richtig" und
„falsch". Konsequenterweise entwickelt der Totalitarismus
daraus eine beachtliche Aggressivität gegen Abweichler und
Feinde, häufig im Rahmen von Verschwörungstheorien. Partielle
oder überwiegende Gewaltbereitschaft ist der folgerichtige
Schritt, um Gegner und Feinde auszuschalten, die die eigene
Weltanschauung bedrohen. Zwischen Gut und Böse, Richtig und
Falsch, Freund und Feind, den fundamentalen und konstitutiven
Unterscheidungen, werden in der Regel kaum Differenzierungen
vorgenommen. So erklärt sich der beträchtliche Realitätsver-
lust bei den Anhängern totalitärer Gruppierungen, den sie frei-
lich erst in der Ausstiegsphase erkennen. Die autobiographischen
Materialien von „Ehemaligen" liefern hierfür vielfache Belege.

Die soziale und politische Basis totalitärer Systeme sind
Bewegungen, von denen sie im Vorfeld und auch in der System-
phase getragen werden. Das fünfte und sechste Merkmal bezieht
sich besonders auf diese Bewegungen. Totalitäre Bewegungen
entwickeln, fünftens, um die Einzigartigkeit und Unverwechsel-
barkeit ihrer Ideologie zu zementieren, *eigene Begriffssysteme*
mit Umdeutungen alltagssprachlicher Begriffe oder originären
Bedeutungen. Von den Fachsprachen der Wissenschaften, der
Justiz, der Medizin, des Militärs, des Sports oder der Technik
unterscheiden sie sich durch ihren suggestiven Charakter.
Totalitäre Begriffe beanspruchen das Absolute und Nicht-
Hintergehbare, sie sind der kritischen Reflexion und Infrage-
stellung entzogen. Die Rhetorik des Marxismus-Leninismus und
des Stalinismus kennt hierfür ebenso viele Beispiele wie die NS-
Bewegung vor 1933 und der Nationalsozialismus an der Macht
(vgl. Abschn. 3.1).

Totalitäre Bewegungen richten sich, sechstens, *gegen die Idee der Demokratie* als solche, sie wollen den Stand der Demokratisierung und der Liberalität zurückschrauben. Demokratie und Totalitarismus sind gänzlich unvereinbar, weil die liberale Demokratie an den unveräußerlichen Rechten des Staatsbürgers ansetzt, der Totalitarismus hingegen unter Missachtung der bürgerlichen Freiheitsrechte an den Rechten des Kollektivs. Deshalb reicht die prinzipielle und von innen gesehen auch notwendige Zurückweisung der Demokratie von taktisch geprägter Scheinakzeptanz über zurückhaltende Kritik bis hin zu militanten Versuchen, die Demokratie – etwa durch militante Provokationen – zu zerstören.

Ein besonderes und für die zivile Demokratie gefährliches Problem ist das *Gewaltpotential* totalitärer Gruppierungen. Die klassischen Beispiele des Totalitarismus – Sowjetkommunismus und Nationalsozialismus – haben Gewalt nach innen und nach außen defensiv legitimiert: Man sei bedroht und umzingelt von aggressiven Feinden, deshalb sei Gewaltanwendung ein legitimer Akt der Notwehr. Totalitäre Organisationen, die sich selbst unter öffentlichen Druck gesetzt sehen, tendieren, so scheint es, dazu, Gewalt zu akzeptieren unter der Voraussetzung einer (scheinbar notwendigen) Selbstverteidigung. Nach innen hingegen, als Sanktionsmittel gegenüber Mitgliedern, Anhängern und -besonders – Abtrünnigen, scheint Gewalt in vielfältigen Formen ein selbstverständliches Mittel der Auseinandersetzung, ebenso gegenüber Personen und Organisationen, die als feindlich wahrgenommen werden. Totalitäre Bewegungen vereinigen nicht nur das eine oder andere der genannten Strukturmerkmale, sondern, mehr oder weniger, alle sieben zugleich. Eben dies macht sie zu „totalitären" Gruppierungen.

Die Betrachtung des Problemfeldes Totalitarismus zeigt, zu welchen historischen Konsequenzen alle Formen des politischen Extremismus führen können. Zwischen demokratischen und totalitären Herrschaftsformen gibt es zahlreiche Abstufungen im breiten Feld der nicht demokratischen Herrschaftsformen. Kernelemente der Demokratie wie Bürgerrechte, Gewaltenteilung und freie Wahlen können mehr oder weniger garantiert werden. Es können einzelne, mehrere oder alle eingeschränkt sein. Im 20. Jahrhundert gelten in den Totalitarismustheorien vor allem der Nationalsozialismus und der Stalinismus in der Sowjetunion als totalitäre Regime.

Gegenwärtig geben verschiedene Demokratie-Indexe Auskunft über die weltweiten Herrschaftsformen. Der Demokratie-index der britischen Zeitschrift The Economist bewertet die Staaten anhand bestimmter Demokratie-Kriterien.[6] Für das Jahr 2019 wurden 167 Staaten untersucht, davon wurden 76 als vollständige Demokratien bezeichnet, weitere 54 als weniger stabile Demokratien. 37 Staaten gelten als Mischformen zwischen Demokratie und Diktatur, 54 als autoritäre Diktaturen. Der Begriff „totalitär" wird nicht verwendet, doch kann man davon ausgehen, dass die untere Gruppe als totalitäre Staaten gesehen werden kann. Dazu gehören zehn Staaten, darunter Nordkorea, Syrien und Saudi-Arabien.

Auch vor einer ausgebildeten totalitären Staatlichkeit können extremistische Bewegungen totalitäre Mechanismen entwickeln, etwa auf der Ebene der Ideologieproduktion, aber auch in der Durchsetzung politischer Ziele. So hat etwa der Islamische Staat von der Ausrufung des Kalifats 2014 bis zu seiner militärischen Niederlage 2019 in den besetzten Gebieten im Irak und Syrien sehr gewalttätige Formen der Herrschaftspraxis umgesetzt, indem das gesamt öffentliche Leben streng geregelt wurde und brutale Strafen bei Vergehen erfolgten. Dieser „Tugendterror im Innern" (Steinberg 2015, S. 120 ff.) folgte einer totalitären salafistischen Weltanschauung.

2.6   Extremismus und Gewaltbereitschaft

Natürlich tragen extremistische Bewegungen und Gruppierungen unserer Tage auch Züge des Totalitarismus. Doch dieser Begriff wird – wie im Abschn. 2.5 beschrieben – in der Politikwissenschaft eher im historischen Kontext, vor allem bezogen auf

---

[6]Vgl. https://www.eiu.com/topic/democracy-index, Zugegriffen: 3. Mai 2020.

Regime und Herrschaftsformen in vergleichender Absicht verwendet. Die aktuelle sozialwissenschaftliche Diskussion über Extremismus und Gewaltbereitschaft verwendet den Begriff „totalitär" kaum, vermutlich deshalb, weil sie stark interdisziplinär geprägt ist. Eine der gegenwärtig zentralen Fragestellungen ist die nach dem Verhältnis von Extremismus und Gewalt:

- Im Bereich der Gewaltbereitschaft von Individuen: Was führt Menschen, in der Regel junge Männer, dazu, Gewalt zur Durchsetzung politischer Ziele zu akzeptieren und anzuwenden? Umgekehrt: Welches sind Bedingungen für einen erfolgreichen Ausstieg im Rahmen von Deradikalisierungsprogrammen?
- Im Bereich der Gruppengewalt: Welche gruppendynamischen Faktoren sind ausschlaggebend dafür, dass politisch motivierte Gewalt häufig aus Gruppen heraus begangen wird? Welches sind hemmende, welches sind mobilisierende Faktoren?
- Im Bereich der Gewalt von Organisationen: Welche Mechanismen sind es, die sie zur Militanz treiben, welches sind die Bedingungen für die Entstehung und das Ende ihrer Gewaltbereitschaft?
- Bei der Gewaltbereitschaft von Unterstützerkreisen: In welcher Weise und warum bilden sich Unterstützerkreise, welchen Einfluss haben sie auf die militanten Gruppen und in welcher Weise können sie deren Verhaltensweisen beeinflussen?
- Bei der Gewaltakzeptanz von Teilen der Bevölkerung: Extremistische Militanz lebt von Öffentlichkeit, von Massenkommunikation – wie erleben und reagieren Teile der Öffentlichkeit, wie kommunizieren sie zurück auf die militante Gruppe?

Organisierte, strategisch geplante, politisch motivierte Gewaltbereitschaft als Sonderform des Extremismus muss vor allem in Zusammenhängen des Terrorismus dargestellt werden. Darauf wird an anderer Stelle näher eingegangen (vgl. Kap. 5). Hier sollen Aspekte des Gewaltproblems *im Vorfeld* des Terrorismus diskutiert werden. Hierzu gehören, wie oben angedeutet, die ideologische Akzeptanz, die Unterstützung in subkulturellen Milieus und in der Bevölkerung und schließlich die Frage nach den gesellschaftlichen Funktionen der Gewalt.

Die Diktatur des Proletariats, eine autoritäre Herrschaft auf Grundlage der Ideologie der Volksgemeinschaft oder ein islamischer Gottesstaat gehören auch heute noch, mehr oder weniger offen formuliert, zu den Zielen der besonders dogmatischen Teile des Extremismus. Der Einsatz von Gewalt als politisches Mittel dient dazu, in den Augen der Akteure revolutionäre Situationen herbeizuführen, die Staatsmacht zu provozieren, er kann aber auch nur aus Lust an der Gewalt bestehen und ähnlichen Motiven entspringen wie die allgemeine Gewaltbereitschaft unter jungen Leuten. Von hier aus stellt sich die Frage nach der Gewaltbereitschaft in den extremistischen Organisationen, auch bei jenen, deren Rhetorik Gewalt ablehnt oder sich nicht dazu äußert. Wie ist es bei den kommunistischen Kleingruppen, bei neonazistischen und islamistischen Zirkeln? Ein Blick auf die bekanntgewordenen politisch motivierten Straftaten gibt einen Eindruck über die Fallzahlen (s. Tab. 2.4 und 2.5).

Die Entwicklung der Fallzahlen in mittelfristiger Perspektive belegt eine relative Konstanz der angezeigten politisch motivierten Straftaten von links bei etwa 9000, wobei ein bemerkenswerter Anstieg von 2018 auf 2019 festzustellen ist. Politisch motivierte Straftaten von rechts nehmen seit 2013 kontinuierlich zu. Bei der 2016 von den Behörden eingeführten Kategorie „religiöse Ideologie" sind die Fallzahlen sehr unterschiedlich, sie sagen wenig über die tatsächliche Gefährdungslage aus.

Die Betrachtung der Fallzahlen von rechts belegt Unterschiede. Die Flüchtlingskrise 2015/2016 führt zu einem Anstieg der Gewalt von rechts und damit auch zu einem Beleg für die *große Bedeutung situativer Faktoren für die Militanz von rechts.* Gemessen an Fallzahlen ist die Gewalt von links höher als die von rechts, die neu eingeführte Kategorie der religiösen Motive ab 2017 sagt auch hier noch wenig aus über die tatsächliche Gefährdung.

Tab. 2.4 Entwicklung der politisch motivierten Kriminalität (PMK)

	2013	2014	2015	2016	2017	2018	2019
PMK rechts	17.042	17.020	22.960	23.555	20.520	20.431	22.342
PMK links	8673	8113	9605	9.389	9752	7961	9849
PMK religiöse Ideo-logie				722	1102	586	425

Quelle: Bundesministerium für Inneres und für Heimatschutz (Hrsg.) 2013 ff. Registriert sind hier die Anzeigen unbeschadet der eingestellten Verfahren und der Freisprüche. Unberücksichtigt ist das Dunkelfeld nicht angezeigter Straftaten.

Tab. 2.5: Entwicklung der politisch motivierten Gewalttaten

	2013	2014	2015	2016	2017	2018	2019
PMI rechts	837	1029	1485	1698	1130	1156	986
PMK links	1659	1664	2246	1702	1967	1340	1052
PMK religiöse Ideologie					92	58	48

Quelle: Bundesministerium für Inneres und für Heimatschutz (Hrsg.) 2013 ff. Registriert sind hier die Anzeigen unbeschadet der eingestellten Verfahren und der Freisprüche. Unberücksichtigt ist das Dunkelfeld nicht angezeigter Straftaten.

Qualitative Unterschiede zeigen sich bei den Gewalttaten. Von rechts sind sie dominiert von Körperverletzungsdelikten. Opfer sind überwiegend migrantisch aussehende Menschen und linke Aktivisten. Hier ist ein beachtliches Dunkelfeld anzunehmen, denn viele Opfer scheuen den Gang zur Polizei aus Angst vor Vergeltungsmaßnahmen. Eine neu hinzugekommene Opfergruppe sind Journalisten, die kritisch über die Themen Migration, Flüchtlinge und AfD berichten. Eine Befragung von 322 Journalisten zeigte, dass nahezu zwei Drittel von ihnen hasserfüllten Angriffen von rechts ausgesetzt war bis hin zu körperlichen Bedrohungen

(Papendick et al. 2020). Gewalttaten von links sind vor allem Sachbeschädigungen von Gebäuden wie Banken oder Maklerbüros oder auch Bahnanlagen. Angriffe auf Polizeibeamte und Polizeifahrzeuge bei Demonstrationen sind typische Delikte für die linksextreme gewaltbereite Szene. Bei den islamistisch motivierten Gewalttaten geht es überwiegend um Vorbereitungshandlungen für eine terroristische Aktion, etwa die Beschaffung von chemischen Bestandteilen zum Bau von Sprengstoff und um terroristische Aktionen selbst wie etwa den Anschlag auf den Weihnachtsmarkt an der Berliner Gedächtniskirche im Dezember 2017.

Im Längsschnittvergleich steigt die Zahl politisch motivierter Straftaten von insgesamt 20.477 (2003) auf 36.062 (2018).[7] Auch wenn man berücksichtigt, dass diese Zahlen nur bekanntgewordene Straftaten berücksichtigen, nicht aber das Dunkelfeld, muss davon ausgegangen werden, dass sich eine Tendenz der Zunahme politisch motivierter Kriminalität in Deutschland abzeichnet.

Nach Angaben der Verfassungsschutzbehörden beträgt im Jahr 2019 das Personenpotential von Rechtsextremisten 32.000, davon etwa 13.000 Gewaltbereite. Im Bereich Linksextremismus werden 34.500 Personen genannt, für den des Salafismus 12.000, Tendenz steigend.[8] Diese Zahlen, die auf Schätzwerten beruhen und zu denen ein unbekanntes Dunkelfeld hinzuzurechnen ist, belegen einen kontinuierlichen, über Jahre fortexistierenden gewaltbereiten Teil des Extremismus, der mehr oder weniger im Umfeld von subkulturellen Organisationen oder schwach strukturierten Netzwerken anzusiedeln ist.

Gewaltbereite politische Gruppen agieren nicht außerhalb der Gesellschaft und auch nicht isoliert. Sie brauchen Unterstützung von Sympathisanten in den Bereichen Logistik, Organisation und Kommunikation. Von großer Bedeutung für ihre Orientierungen und Handlungsmöglichkeiten und damit auch

---

[7]Vgl. https://de.statista.com/statistik/daten/studie/5726/umfrage/politisch-motivierte-kriminalitaet-seit-2001/. Zugegriffen: 4.Mai 2020.

[8]Vgl. Bundesministerium des Innern und für Heimatschutz (2020, S. 53, 116 und 181).

ihren gesamten Radikalisierungsprozess sind vernetzte Unterstützerkreise oder, wie es Malthaner und Waldmann nennen,
„radikale politische Milieus" (Malthaner und Waldmann 2012).
Das können jugendliche Subkulturen sein, aber auch politisch
Interessierte im Vorfeld extremistischer Aktionen. Es können
konkrete Individuen oder Gruppen sein, aber auch Zusammenschlüsse oder Chat-Gruppen im Internet.

An einem historischen Beispiel lässt sich das gut belegen. In
den siebziger Jahren gab es an Hochburgen der linken Protestbewegung im universitären Umfeld durchaus hier und da Unterstützung für die „Stadtguerilla". Gerd Koenen, Aktivist und
Chronist der 68er, spricht von grassierendem Sympathisanten-
tum in der deutschen linksliberalen Szene, von einer „ver-
drucksten Solidarität derer, die nicht kämpften":

> „Jene, die sich ‚der verirrten Genossen erbarmten', waren ein solider
> Teil des damaligen linksliberalen juste milieu. Der Automechaniker
> Kalle Ruhland, der mit Ulrike Meinhof 1971 unterwegs war, um
> Quartier zu machen, staunte, wer alles seine helfende Hand reichte:
> mal war es ein WDR-Redakteur in Köln, mal ein katholischer
> Priester in Hannover, mal ein Professorenehepaar in Frankfurt, mal
> ein bekannter Liedermacher in Hamburg. Und so weiter" (Koenen
> 2002, S. 393).

Terroristische Kleingruppen wie die RAF und die Bewegung
2. Juni haben davon gezehrt und sich immer wieder auf dieses
Sympathisantenumfeld beziehen können. Auch in der Rhetorik der
sogenannten K-Gruppen der maoistischen und kommunistischen
Zirkel spielte die Frage des gezielten Einsatzes von Gewalt zur
Herbeiführung einer revolutionären Situation eine beständige
Rolle. Andere Segmente militanten Protests zu dieser Zeit waren
im Bereich der Hausbesetzer, später auch bei Atomkraftgegnern
und „zivilem Ungehorsam" bei Großprojekten wie der Startbahn
West bis hin zu den Globalisierungsgegnern unserer Tage.

Heute scheint die Gewaltakzeptanz auf die Bereiche der
Autonomen und verschiedene rechtsextreme Szenen begrenzt,
aber auch auf den internationalen islamistischen Terrorismus.
Die Vermischungen von politisch begründeter und unpolitisch-
spontanen Gewaltakten dominiert dieses Feld, die Bindung der

Täter an Organisationen ist häufig eher locker oder gar nicht vorhanden, sodass mehrere kleine, diffuse, schwer überschaubare Gewaltpotentiale nebeneinander existieren. Eine besondere Form der wechselseitigen Unterstützung und Durchdringung sind Kooperationen von terroristischen Gruppen und Akteure der organisierten Kriminalität, etwa wenn terroristische Aktionen durch Drogenhandel finanziert werden. Dieser Bereich des *transnationalen symbiotischen Terrorismus* ist vor allem für die Sicherheitsbehörden eine große Herausforderung. (Dienstbühl 2014; Goertz 2019).

Politisch motivierte Gewalt kann, muss aber nicht im Kalkül extremistischer Politik liegen. Lokalstudien über einen längeren Zeitraum haben gezeigt, dass von derselben rechtsextremen Szene spontane, brutale Gewalt ausgehen kann, gefolgt von systematisch geplanter Gewalt bis hin zur politisch begründeten Abkehr von Gewalt (Klärner 2006). Aus der Sicht dieser Gruppen folgt Gewalt als geplante Aktion durchweg den Motiven des Herbeiführens einer revolutionären Situation, aber auch der Provokation des Staates, der strategischen Herbeiführung von öffentlicher Aufmerksamkeit oder auch allgemeinen Impulsen der Provokation. Im vorpolitischen Bereich kann die Gewalt selbst, aber auch ihre Verherrlichung in den subkulturellen Milieus durch Musik, Schriften, Veranstaltungen auch Ausdruck eines Lebensgefühls sein. Es darf in diesem Zusammenhang auch nicht vergessen werden, dass die Ästhetik der Gewalt in der Gesellschaft eine bedeutsame Rolle spielt, man denke etwa an das Kino, Literatur und Medien, auch an die neuen Medien der Videospiele und des Internet, wo die Beschäftigung mit Gewalt alltäglich geworden ist. Vielfältigste Formen der Abarbeitung von Gewalt, von Erfahrungen im sozialen Nahraum bis hin zu medialen Deutungen, sind Bestandteil des Alltagslebens, damit aber auch ein ganz gewöhnlicher Teil der Lebenswelt.

Das Verhältnis von Gewaltakzeptanz und Gesellschaft ist außerordentlich komplex und widersprüchlich. Der „Prozess der Zivilisation" (Norbert Elias) ist weit vorangeschritten. Gewaltbereitschaft im Alltag ist hoch tabuisiert und moralisch diskreditiert. Auf der anderen Seite gibt es jedoch die verbreitete

Lust an der Gewalt in symbolischen Formen, im Medienkonsum-
verhalten und in Spezialkulturen. Eckert und andere haben am
Beispiel von Paintballspielern, Sadomasochisten und Hooligans
gezeigt, wie sehr Gewaltakzeptanz auch gesucht und ausprobiert
wird. Sie verschafft Nervenkitzel, „action" und Erlebnisintensi-
tät und reicht weit hinein in die Mehrheitsgesellschaft (Eckert
et al. 2001). Mit der Verbreitung des Internet und social media
ist anonymisierte und weit verbreitete Hasskriminalität zu
einer nicht intendierten Folgewirkung der Chancen des Internet
geworden.

Die Gesellschaft ist der eigentliche Adressat politisch
motivierter Gewalt. Zahllose empirische Untersuchungen, die
in Deutschland in den zurückliegenden Jahrzehnten vorgelegt
wurden, belegen beachtliche Unterstützer- und Sympathisanten-
potentiale für die politisch motivierte Gewalt jenseits der Subkulturen. Schon 1981 kam die seinerzeit Aufsehen erregende
sogenannte Sinus-Studie über rechtsextremistische Einstellungen
in der westdeutschen Bevölkerung zu dem Befund, dass sechs
Prozent der Wahlbevölkerung rechtsextremistische Gewalttaten im Grunde billigen. Es waren vor allem Ältere mit formal
niedrigen Bildungsabschlüssen, eher kleine Selbständige, Landwirte und angelernte Arbeiter in kleinen und mittelgroßen Orten
(Sinus 1981, S. 82 ff.).

Die Duldung und Unterstützung fremdenfeindlicher
Anschläge im Rahmen der Asyldebatte zu Beginn der neunziger
Jahre durch Teile der Bevölkerung lässt darauf schließen, dass
situativ bedingte punktuelle Gewalt als legitimer Widerstand
gedeutet wird und die Täter nicht zu Unrecht glaubten, anstelle
und im Interesse der Bevölkerung zu handeln. In Rostock,
Hoyerswerda, Hünxe und Solingen gab es Anfang der 1990er
Jahre solche Anschläge, bei denen Sympathien bei Teilen der
Bevölkerung spürbar waren. Eine Folge der Gewaltbereitschaft
waren intensive empirische Studien seit Beginn der 2000er
Jahre. Zwischen 2002 und 2010 erschienen zehn Bände der vom
Bielefelder Institut für interdisziplinäre Konflikt- und Gewalt-
forschung unter der Leitung von Wilhelm Heitmeyer heraus-
gegebenen Reihe „Deutsche Zustände". Zahlreiche empirische
Studien verdeutlichen weitverbreitete Vorurteile gegenüber

Minderheiten. Seit 2006 erscheinen alle zwei Jahre die „Mitte"-Studien der Universität Leipzig, seit 2014 in Zusammenarbeit mit der Friedrich-Ebert-Stiftung.[9] Die repräsentativ angelegten Befragungen verdeutlichen, dass rassistische und rechtsextremistische Einstellung, aber auch Gewaltakzeptanz bis in die Mitte der Gesellschaft hineinreichen.

Die Reaktionen von Politik und ihren Institutionen auf politisch motivierte Gewalt sind geprägt von legalistischen Motiven, sofern es um den Verstoß gegen Gesetze geht und auch die Diskussion von Gesetzeslücken. Gegenüber der Öffentlichkeit muss Politik im Falle politisch motivierter Militanz aber auch Stärke und Entschlossenheit zeigen. Politik übernimmt hier auch eine moralische Funktion, indem Gut und Böse unterschieden wird und das Böse sanktioniert wird. Mehr noch: Politik hat in diesem Feld eine beachtliche Definitionsmacht, sie bestimmt das Ausmaß der Gefahr, die Intensität der Bedrohung und wird zum zentralen Akteur. Gefahrenabwehr gehört zu den wichtigsten Aufgaben des Staates, wenn er in den Augen der Bevölkerung dieser Aufgabe nicht gerecht wird, führt dies zu schweren Legitimationsproblemen.

2.7   Grenzbereiche und offene Fragen

Das weite Feld des politischen Extremismus ist beeinflusst von Totalitarismus, Fundamentalismus und Terrorismus. Obwohl es offensichtliche inhaltliche Zusammenhänge gibt, finden sie sich nicht in einer einheitlichen, themen- und fächerübergreifenden Forschungslandschaft. Die politikwissenschaftliche und auch die in anderen Disziplinen betriebene Forschung ist aufgespalten in eigenständige, teilweise verselbständigte Diskurse mit speziellen Begrifflichkeiten, die sich mit besonderen Fragen beschäftigen und voneinander recht wenig wissen. Theoretisch-begriffliche

---

[9]Nähere Informationen dazu in: https://www.fes.de/forum-berlin/gegen-rechtsextremismus/mitte-studie. Zugegriffen: 5. Mai 2020.

und ideengeschichtliche Zugänge stehen neben organisations-
soziologischen, historischen, biographischen und jugendsozio-
logischen. Der Begriff Linksextremismus findet für die Zeit
vor 1945 praktisch keine Anwendung, obwohl revolutionäre
Politik von links spätestens seit der russischen Revolution
1917 zu einem wichtigen weltpolitischen Faktor geworden
ist. Totalitarismus spielt in der Diskussion heute eine Sonder-
rolle in der Anwendung auf Herrschaftssysteme. Im Bereich
der Protestbewegungen wird er kaum benutzt. Die Aufspaltung
in ganz unterschiedliche Diskurse und Forschungstraditionen
ist erstaunlich, weil es einen gemeinsamen Bezugspunkt gibt:
Extremismus, Fundamentalismus und Terrorismus richten sich
gleichermaßen gegen die liberale Verfassung, die liberale Ökonomie und die Liberalität der Gesellschaft. Zu den bis heute
umstrittensten Aspekten der Diskussion gehören zwei Fragen.

Kann und muss man weiterhin von einem Verfassungsbogen
ausgehen, der rechts und links als dynamische extreme Entfernungen von der Mitte betrachtet? Stimmen *rechts* und *links*
als Grundkategorien weiterhin zur Bestimmung politischer
Orientierungen und Verhaltensweisen? Kann und darf man
links und rechts, Links- und Rechtsextremismus überhaupt miteinander vergleichen oder überwiegen die Unterschiede? Die
politikwissenschaftliche Diskussion hat bis heute keine Antwort
gefunden, die auf breite Zustimmung stößt. Auf der anderen
Seite jedoch dürfen die historischen Traditionen der politischen
Milieus, des Selbstverständnisses und auch der tatsächlichen
Entfernungen aus dem Verfassungsbogen nicht vergessen
werden. Auch wenn sich argumentieren lässt, dass links und
rechts heute nicht mehr einen ausreichenden Rahmen politischer
Orientierungen darstellen, weil Fragen des technischen Fortschritts, der Umwelt und der Sozialpolitik sich nicht mehr von
rechts oder links beantworten lassen, sondern neue Ansätze
brauchen, wirken die rund 150 Jahre alten Erfahrungen
politischer Milieus nach ebenso wie die rechts- und links-
extremen Diktaturen des 20. Jahrhunderts. Mehr noch: Die
Traditionen des Liberalismus, Konservatismus und Sozialismus,
wie sie sich im 19. Jahrhundert als Antwort auf die Aufklärung,
die Französische Revolution und den Kapitalismus formiert

haben, wirken fort in veränderter Konstellation. Der Liberalismus heute ist keine oppositionelle Freiheitsbewegung mehr, er ist aufgegangen in den europäischen Verfassungen und in der Mentalität freiheitlicher, individualistischer Lebensführung. Längst hat er den Alltag und die konkreten Lebensplanungen der Bürger in der westlichen Welt wie selbstverständlich erreicht. Als politische Ideologie hingegen erweist sich das auf ökonomische Theorien von Friedrich Hayek, Milton Friedman und anderen gegründete Programm des *Neoliberalismus,* das in den USA zur Zeit der Präsidentschaft Ronald Reagans und in Großbritannien unter Margaret Thatcher politisch umgesetzt wurde und bis heute einflussreich geblieben ist. Es setzt ganz auf die Kraft der Märkte, auf Globalisierung und die radikale Entfesselung der ökonomischen Potentiale ohne Rücksicht auf sozialstaatliche Traditionen und Beschränkungen.

Der Konservatismus heute ist nicht mehr gegenrevolutionär, er ist in moderner Form etabliert in allen politischen Strömungen. Die Grundorientierung, dass es Traditionen und Institutionen gibt und geben müsse, deren Erhaltung sich lohnt, reicht weit über das konservative Spektrum hinaus. Giddens hat von einem modernen *philosophischen Konservatismus* gesprochen, einer „auf Schutz, Bewahrung und Solidarität bedachten Haltung", die in den politischen Orientierungen eine bedeutsame Rolle einnimmt (Giddens 1999, S. 30). Eine solche Haltung ist nicht zwangsläufig „rechts", sie findet sich auch in den eher linken Ökologie- und Klimaschutzbewegungen. Der Sozialismus schließlich hat seine Revolutionsrhetorik verloren, als Beharren auf der Lösung der sozialen Frage ist er aber durchaus auch in verschiedenen politischen Strömungen weiterhin präsent. Vor allem in Diskussionen über soziale Gerechtigkeit und die Beteiligung der Beschäftigten am Wohlstand spiegeln sich Traditionen sozialistischen Denkens, auch hier weit über den sozialdemokratischen Kernbereich hinaus.

Die aus der Wahlforschung bekannte relative Distanz der Bürger zu den politischen Milieus, Lagern und Parteien, ihre weniger gefestigten politischen Grundüberzeugungen und ihre Bereitschaft zum Wechsel macht jahrhundertealte Traditionen politischer Orientierung nicht obsolet. Rechts, Mitte, links gehen heute andere Mischungsformen ein, sie adaptieren neue Themen und verabschieden sich von anderen. Damit allein werden rechts und links als solche aber nicht bedeutungslos. So gesehen haben auch die extremen Formen von rechts und links weiterhin Geltungsanspruch in der politischen Auseinandersetzung, nur nicht mehr in der bedingungslosen und milieugebundenen Form, wie dies zur Zeit des Kalten Krieges in den fünfziger und sechziger Jahren der Fall war.

Die zweite Frage ist mit der ersten verbunden. Es ist die nach *den Grenzfällen:* Gibt es trennscharfe, exakte Kriterien, um Einstellungen von Personen, die Charakteristik einer Organisation oder ein politisches Milieu eindeutig als extremistisch zu identifizieren? An welcher Stelle ist der demokratische Verfassungsbogen überschritten? Obwohl hier beachtliche theoretische Arbeiten vorliegen (Backes 1989), bleibt festzuhalten, dass die Grenzen durchaus fließend sind. Das lässt sich bei der bis heute umstrittenen Konstruktion von Extremismusskalen bei Umfragen beobachten, aber auch bei der Analyse von Organisationen wie etwa der AfD oder auch Teilen der Partei Die Linke. Vor allem ist zu berücksichtigen, dass die Parteien heute nicht mehr auf festgefügte Traditions-Wählermilieus zurückgreifen können, zu sehr sind Mobilität, zeitlich befristete Orientierungen, Wechselwählereffekte und generell große Parteiendistanz zum Kennzeichen moderner politischer Orientierungen geworden. Der Extremismus in seiner Gesamtheit darf nicht statisch gesehen werden, sondern dynamisch: Sowohl Individuen wie auch Gruppen bewegen, entwickeln und verändern sich, so dass Momentaufnahmen schnell veraltet sein können. Für die Praxis der Politikwissenschaft bedeutet dies die Notwendigkeit ganz besonders transparenter und reflektierter Analysen und Einschätzungen, denn die häufig von politischen oder publizistischen Interessen geleitete Klassifizierung als „extremistisch" kann und darf nicht von der politikwissenschaftlichen Diskussion einfach übernommen werden.

Im Zusammenhang damit bedarf es der Betonung genuin politikwissenschaftlicher Aspekte der Extremismusforschung. Die in der Justiz, bei Verfassungsschutz- und Polizeibehörden

gängige – und angemessene – Ausrichtung des Extremismus-
begriffs am Grundgesetz im Rahmen der streitbaren Demokratie
ist historisch viel zu eng. Legalitätsaspekte und Handlungs-
notwendigkeiten rechtfertigen dieses Vorgehen und machen
den Extremismusbegriff zu einer operativen Kategorie, aus
der heraus sich rechtliche Folgen und administratives Handeln
ergeben. Für die Politikwissenschaft sind diese Einschränkungen
jedoch keineswegs bindend. Politischer Extremismus ist nicht
nur ein Phänomen in Deutschland nach Verabschiedung des
Grundgesetzes 1949, er reicht historisch weit zurück und hat
verschiedenste internationale Ausprägungen. Dies gilt auch
für Fundamentalismus und Terrorismus. All diese Phänomene
haben eine umfassende historische Tradition. Ihr Entstehungs-
zusammenhang muss berücksichtigt werden in der aktuellen Diskussion. Gerade deshalb wird im folgenden Kapitel besonderer
Wert gelegt auf die historische Entstehung des Extremismus als
Kritik des Liberalismus in der Verfassungsgeschichte, der Ökonomie und der Gesellschaft. Er entsteht nicht als unmittelbare
Gegenbewegung zum Liberalismus, sondern in den Milieus
des Konservatismus und des Sozialismus, die ihrerseits sich als
Kritik des Liberalismus geformt haben.

Entwicklungen: Politischer Extremismus von rechts und links

3

3.1 Politischer Extremismus als Antwort auf den Liberalismus

Von Rechts- und Linksextremismus ist erst seit wenigen Jahrzehnten die Rede. Die Begrifflichkeit gibt es erst seit den 1970er Jahren, zuvor waren Rechts- und Linksradikalismus gängige Münzen im politischen Sprachgebrauch und in den Sozialwissenschaften. Die gegenwärtigen politischen Formationen links- und rechtsaußen haben zweifellos viele Wurzeln in der Frühgeschichte der Bundesrepublik. Dennoch bleibt ihre Entwicklungsgeschichte unvollständig, wenn wir nicht einen umfassenderen historischen Bezugsrahmen zugrunde legen. Mitte und Ende des 19. Jahrhunderts gab es erste Ausprägungen der rechten und linken Varianten des politischen Extremismus. Er ist so gesehen eine historisch sehr junge Entwicklung, gerade einmal über einhundert Jahre alt. Keine seiner Spielarten entwickelte sich eigenständig, sie alle sind Abspaltungen von prägenden politischen Ideen ihrer Zeit. Ihre Entstehung war verknüpft mit inneren Auseinandersetzungen in den dominierenden politischen Richtungen nach der Aufklärung und der Französischen Revolution und der allmählichen Herausbildung demokratischer Verfassungsstaaten: Konservatismus, Sozialismus und Liberalismus. Karl Dietrich Bracher hat in seiner 1982 erschienenen Studie „Zeit der Ideologien", in der die politischen

Ideen des 19. und 20. Jahrhunderts behandelt werden, diese Konstellation als „Nebeneinander und Gegeneinander der gleichsam klassischen, bis heute wirksamen Ideenkreise" beschrieben: „Liberalismus und Demokratiegedanke, Sozialismus und Marxismus, Konservatismus und nationalistischer Etatismus" (Bracher 1982). Gerhard Göhler hat die Konkurrenz dieser Hauptströmungen prägnant zusammengefasst: „Geht es dem Liberalismus um die freie Entfaltung des Individuums gegenüber aller politischen und gesellschaftlichen Bevormundung, dem Sozialismus um die Verwirklichung von sozialer Gerechtigkeit in einer selbstbestimmten Gemeinschaft, so dem Konservatismus um die Bewahrung des Bewahrenswerten in einem vorgegebenen Ordnungsgefüge" (Göhler 2002, S. 19).

Diese bis heute so mächtigen politischen Grundideen konkurrieren miteinander, aber sie bringen auch Auseinandersetzungen innerhalb ihrer selbst hervor. Extremismen sind Abspaltungen aus diesen großen Ideengebäuden. Rechtsextremismus radikalisiert vor allem einige Elemente des konservativen Denkens. Die Überbetonung von Nation, Volk und Staat, Skepsis gegenüber Demokratie und Liberalismus – das sind Grundkomponenten des rechten Extremismus. Umgekehrt ist revolutionärer Kommunismus ohne die sozialdemokratische Kernströmung Ende des 19. Jahrhunderts nicht denkbar. Die Radikalisierung der sozialdemokratischen Ideen von der Überwindung des Kapitalismus und des Aufbaus der sozialistischen Gesellschaft unter Führung der Partei der Arbeiterklasse – das sind Bausteine der linksextremistischen Grundorientierung. Noch einmal Bracher: „Die Übersteigerung der politischen Ideenkonflikte resultiert in Radikalisierung und Selbstzerstörung. Die Formen und Wirkungen dieser Radikalisierung sind: Nationalismus und Rassismus, Anarchismus und Klassenkampfidee, Technokratismus und Violentismus, Gewaltkult" (Bracher 1982, S. 26).

Das 19. Jahrhundert war geprägt von gewaltigen politischen, gesellschaftlichen und wirtschaftlichen Umbrüchen. Die Idee der Demokratie und der Republik folgte den Forderungen der Aufklärung nach Freiheit und den politischen Vorbildern der amerikanischen Unabhängigkeitserklärung 1776 und der Französischen Revolution von 1789 und hatte insbesondere die

Intellektuellen infiziert. Parlamentarische Demokratie, demokratische Institutionen, Rechtsstaat und bürgerliche Freiheiten bedeuteten einen Angriff auf den Klerus und die feudalen Herrschaftsstrukturen, auf Thron und Altar, auf die ständische Gesellschaft, auf feudale Privilegien und, in den Augen der Konservativen, auf die natürliche, göttlich geprägte Ordnung der Dinge. Der Konservatismus des 19. Jahrhunderts war eine Abwehrbewegung, eine Reaktion auf die Forderungen nach Demokratie, die am deutlichsten in liberalen Strömungen geäußert wurden. Der erste soziale Träger war vor allem der Adel, der seine Privilegien bedroht sah von den liberalen Ideen. Erst gegen Ende des 19. Jahrhunderts wanderten mehr und mehr bürgerliche Schichten ins Lager des Konservatismus. Sie sahen sich bedroht von der stärker werdenden Arbeiterbewegung, aber auch das Kleinbürgertum fühlte und dachte konservativ.

Im Laufe der Weimarer Republik hat der Konservatismus eine fatale und tragische Rolle gespielt: Er akzeptierte die neue republikanische und demokratische Ordnung nicht, reihte sich ein in die Gegner der Demokratie und spielte dem Nationalsozialismus in die Hände. Mehr noch: Es entwickelten sich politische Bündnisse zwischen den Deutschnationalen und den Nationalsozialisten wie in der ersten Koalitionsregierung Hitler. Ideologisch konnten sich die Nationalsozialisten beim Lager der *konservativen Revolution* bedienen, jenen Intellektuellen um Ernst Jünger, Carl Schmitt, Moeller van den Bruck, Oswald Spengler und anderen, die den Konservatismus nun völkisch, nationalistisch und etatistisch neu begründen wollten. Zwar gab es konservativen Widerstand im Dritten Reich, doch das Lager des Konservatismus hatte sich nach 1918 selbst weitgehend zerstört. Erst nach dem Zweiten Weltkrieg hat der Konservatismus das Festhalten an der vor-republikanischen alten Ordnung und die Skepsis gegenüber liberalen Freiheitsrechten und säkularer Gesellschaft aufgegeben und sich zu einer gestaltenden Kraft der demokratischen Ordnung entwickelt.

Der Liberalismus des 19. Jahrhunderts hatte als historisch erste der drei politischen Hauptströmungen seine Wurzeln schon im 18. Jahrhundert. Die Theorien von John Locke über Freiheit und Eigentum, Adam Smith über den freien Markt und

Immanuel Kant über die Autonomie des Individuums und die Kraft der individuellen Vernunft beeinflussten die Französische Revolution und kamen in der Parole *Freiheit, Gleichheit, Brüderlichkeit* zum Ausdruck. Bis heute sind die Kernelemente des liberalen Denkens gleichgeblieben: Menschen- und Bürgerrechte, Privateigentum, eine Wirtschaftsordnung mit wenig staatlichen Eingriffen und das Vertrauen in die Kraft der individuellen Vernunft und Entscheidungsfreiheit. Der politische Liberalismus, weiterentwickelt von Alexis de Tocqueville, John Stuart Mill und anderen, ruhte auf drei Pfeilern: auf der Theorie der Freiheit des Individuums, auf einer liberalen Staatstheorie und auf der Idee einer liberalen Ökonomie. Gemäß der Kantischen Idee der Befreiung des Menschen aus selbstverschuldeter Unmündigkeit sollte die Vernunft das entscheidende Medium zur Entfaltung des Individuums sein, nicht mehr vorgegebene Religionen und Traditionen. Die unveräußerlichen Menschenrechte sollten sicherstellen, dass Menschen sich frei von Zwängen in eigener Verantwortung entfalten können. Die Untertanen-Mentalität im Verhältnis von Bürgern und Staat sollte der Vergangenheit angehören. Die liberale Staatstheorie wollte die Befugnisse des Staates, des „Leviathan" (Hobbes), begrenzen auf das unumgänglich Notwendige und die Eingriffe in bürgerliche Freiheiten durch das Gesetz regeln in der Konzeption des demokratischen Verfassungsstaates. Die liberale Ökonomie schließlich gründete auf einer Laisser-faire-Konzeption, wie sie etwa Adam Smith entwickelt hatte und die davon ausging, dass die größtmögliche unternehmerische Freiheit des Einzelnen zugleich auch das Wohl der gesamten Volkswirtschaft begründen würde.

Der Liberalismus des 19. Jahrhunderts war eine Antwort auf die demokratischen Großereignisse der auf den Federalist Papers gegründeten amerikanischen Unabhängigkeit, auf die Französische Revolution und die liberalen Impulse der Aufklärung. Er verstand sich als fortschrittliche Modernisierungsbewegung, auf der Höhe der Zeit und die Dinge vorantreibend. Die ökonomische Entwicklung im 19. Jahrhundert spielte ihm dabei in die Hände: Die kapitalistische Industriegesellschaft konnte sich kaum in den Fesseln einer ständischen Gesellschaft entfalten, unternehmerische Freiheit war ihre Vorbedingung. Der Industriekapitalismus basierte auf Mobilität, etwa der Wanderung von Arbeitern vom Land in die Städte, auf Innovation, Technik, später auch Rationalisierung der Verwaltung und des Produktionsprozesses und, grundsätzlich, auf dem Prinzip der Gewinnmaximierung als Triebfeder kapitalistischen Handelns unter marktförmigen Bedingungen von Konkurrenz. All dies bedeutete die Entfesselung und Befreiung von gesellschaftlichen Zwängen, die dieser Entwicklung im Wege standen. Die Kehrseite war das Aufbrechen der sozialen Frage: die Entstehung einer ausgebeuteten, sozial entrechteten Klasse von Industriearbeitern und die Frage, wie sie ihre Interessen in den gesellschaftlichen Prozess einbringen kann. Mehr noch: Es stellte sich die Frage der sozialen Integration in einer industriell geprägten Klassengesellschaft, die auseinanderzufallen drohte.

Sozialismus und Konservatismus sind, einschließlich ihrer extremistischen Ableger, ebenfalls Antworten auf die Entwicklung der kapitalistischen Industriegesellschaft des 19. Jahrhunderts, auf die Theorie des Liberalismus und die beginnende Desintegration der Gesellschaft. Sie fallen natürlich sehr unterschiedlich aus. Der Konservatismus versucht zu retten, was zu retten ist, und setzt auf göttlich inspirierte, angeblich natürliche Ordnungen der Dinge, auf ständische Gliederung der Gesellschaft bzw. Gemeinschaft, auf die Kraft des Staates und der Religion und die bewährten Institutionen. Konservatives Denken im 19. Jahrhundert ist eine Mischung aus dem Festhalten am Althergebrachten, an Traditionen, und dem Versuch, an bewährten Institutionen und ständischer, klerikal geprägter Gesellschaft festzuhalten. Er stemmte sich bis 1945 gegen technischen und gesellschaftlichen Fortschritt und gegen umfassende politische Partizipation in der Demokratie.

Der Sozialismus des 19. Jahrhunderts hingegen – in all seinen Schattierungen, der marxistischen, anarchistischen und reformsozialistischen – sah sich seinerseits als Bannerträger des Fortschritts, als soziale Bewegung, die alle Unterdrückungs- und Abhängigkeitsverhältnisse abschaffen und das Reich der Freiheit und Gleichheit schaffen wollte. Entsprechend gegensätzlich waren die Lösungsmodelle. Der Konservatismus setzte auf die alte Ordnung und war allenfalls zu behutsamen Reformen bereit, der Sozialismus propagierte im Laufe seiner Entwicklung im 19. Jahrhundert mehr und mehr die revolutionäre Umwälzung der Gesellschaft, an seinen extremistischen Rändern gehört Gewaltbereitschaft zu den notwendigen politischen Instrumenten.

3.2   Vom Sozialismus zum revolutionären Kommunismus

Spaltungen in reformistische und revolutionäre Fraktionen begleiten die Geschichte der Arbeiterbewegung seit ihren Anfängen. Die ersten Ansätze der deutschen Gewerkschaftsbewegung, im Umfeld der 1848er Revolution, die „Allgemeine deutsche Arbeiter-Verbrüderung", forderte die Beteiligung der Arbeiterschaft an der Regierung: „Wir verschwören uns nicht gegen die bestehende Regierung, wir wollen nur, daß man uns einen Platz einräume in dem gemeinsamen Vaterlande"; Zeitgleich forderte der Bund der Kommunisten im Londoner Exil den Sturz der Bourgeoisie, die Herrschaft des Proletariats, die Aufhebung der Klassengesellschaft und die Errichtung einer neuen Gesellschaft ohne Klassen und Privilegien (Weick 1974, S. 19). Die spätere Fraktionierung in den reformorientierten demokratischen Sozialismus einerseits und die revolutionäre kommunistische Arbeiterbewegung andererseits ist hier schon angedeutet und begleitet die Geschichte des Sozialismus bis heute.

Anfänge sozialistischer Ideen gehen zurück auf die sogenannten „Frühsozialisten" in der Zeit zwischen der Französischen Revolution 1789 und dem Erscheinen von Marx' Kommunistischem Manifest (1848). Sie beziehen sich auf eine noch vorindustrielle Gesellschaft und konzentrieren sich vornehmlich darauf, eine ideale neue Gesellschaftsordnung zu entwerfen. Erst Marx und Engels und ihre Anhänger entwarfen nach 1848 eine Kritik der bürgerlichen und kapitalistischen Gesellschaft, die so folgenreich war für die weitere Ausprägung des Sozialismus. Die parteienförmige Spaltung der deutschen Arbeiterbewegung in einen reformistischen und einen revolutionären Flügel geht zurück auf die sechziger Jahre des 19. Jahrhunderts. Die Anhänger Ferdinand Lassalles und seines 1863 gegründeten Allgemeinen Deutschen Arbeitervereins forderten eine Strategie, gesellschaftliche Veränderungen zugunsten der Arbeiter auf friedlichem, legalem Weg herbeizuführen. Das allgemeine Wahlrecht und die soziale Vertretung der Arbeiter sollten Schritte dahin sein. Lassalle glaubte, der Staat sei der zentrale Akteur zur Durchsetzung sozialistischer Ideen, deshalb müsse es darum gehen, ihn so weit wie möglich mit sozialistischen Ideen zu durchsetzen. Lassalle zufolge ist der Arbeiterstand, der vierte Stand, gleichbedeutend mit der Sache der gesamten Menschheit. Der Staat dürfe eben nicht *Nachtwächterstaat* nach liberalen Vorgaben sein, der nur die persönliche Freiheit des Einzelnen und das Eigentum zu schützen habe, seine Aufgaben seien viel breiter, er müsse die Entwicklung des Menschengeschlechts zur Freiheit vorantreiben. Demgegenüber bestanden die Anhänger von Marx, Engels, Bebel und Liebknecht und ihrer 1869 gegründeten Sozialdemokratischen Arbeiterpartei auf der Annahme, dass die notwendigen Veränderungen nur auf revolutionärem Weg durchsetzbar seien, da der Staat nur ein Instrument der herrschenden Klasse, der Bourgeoisie sei. Das Gothaer Programm von 1875 war ein Kompromiss: Der Vereinigungsparteitag beider Parteien fusionierte beide Richtungen, begründete aber nicht eine wirkliche Vereinigung der zugrunde liegenden Analysen und Strategien.

Der Burgfrieden zwischen beiden Richtungen hielt bis zum Ersten Weltkrieg. Die Verfolgungen durch Bismarcks Sozialistengesetz (1878–1890) und der starke Einheitsgedanke der Gewerkschaften verhinderten das erneute Aufbrechen der Kontroverse. Als jedoch die SPD-Reichstagsfraktion 1914 die Kriegskredite bewilligte und sich den nationalen Aufbruchstendenzen nicht entgegenstemmte, als auch die Gewerkschaften den Kriegseintritt Deutschlands unterstützten, sammelte sich die revolutionäre Linke in der 1917 gegründeten „Unabhängigen Sozialdemokratischen Partei Deutschlands" (USPD). Wenig später, 1918, wurde die Kommunistische Partei Deutschlands (KPD) gegründet, die USPD blieb eine Episode. Teile kehrten zur SPD zurück, andere gingen zur KPD. Damit war die Spaltung der Arbeiterbewegung besiegelt und die weitere Entwicklung in eine sozialdemokratische und eine kommunistische Strömung vorweggenommen.

Die Entwicklung der marxistischen und sozialistischen Theorien um die Jahrhundertwende hatten die Fraktionierung maßgeblich beeinflusst. Marx und Engels begriffen die Geschichte als einen voranschreitenden, gesetzmäßigen, aber auch widerspruchsvollen Prozess, der eine Weiterentwicklung und ein Endziel aufwies: die klassenlose, kommunistische Gesellschaft. Diese Auffassung versteht die Fortschritte der bürgerlichen Gesellschaft auf politischem Gebiet und bei der Entwicklung der Technik als eine notwendige, aber zu überwindende Etappe auf dem Weg zum historischen Endziel. Die bürgerliche Demokratie und die kapitalistische Wirtschaftsordnung sind bloße Zwischenstadien der weiteren historischen Entwicklung, die es durch die organisierten Kämpfe der Arbeiterbewegung zu überwinden gilt. Besonders in der deutschen Sozialdemokratie vor dem Ersten Weltkrieg gewann, beeinflusst durch die Theoretiker Bebel und Kautsky, eine chiliastische Auffassung eine beherrschende Dominanz. Der Gang der Geschichte führe mit gesetzmäßiger Notwendigkeit über bestimmte Stufen der bürgerlichen Entwicklung hin zum Sozialismus. Kautsky verkündete den Sieg des Proletariats als eine Naturnotwendigkeit. Giddens hat die Grundphilosophie des Kommunismus wie folgt zusammengefasst:

„Der Kommunismus erhebt den radikalen Egalitarismus zur Tugend. Er möchte, um es in neuerer Terminologie auszudrücken, eine ‚Nivellierung nach unten' vornehmen und läßt sich dabei von asketischen Gedanken leiten: das Private dürfe nicht die Oberhand über das Gemeinschaftliche gewinnen, und der Egoismus sollte beinahe vollständig ausgerottet werden. Der Kommunismus beruht nicht auf der Steuerung der Produktion, sondern auf der Regelung der Konsumtion. Er ist im wesentlichen eine ethische Ordnung, die im Egalitarismus nicht so sehr einen Selbstzweck erblickt, sondern eher eine Instanz der notwendigen sittlichen Kontrolle, die die Schwachen vor den Starken schützt" (Giddens 1999, S. 87).

Lenin hat dem eine entscheidende und für die weitere Entwicklung folgenreiche Wendung hinzugefügt. Nach seiner Auffassung ist die Arbeiterbewegung nicht aus sich heraus in der Lage, das Heft in die Hand zu nehmen, es fehle ihr an Klassenbewusstsein und an Handlungsfähigkeit. Notwendig ist daher, Lenin zufolge, eine starke Partei der Arbeiterklasse, die als revolutionäre Avantgarde als einzige imstande ist, die Lage richtig einzuschätzen und politische Konsequenzen daraus zu ziehen. Die Partei ist unfehlbar, sie verlangt Gehorsam, Linientreue und Gefolgschaft. Von hier aus liegt der Schritt zu einem Modell der Diktatur der marxistisch-leninistischen Partei auf der Hand.

Die russische Oktoberrevolution 1917 und die anschließende Ausbreitung des sowjetkommunistischen Modells über die halbe Welt, geprägt von Lenins Vorstellungen, haben die Abspaltung der KPD von der Sozialdemokratie in Deutschland beschleunigt und verfestigt. Die KPD geriet in Abhängigkeit von der Kommunistischen Internationale (Komintern) und der von Moskau vorgegebenen marxistisch-leninistischen Ideologie und Dogmatik. Hier liegt auch der Grund für die Unfähigkeit der KPD, in der Schlussphase der Weimarer Republik auf die SPD zuzugehen, um durch eine Einheitsfront den Aufstieg des Nationalsozialismus und die Machtübernahme zu verhindern. Die Spaltung der deutschen Arbeiterbewegung in Sozialisten und Kommunisten war ein ganz wesentlicher Faktor für Hitlers Machtübernahme. Nach dem Zweiten Weltkrieg wurde die kommunistische Tradition fortgesetzt in der Sozialistischen Einheitspartei Deutschlands (SED) und kleinen kommunistischen Grüppchen in Westdeutschland. Die SPD wurde in der DDR zwangsvereinigt mit der KPD zur SED, in Westdeutschland verstand sie sich bis zum Godesberger Parteitag 1959 als Partei der Arbeiterklasse, dann vollzog sie eine volksparteiliche Wendung.

Der Sieg des sozialdemokratischen Reformismus hatte mehrere Gründe. Zum einen musste sich die SPD in einer Zeit der Ost-West-Konfrontation deutlicher vom Kommunismus osteuropäischer Prägung abgrenzen, um Glaubwürdigkeit zu behalten. Sie musste sich angesichts von Massenwohlstand, weitreichender Partizipation der Arbeiter am

Wohlstand und an betrieblicher Mitbestimmung und dem Vordringen der Angestellten einer breiteren Wählerschicht öffnen. Mit der Wendung der SPD zur Volkspartei war freilich auch das Lager des linken Extremismus noch mehr isoliert, konnten doch fortan Bündnisse nicht mehr oder nur mehr unter erschwerten Bedingungen ins Auge gefasst werden.

3.3   Vom Konservatismus zum Rechtsextremismus

Der Konservatismus des 19. Jahrhunderts lebte von der Beschwörung der Tradition, romantischer Verklärung des Landvolks, des Militärs und der hierarchischen, angeblich natürlichen Ordnung der Dinge. Er wurde wesentlich getragen von der Klasse der Besitzenden. Diese Beobachtung ist deshalb von Bedeutung, weil mit den zeitgleich sich formierenden sozialistischen Bewegungen auch die Eigentumsverhältnisse infrage gestellt wurden. In Deutschland waren es vor allem Großgrundbesitzer, Militärs und die Spitzen der Verwaltung, die offen waren für die konservativen Ideen und die sich für den Erhalt der in ihren Augen bewährten ständischen Ordnung einsetzten, aber auch für die traditionellen Institutionen zur Sicherung der Eigentumsverhältnisse. So gesehen war der Konservatismus nicht nur eine traditionalistische, in der Verwurzelung in früheren Lebensverhältnissen verankerte Überzeugung, sondern auch Abwehr gegen Besitz- und Partizipationsansprüche der neuen sozialen Klassen.

Die 1876 als Sammlung unterschiedlicher konservativer Gruppierungen gegründete Deutschkonservative Partei, ein Vorläufer der Deutschnationalen Volkspartei (DNVP) der Weimarer Republik, war die beherrschende Kraft im preußischen Abgeordnetenhaus. Ihre soziale Basis war vor allem der Großgrundbesitz, aber auch andere mittelständische Gruppen. Sie war monarchistisch, religiös, antisozialistisch, aber auch antisemitisch. Beeinflusst durch den antisemitischen Hofprediger Adolf Stoecker beklagte sie in ihrem Programm von 1892 den

Verfall der gesellschaftlichen Ordnung: „Die konfessionelle christliche Volksschule erachten wir für die Grundlage der Volkserziehung und für die wichtigste Bürgschaft gegen die zunehmende Verwilderung der Massen und die fortschreitende Auflösung aller gesellschaftlichen Bande. Wir bekämpfen den vielfach sich vordrängenden und zersetzenden jüdischen Einfluß auf unser Volksleben. Wir verlangen für das christliche Volk eine christliche Obrigkeit und christliche Lehrer für christliche Schüler."[1] Spätere rechtsextremistische Politik kann an solchen Punkten ansetzen und damit auch im konservativen politischen Spektrum Bündnispartner gewinnen.

Die jahrhundertealten antisemitischen Vorurteile und Pogrome waren in der zweiten Hälfte des 19. Jahrhunderts politisch und „wissenschaftlich" begründet worden und entstanden im Zuge der Kritik am Rationalismus der Wissenschaften und an der industriellen Fortschrittsidee. Die bekanntesten Verfechter in dieser Zeit sind Arthur Gobineau, der 1853 eine dreibändige Studie über „Die Ungleichheit der Rassen" vorlegte und Houston Stewart Chamberlain, der in seinem 1899 erschienenen Buch über die Grundlagen des 19. Jahrhunderts die Geschichte als Kampf der Rassen darstellte und alle kulturellen Leistungen nur der arischen Rasse vorbehalten wollte (Bracher 1982, S. 44 ff.). Dieser intellektuell begründete Rassismus des 19. Jahrhunderts war Wegbereiter des Nationalsozialismus und findet sich wieder in der Propaganda des Dritten Reiches, aber er hat auch den deutschen Konservatismus vor 1945 stark beeinflusst. Zusammen mit dem Ende des 19. Jahrhundert stärker werdenden Nationalismus und völkischen Ideen waren Antisemitismus und Rassismus sowohl Versuchungen für das bürgerlich-konservative Lager als auch Bruchlinien und Ansätze zur Abspaltung des rechtsextremistischen Denkens vom konservativen.

---

[1]Das Tivoli-Programm der Deutsch-Konservativen Partei (1892). In: https:// ghdi.ghi-dc.org/sub_document.cfm?document_id=758&language=german. Zugegriffen: 10. Mai 2020.

Im deutschen Kaiserreich wandelte sich der Antisemitismus. Waren bis dahin Ausschreitungen und Agitation auf der Basis von Vorurteilen das bestimmende Element, entwickelten sich nun Ansätze der systematischen Organisation (Pfahl-Traughber 2002, S. 56 ff.). Parteien und Interessengruppen griffen ihn auf und verbanden ihn mit politischen Programmen. Judentum wurde gleichgesetzt mit Kapitalismus und Liberalismus, der Bund der Landwirte und der Deutschnationale Handlungsgehilfen-Verband taten sich besonders hervor in antisemitischer Agitation.

Auch die „kleinen Leute" sahen sich bedroht durch neue gesellschaftliche Herausforderungen. Europa- und weltweit war das Ende des 19. Jahrhunderts eine Zeit der Völkerwanderung vom Land in die Städte und der Entwicklung von agrarisch geprägten armen Ländern in reichere Industriestaaten. Antisemitismus und Fremdenfeindlichkeit vermischten sich mit konservativen Ideologien zu einer Mixtur der Xenophobie. 1891 wurde der „Allgemeine Deutsche Verband", die „Alldeutschen", gegründet, ein Interessenverband zur Abwehr der Einwanderung insbesondere polnischer Arbeiter und zur Erhaltung der deutschen Kultur. Völkisches, nationalistisches, antisemitisches Denken bildete von da an eine schwer greifbare geistige Unterströmung, die den Konservatismus begleitete, sich aber erst später, bei Gründung der NSDAP, von ihm wirklich löste. „Der Kitt dieser Bewegungen waren", wie Hobsbawm notiert (1995, S. 155), „die Ressentiments des ‚kleinen Mannes' in einer Gesellschaft, in der er sich zwischen den Mühlsteinen des Großunternehmertums und der aufstrebenden Arbeiterbewegung zermalmt fühlte". Doch auch Teile des Bürgertums revoltierten. Im Übergang zum 20. Jahrhundert bildeten die Bewegung der Lebensreform und die Jugendbewegung ein Konglomerat unterschiedlicher Ideen, von dem auch der Nationalismus, völkische und rassistische Strömungen bedient wurden und nicht zuletzt die Idee der Volksgemeinschaft, die später zur zentralen Ideologie des Nationalsozialismus wurde.

Die antisemitische und rassistische Radikalisierung des deutschen Konservatismus wurde wesentlich vorangetrieben durch eine weitere bedeutende geistesgeschichtliche Strömung: den Nationalismus. Die deutsche Nationalbewegung war zwischen 1750 und 1850 von Philosophen, Schriftstellern und anderen Intellektuellen immer wieder beschworen worden. Die Auserwähltheit des deutschen Volkes, seine historische Mission und auch die Forderung nach einer geeinten deutschen Nation gehörten zu den Forderungen der Nationalbewegung. Der Theologe Friedrich Schleiermacher, der Philosoph Johann Gottlob Fichte, der „Turnvater" Friedrich Ludwig Jahn und andere sangen das Lied von der großen deutschen Nation. Paul de Lagarde kämpfte für eine neue deutsche Religion aus Mystik und Rasse, Julius Langbehn forderte die nationale Wiedergeburt aus einer neuen deutschen Jugend. Nach der von Bismarck betriebenen Reichsgründung 1875 wurde der Nationalismus aggressiver und drängte auf Expansion, aber auch nach Exklusion der nicht-deutschen Elemente aus dem Reich. Hier waren Verbindungslinien zum Antisemitismus und Rassismus. Hans-Ulrich Wehler hat auf die geistige Unterwanderung des Konservatismus durch diese Spielart des Nationalismus hingewiesen: „Aber dieses radikale Exklusionsdenken, das sich durchaus als Spielart des Reichsnationalismus mit seinem Ideal der purifizierten Nation entpuppte, fraß sich dennoch heimlich in die konservativen Parteien und Verbände, in das akademische Milieu, in die damalige rechtliberale Mitte immer tiefer ein" (Wehler 2001, S. 78).

Die Gründung rechtsextremistischer Gruppen nach dem Ersten Weltkrieg, zumal der NSDAP 1920, war angesichts der Lage, und das heißt eines antisemitischen und nationalistisch durchtränkten Konservatismus nur noch folgerichtig. Umgekehrt aber ist die Entstehung des Rechtsextremismus im Deutschland der zwanziger Jahre ohne die Wandlungen des Konservatismus, ohne seine offenen Flanken gegenüber dem Antisemitismus und dem aggressiven Nationalismus, nicht denkbar. Die rechtsextremistischen Gruppen nach 1918/1919, von denen die NSDAP sich schließlich durchsetzte, radikalisierten konservative Ideen, die lange vorher schon entwickelt worden waren.

3.4   Weimarer Republik

In extremismustheoretischer Sicht ist die Zeit der Weimarer Republik in Deutschland eine Phase der radikalen Zuspitzung und Frontstellung im historischen Dreieck von Konservatismus, Sozialismus und Liberalismus. Die liberalen Ideen hatten zunächst einen großen Sieg davongetragen in Gestalt der Weimarer Reichsverfassung und der Etablierung einer rechtsstaatlichen parlamentarischen Demokratie. Die Monarchie war entmachtet, die Republik und der Rechtsstaat hatten sich durchgesetzt. Auch auf dem für die Liberalen wichtigen Feld der Ökonomie schienen sie Recht zu behalten: Anfang und Mitte der zwanziger Jahre – vor dem die Weltwirtschaftskrise einläutenden „schwarzen Freitag" 1929 – gelangte der Kapitalismus zu voller Blüte, industrielle Massenfertigung setzte sich nach der Erfindung des Fließbandes durch Henry Ford durch, eine neue Schicht von Facharbeitern und Angestellten prägte die Gesellschaft der Weimarer Republik. Nicht zuletzt die unter dem Stichwort der „Goldenen Zwanziger" bekannte kulturelle Vielfalt, einschließlich der bis dahin unbekannten Medien wie Radio und Kino ergänzten die Annahme, die liberale Demokratie sei die nun vorherrschende politische und gesellschaftliche Doktrin.

Tatsächlich aber waren die Widerstände gewaltig. Im Zeitraum zwischen 1918/1919 und Ende 1932 hatte die Weimarer Republik 22 verschiedene Regierungen, ein untrügliches Zeichen für die große politische Instabilität des parlamentarischen Systems. Nur wenige Parteien wie die SPD und die Deutsche Demokratische Partei (DDP) unterstützten das Weimarer politische System, alle anderen bekämpften die Demokratie aus unterschiedlichen Motiven. Auf dem rechten Spektrum fanden sich Monarchisten und Rechtsextreme, auf der Linken kommunistische Revolutionäre, rechte und linke Extreme vereint durch die Ablehnung der Weimarer Republik. Die Weltwirtschaftskrise und ihre Begleiterscheinungen Massenarbeitslosigkeit und Verunsicherung der Mittelschichten taten ein Übriges, um die Überlebensfähigkeit der ersten deutschen Demokratie zu untergraben.

Trotz verfassungspolitischer Gewinne war der Liberalismus in einer tiefen Krise, parteipolitisch am Ende der Republik kaum noch präsent. Sozialismus und Konservatismus, die anderen jahrzehntelang das politische Spektrum beherrschenden Kräfte, radikalisierten sich in der krisenhaften Situation am Ende der Weimarer Republik. Auf der Rechten hatten sich frühzeitig Aktivisten um die Freikorps und die NSDAP zu einer eigenständigen politischen Kraft entwickelt, die aber im konservativen Milieu nach Unterstützung suchte. Der parlamentarische Aufstieg der NSDAP seit den Juliwahlen 1930 ging zu Lasten der übrigen Parteien des konservativen Spektrums. Ende 1932 waren es die Konservativen um den Pressemagnaten Hugenberg und die Deutschnationalen, die den Reichspräsidenten Hindenburg ersuchten, Hitler zum Reichskanzler zu ernennen und die dann eine Koalition mit ihm eingingen.

Zwischen Sozialismus und Kommunismus vollzog sich während der Weimarer Republik eine tiefe ideologisch-programmatische Spaltung. Unter dem Einfluss der Kommunistischen Internationale und nach dem Tod Lenins (1924) geriet die KPD unter den Einfluss des stalinistischen Sowjetmarxismus und propagierte gegen Ende der Weimarer Republik die These des Sozialfaschismus. Demnach wurde die SPD zum Hauptfeind erklärt, der mit den Nazis objektiv gemeinsame Sache mache. Unter solchen Voraussetzungen schien eine Annäherung zwischen SPD und KPD unmöglich, im Gegenteil. Die linksextremistische Abspaltung war faktisch vollzogen.

Zwischen Konservatismus und Nationalsozialismus gab es in der Weimarer Zeit intellektuelle Wegbereiter im Umfeld der sogenannten „Konservativen Revolution". Autoren wie Oswald Spengler, Arthur Moeller van den Bruck, Ernst Jünger, Othmar Spann oder Carl Schmitt bekämpften den westlich geprägten Liberalismus und die angeblich jüdisch-bolschewistische Umklammerung. Antisemitismus, völkisches Denken, nationalistische Überhöhungen ebneten dem Nationalsozialismus den Weg und boten ideologischen Begleitschutz. Die neben Hitlers „Mein Kampf" wohl wichtigste Programmschrift des Nationalsozialismus, Alfred Rosenbergs „Mythos des 20. Jahrhunderts", wäre ohne diese Debatten im konservativen Spektrum

kaum möglich gewesen (Piper 2005). Die für den Nationalsozialismus zentrale Ideologie der Volksgemeinschaft ist eine
radikale Variante konservativen Denkens seit dem 19. Jahrhundert.

Das Selbstverständnis und die Funktion der Konservativen in
der Weimarer Republik hat aus zeitgenössischer Sicht Sigmund
Neumann in seinem 1932 erschienenen Klassiker über das
Weimarer Parteiensystem mit folgenden Worten beschrieben:

> „Ihre historische Aufgabe schien eindeutig die Organisierung
> der Gegenrevolution zu sein, die rücksichtslose Bekämpfung der
> Republik, der Demokratie und der sozialistisch-kommunistischen
> Tendenzen, sowie der radikale Widerstand gegen militärische Unter-
> werfung, gegen den Versailler Vertrag und die Reparationsleistungen.
> Zugleich aber musste sie durch praktische Mitarbeit in der Gegen-
> wart zu verhüten suchen, dass ihr lebenswichtig erscheinende Stände
> und Berufe geschwächt wurden und Staats- und Kulturtraditionen,
> welche die Revolution überlebt hatten, zugrunde gingen" (Neumann
> 1973, S. 61).

Die Suche nach deutschen, ursprünglichen Werten, nach
Ordnungsprinzipien und nach Prinzipien der „Volksgemeinschaft" war das Anliegen der Rechtsintellektuellen in der
Zwischenkriegszeit, die den Versailler Vertrag als Erniedrigung
empfanden und die parlamentarische Demokratie als Ausgeburt
der „Herrschaft der Minderwertigen" (Othmar Julius Jung). In
ihren Werken verherrlichen sie die nationale Aufbruchstimmung
des Kriegsjahres 1914 und das Kriegserlebnis selbst – am
wirkungsvollsten wohl Ernst Jünger in „Stahlgewitter". Für viele
von ihnen war, wie auch für die bündische Jugend, die Freikorps
und andere militaristische Kreise, der Krieg die „Volksgemeinschaft des Schützengrabens" und die Geburtsstunde einer neuen
Nation. Wie die Mehrheit der gesamten Weimarer Rechten
sahen sie den Friedensschluss als aufgezwungenes, nicht
akzeptables Diktat. Spengler etwa betrachtete „die schmutzige
Revolution von 1918 vom ersten Tage an ... als den Verrat des
minderwertigen Teils unseres Volkes an dem starken, unver-
brauchten, der 1914 aufgestanden war" (Spengler 1933, Ein-
leitung). Liberale Demokratie ist in ihren Augen, wie Arthur

Moeller van den Bruck (1876–1925) in seinem 1923 erschienen Buch „Das dritte Reich" schrieb, Selbstbetrug und Versklavung des deutschen Volkes: „Der Liberalismus ist der Ausdruck einer Gesellschaft, die nicht mehr Gemeinschaft ist" (Moeller 1923, S. 97). Nur in der „Gemeinschaft" kann, der ständestaatlichen Konzeption Othmar Spanns (1878–1950) zufolge, der „mechanische Grundsatz der Mehrheit" überwunden werden zugunsten einer organisch gegliederten Staatsform. In der demokratisch-republikanischen Gesellschaft hingegen werde jeder in die gleiche Waagschale geworfen und mitgewogen, „jeder Einzelne ist ein gleichwertiges Atom, Nietzsche und sein Stiefelputzer haben dieselbe Stimme" (Spann 2014, S. 84). „Die Mehrheit in den Sattel setzen", so Spann weiter, „heißt das Niedere herrschend machen über das Höhere. Demokratie heißt also: Mechanisierung der Organisation unseres Lebens (des Staates) und Ausschaltung jedes Wertgrundsatzes aus dem Baugesetz dieser Organisation durch Abstimmung, durch Herrschaft der Mehrheit" (Spann 2014, S. 110).

Die hier zutage tretende Kritik des Liberalismus – der Historiker Fritz Stern spricht in seiner 1953 zuerst erschienenen Studie über den Kulturpessimismus vom „Hass" auf den Liberalismus (Stern 2005) – bezieht sich weniger auf die kompromissbereiten Weimarer Liberalen um die Deutsche Volks-Partei (DVP) und die Deutsche demokratische Partei (DDP). Sie reicht tiefer: Hauptgegner sind die liberalen Grundlagen von Demokratie und Republik. Dieses Selbstverständnis ist ein zentrales Leitmotiv: Die Rechts-Intellektuellen der „konservativen Revolution" stehen in der Tradition der gegen die Folgen der Französischen Revolution aufbegehrenden Gegen-Revolution und lehnen jedes politische Arrangement mit den gegebenen Verhältnissen ab. Dazu gehört auch die Kritik des „seelenlosen" Kapitalismus von rechts, wie sie etwa im Werk des Soziologen Hans Freyer und des Dichters Ernst Jünger besonders deutlich wird. Revolutionär-konservatives Denken sollte daran gehen, nicht mehr nur als gut erkannte Verhältnisse zu bewahren, sondern durch Zerstörung des Schlechten, Dekadenten herzustellen, was der Bewahrung lohnt. Die Folgewirkungen von Aufklärung und französischer Revolution, das

Denken in Bildern von Freiheit, Gleichheit, Brüderlichkeit, seine Ausformungen in sowjetischem Bolschewismus und westlichem Liberalismus sollten mit den Mitteln der Kulturkritik und der Publizistik attackiert werden.

Die endgültige historische Abspaltung des rechten und linken Extremismus von Konservatismus und Sozialismus erfolgt durch die Gewaltbereitschaft und den strategischen Einsatz der Gewalt im politischen Alltag. Insbesondere rechte Gruppen wie die Freikorps und später die SA, aber auch linke setzten Gewalt als politisches Mittel ein. Unzählige Morde an Politikern prägten die Anfangsjahre der Republik, ab 1930 erlebte sie eine bis dahin unbekannte Brutalisierung des öffentlichen Lebens bis hin zu bürgerkriegsähnlichen Zuständen (Blasius 2005). Damit war nicht nur die Lösung extremistischer Varianten aus den Grundrichtungen Konservatismus und Sozialismus besiegelt, sondern auch der Grundstein gelegt für die Nachkriegsentwicklung des politischen Extremismus. Links- und Rechtsextremismus in der Bundesrepublik setzen Traditionen fort, die von der militanten Rechten und Linken am Ende der Weimarer Republik begonnen worden waren.

3.5   Bundesrepublik

Die Entwicklung des politischen Extremismus im Nachkriegsdeutschland ist eng verknüpft mit der neuen, veränderten Konstellation von Konservatismus, Liberalismus und Sozialismus. Nach dem Kriegsende 1945 waren es die westlichen Siegermächte, die dem rechtsstaatlich-parlamentarischen politischen System in Westdeutschland wesentlich zum Durchbruch verhalfen. Die liberalen Ideen setzten sich in weiten Teilen des Grundgesetzes und der Länder-Verfassungen und in der liberalen Wirtschaftsordnung durch, verloren aber an eigenständiger parteipolitischer Faszination, Überzeugungs- und Integrationskraft, weil viele Eingang fanden in die volksparteilichen Strukturen von CDU/CSU und SPD. Freiheit des Individuums, Parlamentarismus,   Rechtsstaatlichkeit,   marktwirtschaftliche

Strukturen und ein zurückhaltender Staat – das gehörte sehr bald zum Programm der Union.

Mit der volksparteilichen Wende der SPD in ihrem Godesberger Programm 1959 hielten diese Ideen auch Einzug in die deutsche Sozialdemokratie, wenn auch mit anderen Schwerpunkten, etwa der Ausgestaltung des Sozialstaats. Allein die Idee und die Praxis einer liberalen Gesellschaft haben sich erst viel später durchgesetzt. Der Konflikt der jugendbewegten, mittelschichtengeprägten, aber sozialistischen Ideen folgenden Studentenbewegung Ende der sechziger Jahre mit der autoritär, obrigkeitsstaatlich und strukturkonservativ disponierten Elterngeneration hat der gesellschaftlichen Liberalisierung Wege geebnet. Später haben die Grünen und die neuen sozialen Bewegungen am bürgerrechtlichen Gedanken angesetzt und eigenständige Programmatiken zur Stärkung der Bürgerrechte vorgelegt. Als liberale Partei blieb der FDP ein bescheidenes Dasein zumeist unter zehn Prozent. Immerhin war und ist sie als Mehrheitsbeschaffer an zahlreichen Koalitionsregierungen in Bund und Ländern beteiligt und von daher durchaus einflussreich. Spätestens seit der Studentenbewegung 1968 wurden liberale politische Auffassungen erweitert durch liberale Praktiken der Lebensführung. Plurale Lebensformen gehören seitdem zum Alltag in der Bundesrepublik.

Der Konservatismus der Nachkriegszeit blieb konfessionell gebunden. Traditionalistische Werte um Familie, Kirche und Vaterland hielten sich zählebig und der Antikommunismus wurde zur zentralen Integrationsklammer. Doch er machte seinen Frieden mit der parlamentarischen Demokratie, rechtsstaatlichen Verfahren und dem Wunsch nach Aussöhnung mit den ehemaligen Kriegsgegnern. Er wurde bis zur sozialliberalen Koalition 1969 staatstragend und eher strukturkonservativ, die dominierende Strömung um die Unionsparteien hatte allerdings wenig gemein mit dem Altkonservatismus des 19. Jahrhunderts und dem revolutionären der Weimarer Republik. Die Steigbügelhalterrolle der Konservativen für die NSDAP in den Jahren 1930 bis 1933 wurde allerdings lange Zeit aus dem kollektiven Gedächtnis des Konservatismus verdrängt. Das gelegentliche Aufgreifen rechtsextremer Positionen vor Wahlen etwa in der

Ausländer- und Asylpolitik folgte eher taktischen Erwägungen zur Integration des rechtsextremen Wählerpotentials als festgefügten politischen Überzeugungen. Der wirtschaftliche Aufschwung und die erfolgreiche Konzeption der sozialen Marktwirtschaft verstärkten die Positionierung als staatstragende Kraft. Die Christdemokraten forcierten die gar nicht konservative Ideologie des technischen Fortschritts und gingen davon aus, dass er gleichbedeutend sei mit gesellschaftlichem Wohlstand. Bundeskanzler Ludwig Erhards Diktion vom „Wohlstand für alle" und die auch von der Union nach anfänglichen Widerständen mitgetragene Bildungsreform der sechziger und siebziger Jahre brachen mit den dünkelhaften, ständischen und elitären Vorstellungen des älteren deutschen Konservatismus. Kritische Potentiale des Konservatismus an der Macht richteten sich nicht mehr, wie in der Weimarer Republik, gegen Demokratie und Liberalismus. Geblieben war allerdings ein entschiedener Antikommunismus, die Kulturkritik an libertären Tendenzen der Lebenswelt und die Klage über den Verlust traditioneller Werte wie Pflichtbewusstsein, Fleiß oder Recht und Ordnung.

Mit dem Amtsantritt von Angela Merkel als Bundeskanzlerin im Jahr 2005 hat sich die konservative Grundausrichtung der CDU erheblich verändert. Der Beschluss, aus der Atomkraft auszusteigen, erfolgte ebenso im Jahr 2011 wie die Abschaffung des Grundwehrdienstes, beides jahrzehntelange Eckpfeiler konservativer Politik. Besonders die liberale Flüchtlingspolitik im Krisenjahr 2015 und danach war für viele Konservative eine Provokation. Ähnlich herausfordernd war die Einführung gleichgeschlechtlicher Ehen 2017, wodurch das konservative christdemokratische Familienbild erschüttert wurde. All dies führte zu einer „Sozialdemokratisierung" oder auch „Vergrünung" der CDU. Traditionell konservative Orientierungen fanden sich am Rande der Union oder auch außerhalb. Doch all dies war der Endpunkt eines Verlustes an konservativen Grundwerten in der CDU, der sich lange vor Merkels Kanzlerschaft abgezeichnet hatte.

Unversöhnliche Konservative wanderten ab und weg von CDU und CSU hinzu christlich-fundamentalistischen Zirkeln, zu deutschnationalen Splittergruppen am rechten Rand, später

auch zu lebensschützerischen Strömungen in der Anfangs-
zeit der Grünen. Kleine Gruppierungen wie die Republikaner
und zeitweilig die Hamburger Schill-Partei und später die AfD
wurden parteipolitische Auffangbecken unzufriedener Unions-
anhänger. Der Konservatismus des 19. Jahrhunderts und der
Weimarer Republik existierte kaum noch. Allerdings wurden
deren Vordenker wie Carl Schmitt, Ernst Jünger, Arnold Gehlen
und andere später wiederentdeckt in den Kreisen der „Neuen
Rechten", die den intellektuellen Angriff auf die liberalen
Grundlagen der Demokratie von rechts versuchen (Weiss 2017).

Der Sozialismus blieb nach dem Ende des Zweiten Weltkrieges gespalten. In der DDR wurde die Einheit von SPD und
KPD durch die Zwangsvereinigung zur SED hergestellt, die
dann sehr bald im sowjetkommunistischen Einflussbereich auf-
ging. In Westdeutschland gingen Sozialdemokratie und KPD
getrennte Wege. Die politische Polarisierung der Welt von der
Berlin-Blockade 1948 bis zum Fall des Sowjetimperiums um
1990 in eine sowjetkommunistische und eine westliche Einfluss-
zone unter Führung der USA hat die westdeutschen Varianten
von Sozialismus und Kommunismus nachhaltig geprägt. Die
SPD entwickelte sich zu einer gemäßigten, mit den Gewerkschaften eng kooperierenden Partei der linken Mitte, ihre
Regierungsbeteiligungen ab 1966 verstärkten die Tendenzen
zum Pragmatismus. Einige Jahre zuvor, beim Godesberger
Parteitag 1959, hatte sie ihren Frieden gemacht mit der Wirtschaftsordnung der Bundesrepublik und definierte sich nicht
mehr als Partei der Arbeiterklasse, sondern als Volkspartei.
Traditionell sozialistische Vorstellungen rund um das Dogma der
Überwindung des Kapitalismus wurden und werden weiterhin
gepflegt bei den Jungsozialisten (Jusos).

Einen umgekehrten Weg ging die KPD: Viele Funktionäre in
den ersten Nachkriegsjahren waren zwar moralisch legitimiert
durch den Widerstand gegen den Nationalsozialismus und ihren
Status als Verfolgte des NS-Regimes, doch ihre strikt anti-
kapitalistische, revolutionäre Ideologie und die Forderung nach
dem revolutionären Sturz des Adenauer-Regimes führten die
Partei ins Abseits und schließlich zum Verbot durch das Bundesverfassungsgericht 1956. Den verbliebenen westdeutschen

Kommunisten blieb die Märtyrerrolle und die undurchsichtige Funktion als „fünfte Kolonne Moskaus" in Westdeutschland. Innerhalb und außerhalb der Kernströmungen Konservatismus und Sozialismus entwickelten sich dennoch Tendenzen, die rechte und linke Spielarten des Extremismus hervorbrachten.

Die dominierenden politischen Theorien des 19. und 20. Jahrhunderts, Liberalismus, Konservatismus und Sozialismus, haben sich in der Nachkriegszeit stark verändert. Sie wurden aktive Träger der Verfassung und der liberalen Wirtschafts- und Gesellschaftsordnung, näherten sich einander an, kämpften um die politische Mitte und: Die Mehrheitsströmungen von Sozialismus und Konservatismus trennten sich in der Geschichte der Bundesrepublik von ihren radikalen Rändern. Damit blieb viel Platz für die extremistischen Abspaltungen, aber vielfältige Ausgrenzungsmechanismen und die prosperierende wirtschaftliche Entwicklung über Jahrzehnte machten sie wenig attraktiv für Wähler und politisch Engagierte. Eine Ausnahme von dieser Entwicklung ist der langanhaltende Erfolg der Partei Die Linke vor allem in Ostdeutschland. Es blieben und bleiben Einflüsse in gesellschaftlichen Teilbereichen wie Universitäten und Gewerkschaften einerseits, Vertriebenenverbänden und Modernisierungsverlierern andererseits. Natürlich sind die Ränder des Konservatismus und Sozialismus porös, durchlässig, Grauzonen und unscharfe Vermischungen sind Teil der Entwicklung.

3.6   Linksextremismus

Linksextremismus in der Bundesrepublik lässt sich in mehrere zeitliche Phasen mit sehr verschiedenen Ausprägungen unterteilen. Bis zum KPD-Verbot 1956 waren die Optionen von linksaußen der Sturz des kapitalistischen, von den West-Alliierten beherrschten Systems der Bundesrepublik im Bündnis mit der Sowjetunion und der DDR. Damit knüpfte die KPD an die Komintern-Tradition der Weimarer Republik ebenso an wie an die marxistisch-leninistische Organisationstheorie. Dieser Strang lebte fort in der Gründung der Deutschen Kommunistischen Partei (DKP) im Jahr 1968, deren einst 40.000 Mitglieder nach dem Fall der Mauer auf wenige Tausend zurückgegangen sind. Damit ist die sowjetmarxistische Variante des linken Extremismus heute nahezu in der Bedeutungslosigkeit verschwunden.

Die Gründung der DKP erfolgt nicht zufällig 1968. Das „rote Jahrzehnt" 1967 bis 1977 (Koenen 2002) war die Blütezeit einer Vielzahl linker, linksradikaler und linksextremer Gruppierungen im Umfeld der Außerparlamentarischen Opposition und der Studentenbewegung. Zu den vielfältigen Anlässen für das Aufbrechen gehörte der Protest gegen den Vietnamkrieg, gegen den „Muff" der Adenauerzeit, gegen überholte gesellschaftliche Konventionen. Die Protestbewegung war, auch in anderen europäischen Ländern und den USA, überwiegend getragen von Jugendlichen und Studierenden, man könnte sie, zumal im Kontext der zur gleichen Zeit entstehenden Popkultur, auch als zweite Jugendbewegung nach der ersten um die Jahrhundertwende bezeichnen. Es spalteten sich bald marxistisch-leninistische, trotzkistische, maoistische, stalinistische und andere kleinere Gruppen ab, die unter Bezeichnungen wie KPD/Aufbauorganisation, Revolutionärer Kampf, Kommunistische Hochschulgruppe, Marxistisch-Leninistische Partei Deutschlands oder auch Marxistische Gruppe auftauchten (Koenen 2002, S. 257 ff.; Pfahl-Traughber 2015, S. 97 ff.). Sie überboten sich in marxistischer Revolutionsrhetorik und hatten mit der Mehrheitsströmung des von der SPD vertretenen demokratischen Sozialismus gebrochen, aber auch mit der Nähe der DKP zur SED und der marxistisch-leninistischen Theorie des staatsmonopolistischen Kapitalismus, welche die Politik als Erfüllungsgehilfen des Kapitals betrachtete.

Die Spannungen zwischen der SPD und ihren Studentenorganisationen in der Zeit zwischen etwa 1960 und 1975 zeigten, wie sich demokratischer Sozialismus und Extremismus von links voneinander weiter lösten. Der Sozialistische Deutsche Studentenbund (SDS), organisatorischer Kern der Studentenbewegung, war seit 1946 der SPD angegliedert. 1961 wurden SDS-Mitglieder aus der SPD ausgeschlossen, da der Verband sich radikalisiert hatte. Ähnlich ging es mit dem Sozialdemokratischen Hochschulbund (SHB), den die SPD 1960 als Alternative ins Leben gerufen hatte. Er ging an den Hochschulen häufig Bündnisse mit dem DKP-nahen Marxistischen Studentenbund Spartakus ein und konterkarierte damit das Bemühen der SPD um Abgrenzung gegenüber jedweder Form sowjetkommunistisch geprägter Politik. Schließlich wurde er der SPD zu radikal. 1974 löste sie sich von ihrer in der marxistischen Orthodoxie verhafteten Studentenorganisation, an deren Stelle dann die Juso-Hochschulgruppen traten.

Die Frage der Rolle und des Einsatzes von Gewalt als politischem Instrument führte zu einer weiteren Spaltung. Gruppen wie die Rote Armee Fraktion und die Bewegung 2. Juni propagierten in Anlehnung an südamerikanische Revolutionskonzepte den „bewaffneten Kampf", um die angeblich faschistische Qualität des westdeutschen Staates zu „entlarven". Anfang und Mitte der siebziger Jahre gelang es diesen Gruppen, die westdeutsche Linke nachhaltig zu spalten. Terroristische Anschläge und Revolutionsrhetorik zwangen die linken Aktivisten der Studentenbewegung zu heimlicher oder offener Sympathie auf der einen Seite, zu entschiedener Absage und „Verratsvorwürfen" auf der anderen Seite. Die Morde an Generalbundesanwalt Buback, Dresdner Bank-Chef Ponto und Arbeitgeber-Präsident Schleyer 1977 bildeten den Höhepunkt des deutschen Terrorismus. Linksextremismus hatte eine neue, eine terroristische Qualität gewonnen. Die nicht-terroristischen Teile der Protestbewegung gingen in den folgenden Jahren zurück in private Orientierungen, in die etablierten Parteien, aber ein großer Teil in die entstehenden neuen sozialen Bewegungen, aus denen heraus dann die Partei Die Grünen entstand.

Linksextremismus im engeren Sinne, sowohl in der terroristischen Fraktion als auch in der marxistisch-leninistischen Orthodoxie hat nach 1977 an Bedeutung eingebüßt, das Scheitern des Sowjetkommunismus in Osteuropa und der DDR um 1990 tat ein Übriges, um diese Politikansätze nachhaltig unattraktiv zu machen. Es darf auch nicht übersehen werden, dass die soziale Basis des Modellfalls kommunistische Partei der zwanziger Jahre, die Arbeiterschaft, in der Nachkriegsentwicklung wegbröckelte. Im Zuge der Deindustrialisierung und der Transformation zur Dienstleistungsgesellschaft gibt es immer weniger Arbeiter, zumal wenig angelernte. In einer komplexen, modernen Gesellschaft, deren

soziale Schichtung sich stark ausdifferenziert, in der Interessengruppen stark diversifizieren, in der Entscheidungsprozeduren
vielfältig gebrochen sind, können gesellschaftliche Großkonflikte
weniger denn je mit simplen Klassenkampfparolen begriffen werden.

Einige der sogenannten K-Gruppen existieren weiter, ebenso
andere, im Umfeld der neuen sozialen Bewegungen der achtziger Jahre entstandene Gruppierungen. Die sogenannten
„Autonomen", militante linksextremistisch beeinflusste Jugendliche, die vor allem bei gewaltbereiten Aufmärschen und
Demonstrationen von sich reden machen, sorgen für intensive
polizeiliche Aufmerksamkeit, aber sie liefern kein wirklich
politisches Programm. Hier lassen sich allenfalls Bruchstücke
aus der Ideengeschichte des Anarchismus wiederfinden wie etwa
die Ablehnung des Staates und der Glaube an eine Gesellschaft
ohne Macht und Herrschaft (Pfahl-Traughber 2015, S. 139 ff.).

Am Anfang des 21. Jahrhunderts, nach dem Schock
des Zerfalls der Sowjetunion, gliedert sich die verbliebene
politische Landschaft der kommunistischen Parteien in Europa
in mindestens zwei verschiedene Strömungen (Moreau
2004, S. 53 ff.; Pfahl-Traughber 2015, S. 209 ff.): Die
traditionalistischen Parteien, gewerkschaftsorientiert, antikapitalistisch, anti-sozialdemokratisch, halten fest am Mythos
der Oktoberrevolution und an den Theorien Lenins. Die reform-
kommunistischen haben ideologischen und sprachlichen Ballast
abgeworfen, verstehen sich weiter als antikapitalistisch, gehen
aber auch Bündnisse mit den Sozialdemokraten ein. Beide Lager
leiden unter dem Drama des Untergangs der Sowjetunion, der
Überalterung ihrer Anhänger, dem Verschwinden der Arbeiterklasse als einheitliches soziales Milieu und der Konkurrenz der
Globalisierungskritiker. „In den Parteien selbst", so Moreau
(2004, S. 61), „ob reformorientiert oder nicht, tobt die Schlacht
zwischen Traditionalisten und ‚Reformern'. Erstere sehen nur
im leninistischen Modell eine Zukunft für den Kommunismus. Letztere wissen um die absolute Notwendigkeit der
Allianz mit den Sozialdemokraten. Nur so können ihrer Partei
ein glaubwürdiges Image und die Statur einer ‚Regierungs-
partei' zuwachsen. Beide Strategien kommen die KPen teuer zu
stehen: Der Leninismus mit seiner Fixierung auf einen neuen

roten Oktober verführt nicht mehr zum Träumen. Die Politik des Konsenses der KPen mit dem ‚sozialdemokratischen oder sozialistischen Feind' um jeden Preis lässt die reformorientierte kommunistische Identität unscharf werden".

3.7   Rechtsextremismus

Im Gegensatz zur extremen Linken kennt der Rechtsextremismus kaum Programmdebatten und inhaltliche Kontroversen. Seine gedankliche Struktur ist sehr viel stärker Religion, Glaubensbekenntnis und Weltanschauung. Mythen wie Natur, Volk, Nation, Heimat, Blut und Boden werden als „ewige" Wahrheiten betrachtet, die man nicht diskutiert, sondern an die man glaubt. Der Rechtsextremismus im Nachkriegsdeutschland setzt ideenpolitisch an der extremen Rechten der Weimarer Republik an. Nazistische und deutschnationale Töne überwiegen, auch das Gedankengebäude der konservativen Revolution wird rezipiert. Betrachtet man mehr als 70 Jahre Nachkriegsentwicklung, so kann man einige zentrale Punkte benennen, die den Kern des organisierten Rechtsextremismus in Deutschland ausmachen.

- Der *Reichs-Mythos* spielte zunächst eine zentrale Rolle: die Annahme, es gebe ein Deutsches Reich, das durch die Siegermächte des Zweiten Weltkrieges verstümmelt worden sei und das in seinen Grenzen von 1937 wiederhergestellt werden müsse. In Verbindung mit der Idee der Volksgemeinschaft prägte das Festhalten an der Reichsidee den organisierten Rechtsextremismus bis in die 1970er Jahre, als eine neue, biographisch vom Dritten Reich unbelastete Generation andere Themen in den Vordergrund stellte, vor allem Ablehnung von Zuwanderung und multikultureller Gesellschaft. Gleichwohl findet sich, fern jeder realpolitischen Denkbarkeit, der Mythos von der Reichsidee bis heute in den Schriften und Köpfen rechtsaußen. Heute ist es vor allem die „Reichsbürger"-Szene, welche die Fortexistenz des Dritten

Reiches propagiert und die Legitimität der Bundesrepublik bestreitet (Speit 2017).

- Der *Geschichts-Revisionismus*, der die Ehre der deutschen Soldaten in den Schmutz gezogen sieht, die Frage deutscher Schuld offensiv abwertet und die guten Seiten des Dritten Reiches betont. Gleichzeitig entstanden schon in den fünfziger Jahren erste Versuche, die Geschichte zu verdrehen und zu verharmlosen und im Ergebnis die Verbrechen des Nationalsozialismus zu leugnen. Autoren wie David Hoggan, David Irving und Zeitungen wie die „National-Zeitung" betrieben und betreiben das Geschäft der Umschreibung deutscher Geschichte. Der moderne Geschichts-Revisionismus findet sich bei Anhängern der Reichsbürger, bei Verschwörungstheorien, aber auch im Umfeld der AfD. Hier eher in Form von gezielten Provokationen und Anspielungen. Der Frontmann des AfD-Flügels, Björn Höcke, sprach bei einer Rede in Dresden im Januar 2017 von einer „dämliche(n) Bewältigungspolitik, die lähmt uns heute noch viel mehr als zu Franz Josef Strauß' Zeiten. Wir brauchen nichts anderes als eine erinnerungspolitische Wende um 180 Grad". Und weiter: Die Deutschen seien das einzige Volk der Welt, das sich ein Denkmal der Schande in das Herz seiner Hauptstadt gepflanzt hat".[2] Der AfD-Mitbegründer und Fraktionsvorsitzende im Bundestag, Alexander Gauland, äußerte, ganz auf der Linie Höckes, im Juni 2018 bei einem Treffen der Jungen Alternative: „Aber, liebe Freunde, Hitler und die Nazis sind nur ein Vogelschiss in unserer über 1000-jährigen Geschichte".[3]

---

[2]https://www.sueddeutsche.de/politik/parteien-die-hoecke-rede-von-dresden-in-wortlaut-auszuegen-dpa.urn-newsml-dpa-com-20090101-170118-99-928143. Zugegriffen: 16. April 2020.

[3]Wortlaut der umstrittenen Passage der Rede von Alexander Gauland beim Kongress der Jungen Alternative am 2.6., in: https://www.afdbundestag. de/wortlaut-der-umstrittenen-passage-der-rede-von-alexander-gauland/ Zugegriffen: 14. April 2020.

- Die *Dekadenz-Theorie*, die vom sittlichen Verfall von Kultur und Gesellschaft nach 1945, besonders aber nach 1968, ausgeht. Familie, Kultur, Moral und bürgerliche Tugenden sind demnach überfremdet durch amerikanischen Kulturimperialismus und südeuropäisch-afrikanisch-asiatische Zuwanderer. Diese politische Vorstellung bildet eine Klammer, die szene- und milieuübergreifend praktisch alle Strömungen des Rechtspopulismus und Rechtsextremismus miteinander verbindet. Das gilt auch für den sehr verbreiteten Anti-Amerikanismus: Die USA sind Siegermacht des Zweiten Weltkrieges und von Beginn an eine multikulturelle Einwanderergesellschaft – staatliche und gesellschaftliche Eigenschaften, die vom Rechtsextremismus entschieden bekämpft werden.

- *Antisemitismus, Fremdenfeindlichkeit und Rassismus*, die sich aus der Tradition des organisch-biologischen Denkens heraus entwickeln, die Gesellschaft als Volkskörper betrachten, aus dem das Fremde auszumerzen ist, sind seit den völkischen Bewegungen Ende des 19. Jahrhunderts zentrale Befindlichkeiten und Programmpunkte des Rechtsextremismus. In den modernen Varianten prägen keineswegs neuartige Begriffe wie „Volkstod" oder „Umvolkung" die Annahme, die europäischen Völker sollten durch afrikanische Zuwanderer ersetzt werden (Botsch und Kopke 2019).

- *Demokratie- und Parlamentarismuskritik*, die sich aus den Wurzeln einer organischen Demokratie-Auffassung speist. Sie geht davon aus, dass der Stärkere sich durchsetzt, Autorität gewinnt und so mit dem Volk eins ist. Es ist das nationalsozialistisch gedeutete Führerprinzip, das in der Demokratie- und Parlamentarismuskritik der extremen Rechten immer wieder deutlich wird. Die parlamentarische Demokratie insgesamt wird abgelehnt und bekämpft, denn sie ist pluralistisch angelegt und basiert auf Debatte, Kompromiss und Ausgleich von Interessen. Für Rechtsextremisten hingegen verkörpert sich der Wille des Volkes in einer „organischen Demokratie" in der Person des „Führers". Dieses Prinzip ist mit der parlamentarischen Demokratie unvereinbar.

Über Jahrzehnte hinweg haben diese Auffassungen in unterschiedlicher Gewichtung das Weltbild des Rechtsextremismus geprägt. Dabei lassen sich verschiedene Strömungen nachzeichnen.

- Der *parteienförmige Rechtsextremismus*. SRP, NPD, DVU und Republikaner haben zeitweise durchaus bescheidene Wahlerfolge erzielen können. So etwa die SRP 1952, die NPD im Zeitraum 1966 bis 1969 und dann wieder 2004 bis 2016 in den Landtagen von Mecklenburg-Vorpommern und Sachsen, die Republikaner Ende der achtziger und zu Beginn der neunziger Jahre. War die SRP noch offen nazistisch, versuchten später die DRP, die NPD und die DVU aus einer Mischung aus deutschnationalen und gemäßigt rechtsextremistischen Positionen Stimmen zu gewinnen. Neuere Parteigründungen zeigen einmal mehr die Schwäche rechtsextremer Parteien bei Wahlen. Die Rechte, 2012 gegründet und Der III. Weg, 2013 gegründet, sind Splitterparteien am rechten Rand geblieben.
- *Die intellektuelle Neue Rechte*. Sie greift Ideen der Weimarer Konservativen Revolution auf. Im Zentrum steht die Kulturkritik an den Ideen von 1789, am liberalen Zeitgeist und an der anglo-amerikanisch geprägten Kulturindustrie. Die Neue Rechte versteht sich als elitäre Avantgarde, als Think Tank, beeinflusst von der französischen Nouvelle Droite, die in den 1960er Jahren und danach zu einer Neuformierung der konservativen und extremen Rechten beigetragen hatte. Der lagerübergreifend in der Rechtsaußen-Szene verbreitete Begriff des „Ethnopluralismus" geht auf die Nouvelle Droite zurück. Damit wird behauptet, Ethnien sollten sich nicht vermischen und ihre eigene ethnische und kulturelle Identität bewahren. Von hier aus lassen sich nationalistische Positionen und die Zurückweisung von Zuwanderung und Globalisierung auf einem theoretischen Fundament entwickeln. Die Neue Rechte agiert in Form von Tagungen, kleinen Zirkeln, Zeitschriftenprojekten und sie hat ihre Basis in Burschenschaften an Hochschulen, in Redaktionen von Zeitungen wie „Junge Freiheit" und im Brückenspektrum zwischen Rechtspopulismus und Rechtsextremismus. Das 2000

gegründete Institut für Staatspolitik und sein Vordenker Götz Kubitschek spielen eine wichtige Rolle zwischen Konservatismus, Rechtspopulismus und Pegida. Der angeschlossene Antaios-Verlag und die Zeitschrift „Sezession" sind wichtige Sprachrohre der Neuen Rechten, die Berliner Bibliothek des Konservatismus liefert geistiges Rüstzeug und veranstaltet Tagungen zu Themen der Neuen Rechten (Kellershohn 2009; Salzborn 2017, S. 46 ff.).

- *Jugend und Rechtsextremismus* – ein Dauerthema, seitdem die NS-belastete Kriegsgeneration zu Beginn der 1970er Jahre von einer neuen Kohorte abgelöst wurde. Bis dahin wurden Jugendliche in rechtsextremen Subkulturen wie der Wiking-Jugend nach dem Vorbild der Hitler-Jugend paramilitärisch gedrillt. Seit den 1970er Jahren entwickeln sich eigenständige jugendliche Rechtsaußen-Milieus: Gewaltbereite in Wehrsportgruppen, dann die Skinheads mit eigenständigen Ausdrucksformen in Kleidung und Musik, nach der Jahrtausendwende Mischszenen aus Rechtsextremen und Hooligans, Rechtsrock-Anhängern und rechten Kampfsport-Aktivisten. Gerade bestimmte Disziplinen des Kampfsports wie Mixed-Martial-Arts und Kickboxen kommen den Anforderungen des politischen Straßenkampfes nahe und zelebrieren die Illusion der Vorbereitung auf einen gewaltsamen Umsturz (Claus 2018).

- Im Zuge der Entwicklung der sozialen Medien und der Digitalisierung von Öffentlichkeitsarbeit ist die rechtsextreme Szene besonders aktiv im *Internet*. Es wird dabei immer mehr zu einem Kommunikationsraum für Aktivitäten, die es nur digital gibt. So war zum Beispiel die Identitäre Bewegung zunächst überwiegend nur digital aktiv, bevor dann Aktionen in der realen Welt hinzutraten. Websites von Organisationen werden ergänzt durch organisationsunabhängige wie das 2020 Online gegangene Jugendportal Fritzfeed, das in witzig-unterhaltsamer Weise Jugendliche ansprechen soll, die noch nicht in der rechtsextremen Szene zuhause sind (Laufer und Petter 2020). Die AfD und die Identitäre Bewegung sind besonders engagiert mit eigenen Youtube-Kanälen. Aber auch bei öffentlichen Plattformen wie Facebook und Instagram finden sich rechtsalternative Wirklichkeiten, nicht zu vergessen die Messenger-Dienste, wo geschlossene Gruppen informieren und mobilisieren. Es geht bei all diesen Ansätzen um Provokation, Umwertung von Begriffen, Desinformation, Verschwörungstheorien und Delegitimierung etablierter Medien (Amadeo-Antonio-Stiftung 2020).

Ein Blick auf die historischen Hintergründe dieser verschiedenen Strömungen zeigt Verbindungs- aber auch Trennlinien. Vor allem aber werden Strukturen sichtbar, die eine jahrzehntelange Tradition herausgebildet haben und die sich heute in einer Form wiederfinden, die den neueren Entwicklungen der Gesellschaft angepasst ist.

Der organisierte Rechtsextremismus entwickelt sich nach 1945 in mehreren Phasen. Die „Ewiggestrigen" ehemaligen NSDAP-Mitglieder und Deutschnationalen sammelten sich zunächst in der Sozialistischen Reichspartei (SRP), der Deutschen Reichs-Partei (DRP) und rechtsgerichteten Verbänden der ehemaligen Wehrmachtssoldaten. Nach dem Verbot der SRP 1952 und dem Damoklesschwert weiterer Verbote zogen sie sich zurück in eher unverdächtige, weniger öffentlich bekannte kulturelle Organisationen wie dem Deutschen Kulturwerk Europäischen Geistes (DKEG).

Erst 1964 führten die Bemühungen der versprengten Rechten, eine schlagkräftige Sammlungsbewegung von rechts zu gründen, zum Erfolg. Die Nationaldemokratische Partei (NPD) wurde zur erfolgreichsten rechtsextremen Partei in der Bundesrepublik. Sie saß bis 1969 in sieben Länderparlamenten und scheiterte bei der Bundestagswahl 1969 nur knapp mit 4,3 %. Sie bot sich als die traditionsbewahrende national-konservative Gegenströmung zur revoltierenden Studentenbewegung Ende der sechziger Jahre und als Alternative zur CDU/CSU, die in eben jenen Jahren eine Große Koalition mit der SPD eingegangen war und von vielen Konservativen des Verrats ihrer Ideale bezichtigt wurde. Die Niederlage der NPD bei der Bundestagswahl 1969 und das anschließende parlamentarische Aus auch bei den folgenden Landtagswahlen schien all denen recht zu geben, die Rechtsextremismus für ein Problem der Kriegsgeneration hielten, das sich mit fortschreitender Zeit von selbst erledigen würde.

In den siebziger Jahren vollzog sich in Westdeutschland ein grundlegender und nachhaltiger Strukturwandel des organisierten Rechtsextremismus. Generationswechsel, Provokation und Militanz sind die Stichworte. Jüngere, in der Nachkriegszeit Geborene drängten nach vorne. In der NPD und anderen Organisationen gerieten die Alten unter Druck, die Jüngeren wollten eine radikale Reform der Programmatik. Die Aktion Neue Rechte, nationalrevolutionäre Gruppen an den Hochschulen und andere, zumeist um kleine Zeitschriften gruppierte Strömungen nahmen sich die französische Neue Rechte, die Nouvelle Droite, zum Vorbild und starteten den Kampf um die Köpfe. Die Rechte wollte theorie- und programmfähig werden, rechtsgerichtete Schüler- und Jugendzeitschriften expandierten. Ernst Jünger, Moeller van den Bruck und andere Vertreter der Konservativen Revolution der zwanziger Jahre wurden gelesen und diskutiert, die Neue Rechte orientierte sich am Muster der Neuen Linken. Es geht um die Kritik am „american way of life", am Kapitalismus, die nationale Revolution soll Deutschland und Europa wieder auf die alteuropäischen, vorrevolutionären Entwicklungspfade bringen. In Deutschland operierten die kleinen Gruppen der Neuen Rechten letztlich ohne größere Erfolge, sieht man von kleinen Projekten, wie etwa der Wochenzeitung Junge Freiheit ab, die sich als Gegengründung zur tageszeitung (taz) versteht.

Folgenreicher waren die Provokationen der jungen Neonazis um Michael Kühnen und Christian Worch. Vor allem Kühnens Aktionsfront Nationaler Sozialisten (ANS) betrieb geschickte Öffentlichkeitsarbeit. Kühnen erklärte in der Rhetorik und im Gestus junger Intellektueller die Gaskammern zur Erfindung der Siegermächte und proklamierte die nationalsozialistische Revolution. Die westdeutsche Öffentlichkeit hatte lange Jahre, begleitet vom „Wirtschaftswunder", geringer Arbeitslosigkeit und steigenden Einkommen, den Rechtsextremismus zum Randproblem ewiggestriger Alt-Nazis erklärt und damit das Problem verdrängt. Nun aber war es eine neue Generation der 20- und 30-Jährigen, die unter Bedingungen einer lange anhaltenden

Krise des Arbeitsmarktes und verminderter Lebenschancen Jugendlicher nach der Ölkrise 1973/1974 an den Zielen der NSDAP festhielten und durch spektakuläre Aufmärsche auf einen wunden Punkt der demokratischen Entwicklung in Westdeutschland hinwiesen.

Der Strukturwandel des organisierten Rechtsextremismus erhärtete die Annahme, dass die Rechtsaußen-Parteien NPD und DVU, eine Vielzahl neonazistischer Kleingruppen und ebenso viele sonstige Vereinigungen eine abseitige, aber auch etablierte Randströmung des politischen Spektrums geworden waren. Die außerhalb der rechtsextremen Kernströmung 1984 erfolgte Gründung der Republikaner ergänzte dieses Bild von einer anderen Seite: Aus der konservativen Mitte heraus, in der bayerischen CSU, hatte sich Protest entzündet an der Ostpolitik der Partei. Drei CSU-Abtrünnige gründeten die Republikaner, ihr Zugpferd Franz Schönhuber konnte mit populistischen Parolen süddeutsche Wirtshäuser füllen und die Grauzone zwischen Rechtskonservatismus und Rechtsextremismus verwischen.

Die deutsche Vereinigung 1989/1990 hatte eine weitere Veränderung der Struktur des Rechtsextremismus zur Folge. Westdeutsche Organisationen versuchten, im Osten Fuß zu fassen und trafen dort auf eine Mentalität, der es an demokratischen Erfahrungen fehlte. Mehr als zehn Jahre nach der Vereinigung waren rechtsextreme Parteien im Osten noch immer schwach, aber das rechte Gewaltpotential entwickelte sich dennoch überwiegend in den neuen Ländern. „Im Ergebnis", schrieb Peter Reif-Spirek (2000, S. 28), „führt dies zu einer rechten Alltagskultur, in der die alltägliche Diskriminierung von Fremden und Anderen (keineswegs nur durch gewalttätige Übergriffe militanter Cliquen) überhaupt nicht mehr als Problem wahrgenommen wird, sondern als normal und berechtigt gilt. Die sozialräumlichen Positionsgewinne der Rechten sind bereits so gravierend, daß zahlreiche Gegenden im Osten als ‚No-go-areas' für Minderheiten eingeschätzt werden müssen".

Seit dem Beitritt Ostdeutschlands zum Gebiet der alten Bundesrepublik hat sich der organisierte Rechtsextremismus in Deutschland vielfach gewandelt und neu aufgestellt. Die

„nationale Frage" hat durch die Vereinigung eine neue gesamt-deutsche Perspektive gewonnen. Das jahrzehntelange Festhalten an der zum Mythos gewordenen Reichsidee war nun nicht mehr möglich, ein vereintes Deutschland war nun keine Projektions-fläche mehr für nationalistische Phantasien, sondern tägliche Realität. Die soziale Frage wird durch die Entwicklung der sozialen und regionalen Ungleichheit in Deutschland neu gestellt und bietet Anknüpfungspunkte für rechtsextreme Strategien. Schließlich sind Fragen der Mobilisierung in den 1990er Jahren durch die massenhafte Einführung des Internet neu auf-geworfen worden, wobei sich gerade für kleinere politische Lager die Chancen durch diese Kommunikationstechnik deut-lich verbessert haben. Die rechtsextreme Szene nutzt diese neuen Medien, um lagerintern die Vernetzungen zu verbreiten und zu stabilisieren. Nach außen spielen sie eine zentrale Rolle bei der Rekrutierung neuer Anhänger und bei der Mobilisierung für Ideen und Aktionen. Die gegenwärtige hochaktive Netzpolitik der rechtsextremen Szene kann darauf aufbauen.

Die seit Mitte der 1990er Jahre von der NPD entwickelte Drei-, später Viersäulenstrategie ist der Versuch, auf diese Ent-wicklungen zu reagieren, sie strategisch zu integrieren und die Vorherrschaft im rechtsextremen Lager zu stabilisieren (Schulze 2009). Ziel war es auch, wieder kampagnenfähig zu werden. Das Leitbild des „Kampf um die Straße" soll dies unterstreichen, den Bewegungscharakter der Partei betonen und ihre Funktion als fraktionsübergreifendes Sammelbecken hervorheben. Der „Kampf um die Köpfe" betont die Notwendigkeit national-demokratischer Bildungsarbeit und Programmentwicklung und signalisiert den eher intellektuellen Rechten, dass sie in der NPD einen Anlaufpunkt haben. Der „Kampf um die Parla-mente" setzt die Tradition der NPD als Wahlpartei fort mit einem Schwerpunkt in Ostdeutschland, wobei in zwei ost-deutschen Bundesländern durchaus Erfolge zu verzeichnen sind: In Sachsen saß die Partei von 2004 bis 2014 im Landtag, in Mecklenburg-Vorpommern von 2006 bis 2016. Der „Kampf um den organisierten Willen" schließlich zielt auf die Vorherrschaft der NPD im rechtsextremen Lager und greift Bemühungen aus der Gründungsphase der Partei auf, als es erfolgreich gelang, als Sammlungsbewegung die unterschiedlichen Fraktionen des rechtsextremen Lagers zu einen.

Trotz großer interner Krisen um die Parteifinanzen, politischem Richtungsstreit und die Ablösung des Vorsitzenden Udo Voigt Ende 2011, dem wichtigsten Vordenker der Vier-Säulen-Strategie, und trotz der im NPD-Verbotsurteil vom Januar 2017 vom Bundesverfassungsgericht vertretenen Auffassung, es sehe keine Anhaltspunkte für eine erfolgreiche Durchsetzung der verfassungsfeindlichen Ziele der NPD, erscheint die Vier-Säulen-Strategie ein durchaus vielversprechender strategischer Ansatz. Er ist in der Lage, nach außen sehr unterschiedliche Zielgruppen anzusprechen und nach innen die unterschiedlichen Strömungen des gesamten organisierten Rechtsextremismus anzusprechen. Die Grenzen dieses Ansatzes zeigen sich jedoch bei der Frage einer auf Wahlbeteiligung gerichteten Option.

Obwohl der strategische Ansatz der NPD breit angelegt ist und auf eine langfristige Perspektive abzielt, ist der Erfolg zweifelhaft. Eigenmächtige Strategien am Rande des nazistischen Spektrums, wie etwa die in Kleidung und Auftreten den Linksautonomen nachempfundenen Auftritte der „Autonomen Nationalisten" ab 2007 und die Internetauftritte der maskierten, im Juni 2012 verbotenen „Unsterblichen" in Südbrandenburg sorgen für die Faszination des gelegentlichen Spektakels, diskreditieren aber auch den Rechtsextremismus insgesamt als eine wählbare Alternative zum etablierten Parteienspektrum. Gerade die Autonomen Nationalisten lehnen parlamentarische Strategien ab. „Wir glauben nicht daran, dass Wahlen etwas verändern können und geben uns nicht der Illusion hin, auf demokratischem Weg Veränderungen zu erreichen. Die neue Revolution muss auf der Straße stattfinden" heißt es beispielsweise von der „Aktionsgruppe Rheinland" (zit. n. Schedler 2010, S. 23). Insofern können solche Gruppen sehr wohl politisch mobilisieren, aber sie sind nicht geeignet, die wahlpolitische Option der NPD zu unterstützen.

Die Grenzen der Vier-Säulen Strategie zeigen sich auch in einem anderen Zusammenhang. Die Möglichkeit von Bündnissen mit rechtspopulistischen Bewegungen wird eher verstellt durch die offen nazistische und mit gewaltbereiten

Gruppen paktierende Strategie der NPD. Aus Kreisen der anti-islamischen, auf Populismus abzielenden Strömungen im Umfeld der AfD wäre eine Kooperation mit der NPD vor diesem Hintergrund ein schwerer Image-Schaden.

Zusammenfassend ist festzuhalten, dass eine fraktionsübergreifende, attraktive Strategie von rechtsaußen in Deutschland nur in Ansätzen existiert. Die politische Szenerie rechts von den Unionsparteien ist zersplittert in eine Vielzahl von unterschiedlichen Gruppierungen. Die NPD spielt hier eine wichtige Rolle, doch eine fraktionsübergreifende attraktive Bündnisstrategie liegt in weiter Ferne. Die AfD hat mit ihren rechtsextremistischen Strömungen seit 2014/2015 eine Vorherrschaft auch im rechtsextremen Lager angenommen und die NPD ins Abseits gedrängt. Die Vier-Säulen-Strategie ist dabei von anderen Akteuren der rechtsextremen Szene weitergeführt worden: Der „Kampf um die Straße" wird von AfD, NPD, Pegida und anderen geführt, der „Kampf um die Köpfe" wird von der Neuen Rechten vorangetrieben, der „Kampf um die Parlamente" ist in den Händen der AfD und der „Kampf um den organisierten Willen" wird gleichfalls von der AfD beherrscht.

3.8   Rechtspopulismus

Im Laufe der 1990er Jahre hat sich in Europa, aber auch darüber hinaus, ein eigenartiges politisches Phänomen breit gemacht: Populistische Parteien und Bewegungen finden bemerkenswerten Zulauf. Syriza in Griechenland und Podemos in Spanien sind linke Varianten, vor allem aber der Rechtspopulismus mit seinen starken fremdenfeindlichen und nationalistischen Parolen wächst und scheint zu einer Gefahr für die Demokratie zu werden. Die FPÖ in Österreich, den im Jahr 2018 in Rassemblement National umbenannten Front National und ähnliche Gruppierungen in Italien, den Niederlanden, Skandinavien und Osteuropa verbindet die Ablehnung der Zuwanderung, eines vereinten Europa und die Forderung nach einem starken nationalen Staat. Vor allem aber ist es der Rekurs auf „das Volk", das wieder in sein Recht gesetzt werden müsse, denn es werde von „den" Eliten,

den Mainstream-Medien und den Brüsseler EU-Bürokraten
betrogen. *Wir sind das Volk* ist die der DDR-Bürgerbewegung
von 1989 entlehnte Parole der Pegida-Demonstrationen, die
meist montags in Dresden abgehalten werden.

Außerhalb Europas ist es zwei Rechtspopulisten gelungen, an
die Spitze des Staates gewählt zu werden: Donald Trump trat im
Januar 2017 die Präsidentschaft in den USA an. Die wichtigste
Parole seines Wahlkampfes war *America first!*. Einer seiner
größten Anhänger wurde Ende 2018 zum Staatspräsidenten
in Brasilien gewählt: Jair Bolsonaro. Eine seiner wichtigsten
Wahlkampf-Parolen war ähnlich der von Trump: *Brasilien über
alles – Gott über allen!*. Beide verbindet die Abneigung gegen
die Globalisierung, die Behinderung internationaler politischer
Organisationen und Kooperationen und die Verehrung des
eigenen Volkes und der eigenen Nation auf der Basis neo-
liberaler, protektionistischer Wirtschaftspolitik.

Populistische Bewegungen sind aktuell und über Europa
hinaus von Bedeutung, aber sie sind keine neuartigen
Erscheinungen. Schon Ende des 19. Jahrhunderts wehrten sich
überschuldete amerikanische Farmer gegen die in ihren Augen
ausbeuterische Politik der Banken in Washington. Die People's
Party bekämpfte das Großkapital und die Banker der Wall Street,
die den Farmern und dem amerikanischen Volk durch hohe
Zinsen und hohe Preise angeblich die Luft zum Atmen nähmen.
In den 1950er Jahren waren es gleichfalls überschuldete Hand-
werker und Kleinhändler in Frankreich, die sich unter Führung
von Pierre Poujade in den Steuerstreik begaben, um gegen das
System und die Großkonzerne zu protestieren. Europaweit gelten
die 1970er Jahre als Beginn der Ausbreitung rechtspopulistischer
Bewegungen und Parteien.

Der Begriff „Populismus" ist in der sozialwissenschaftlichen Debatte umstritten, weil er politischen Grundrichtungen
nicht zuzuordnen ist und weil er in verschiedenen Staaten und
Gesellschaften auch Unterschiedliches bedeutet (Priester 2016;
v. Beyme 2018, S. 47 ff.). Gleichwohl besteht ein Konsens
über einige substantielle Grundlagen, die Puhle in seiner
kurzen historischen Rekonstruktion schon 1986 sehr treffend
skizziert hat: „„Populistisch' genannte Bewegungen und

Strömungen appellieren an das ‚Volk' im Gegensatz zu den Eliten, insbesondere an die ‚einfachen Leute' … Sie sind folglich auch klassenübergreifende Bewegungen, antielitär, gegen das sogenannte Establishment" (Puhle 1986, S. 13). Wobei der Rekurs auf das „Volk" durchaus absolut gemeint ist. „Wir – und nur wir – repräsentieren das wahre Volk" – diese Behauptung bezeichnet Müller als „Kernanspruch aller Populisten" (Müller 2017, S. 26).

Von hier aus ist der Weg nicht weit zu ethnozentristischen Vorstellungen, die der eigenen Ethnie Vorrang einräumen etwa beim Bezug sozialer Leistungen. Das Selbstverständnis von den einzig wahren Vertretern des Volkes führt zwangsläufig zur Geringschätzung von Institutionen, deren Praktiken und Entscheidungen im Rahmen der Gewaltenteilung sich durchaus gegen einzelne Interessengruppen wenden können. US-Präsident Donald Trump hat wiederholt bestimmte kritische Medien wie die Washington Post, die New York Times und den Fernsehsender CNN als „Feinde des Volkes" bezeichnet. Dies verweist auf die Sprache des Rechtspopulismus: Sie ist feindselig und aggressiv, indem sie Andersdenkende zu Feinden erklärt und indem sie herabsetzend und beleidigend vorgeht in den eigenen Medien, bei Versammlungen und in den Parlamenten.

Seit 1990 sind Parteien aus diesem Spektrum europaweit erfolgreich und eine ernstzunehmende Konkurrenz für die etablierten Parteien. 2018 waren sie in Ungarn, Italien und der Slowakei die stärksten Parteien, in weiteren drei Ländern waren sie Teil der Regierung (Finnland, Norwegen, Schweiz, vgl. v. Beyme 2018, S. 72 ff.). In Österreich war die FPÖ von 2017 bis 2019 als Juniorpartner der konservativen Österreichischen Volkspartei (ÖVP) an der Regierung beteiligt.

Auch als Stimmungsmacher hat der Rechtspopulismus großen Einfluss in Europa. Die britische UK Independence Party (UKIP) unter Nigel Farrage trug maßgeblich bei zu einer Stimmung, die den Austritt Großbritanniens aus der EU möglich machte. Auch hier war der Kern der Forderungen, man müsse dem britischen Volk wieder die Kontrolle und die Entscheidungsgewalt über sein Schicksal geben und sie den elitären

Brüsseler Bürokraten aus der Hand nehmen („We want our country back!").

Nach den Wahlen zum Europäischen Parlament 2019 bildeten rechtspopulistische Parteien mit 73 Abgeordneten die fünftgrößte Fraktion im EU-Parlament: Identität und Demokratie. Zu ihr gehören Vertreter der italienischen Lega Partei (28 Abgeordnete), des französischen Rassemblement National – ehemals Front National – mit 22 Abgeordneten und der deutschen AfD mit elf Abgeordneten. Darüber hinaus sind vertreten: die FPÖ (Österreich), der Vlaams Belang (Belgien), die Wahren Finnen, die Dänische Volkspartei, die Partei Freiheit und direkte Demokratie (Tschechien) sowie die estnische Konservative Volkspartei.[4] Das Potential des Rechtspopulismus ist allerdings noch größer, denn einige rechtspopulistische Parteien gehören zu anderen Fraktionen. Die ungarische Fidesz-Partei unter Viktor Orban blieb bei der Fraktion der Christdemokraten. Die polnische Partei Recht und Gerechtigkeit (PIS) ist Teil der Fraktion Europäische Konservative und Reformer. Die fast schon traditionelle Zersplitterung der Rechtspopulisten in Europa spricht für unterschiedliche historische Hintergründe, Programmatiken und Taktiken, aber sie haben auch, wie Priester hervorhebt (2016, S. 556), Gemeinsamkeiten: Sie „liegt im Anti-Establishment-Protest und im Identitätsdiskurs, mit denen sie vor dem Hintergrund wachsender sozialer Fragmentierung und pessimistischer Zukunftsunsicherheit die Angst vor Deklassierung und die Unzufriedenheit mit einer abgeschotteten politischen Elite bündeln und mobilisieren".

Ihrem Selbstverständnis zufolge ist die Fraktion Identität und Demokratie gegen einen EU-„Superstaat" und fordert die Möglichkeit für die Mitgliedstaaten, abgegebene Kompetenzen an die EU zurückzuverlagern zu den Mitgliedstaaten. Verlangt wird die beschleunigte Abschiebung von illegalen und kriminellen Migranten und: Das griechisch-römische und das

---

[4]Vgl. https://www.zeit.de/politik/ausland/2019-06/europa-parlament-rechtspopulisten-fraktion-afd-lega-rassemblement-national. Zugegriffen: 2. April 2020.

christliche Erbe Europas gelte es zu verteidigen. Damit ist der Islam aus dem europäischen kulturellen Erbe praktisch ausgegrenzt. Folgerichtig wird gefordert, Beitrittsverhandlungen mit der Türkei zu beenden.[5] Mit diesen Forderungen bewegt sich die Fraktion innerhalb eines rechtspopulistischen ideologisch-programmatischen Dreiecks, das immer wieder auftaucht: Gegen Institutionen, für Sicherheit und für nationale, ethnische und kulturelle Identität.

Der Rechtspopulismus in Deutschland begann Ende der 1980er Jahre. Die Republikaner galten zu Beginn der neunziger Jahre als aussichtsreichste Partei rechtsaußen, der auch längerfristig parlamentarische Erfolge zugetraut wurden. Maßgeblich für diese Einschätzung waren der wesentlich von Franz Schönhuber geprägte populistische Politikstil, die Attraktivität der Partei bei Arbeiter- und kleinbürgerlichen Wählern und das internationale Umfeld erfolgreicher rechtspopulistischer Parteien in Frankreich, Österreich und Italien. Es gelang den Republikanern eine Zeitlang, das Asylthema wählerwirksam zu instrumentalisieren und die Sehnsüchte der Stammtische zu bedienen. Sie schienen in der Lage, das diffuse rechte Protestpotential längerfristig zu bündeln und ihm einen parlamentarischen Ausdruck zu verleihen. Ihre Themen zielten in die Mitte der Gesellschaft: Weltweite Armutswanderungen wurden wirkungsvoll als „Überfremdung" der Deutschen durch Ausländer artikuliert. Der Vertrauensverlust der Institutionen und weitreichende Individualisierungsprozesse der Gesellschaft wurden übersetzt in autoritär-populistische Konzeptionen der inneren Sicherheit, in Probleme von Recht und Ordnung.

Überdies kamen die Republikaner wie später die AfD nicht aus dem weitverzweigten rechtsextremen Netzwerk, sondern sie entstanden aus einer Abspaltung von der CSU. Auftrieb erhielten sie von Konservativen im Grenzbereich zwischen rechts und rechtsextrem, die mit dem Ausbleiben der von Kohl versprochenen „geistig-politischen Wende" unzufrieden waren und

---

[5]https://identityanddemocracy.eu/about-us/. Zugegriffen: 2. April 2020.

diese Wende jetzt einforderten. Dieser bürgerlich-oppositionelle Herkunftsrahmen schien eine Garantie zu sein für eine wirksame Protestpartei jenseits des rechtsextremen Stigmas. Zwar stießen seit 1985 einige Funktionäre zu den Republikanern, die zuvor bei rechtsextremen Organisationen tätig waren, allen voran Harald Neubauer, zuvor lange Jahre bei NPD und DVU und die rechte Hand des DVU-Chefs Gerhard Frey. Doch diese braunen Tupfer beeinträchtigten das nationalkonservative populistische Image der Republikaner nicht allzu sehr, zumal Schönhuber sich als geschickter Stratege und Redner erwies, der die Wirtshäuser und Festzelte der bayerischen Provinz problemlos füllen konnte. Zwischen 1989 und 1992 hatte die Partei beachtliche Wahlerfolge, in Baden-Württemberg war sie zwei Legislaturperioden im Landtag vertreten, die Landtagswahlen im März 2001 bedeuteten jedoch das parlamentarische Aus in ihrem stärksten Bundesland.

In Deutschland sind es einige Jahre später vor allem die Dresdner Protestbewegung Pegida seit 2014 und die ein Jahr zuvor gegründete Alternative für Deutschland (AfD), die den rechtspopulistischen Protest auf die Straße und in die Parlamente tragen. Die „Patriotischen Europäer gegen die Islamisierung des Abendlandes" (Pegida) formierten sich Ende 2014 in Dresden. Im Kern ihres Selbstverständnisses steht das Volk, die rechtschaffenen einfachen Leute, die angeblich von den „Altparteien" und den korrupten politischen Eliten in Berlin betrogen werden. Pegida ist in aggressiver Weise anti-muslimisch und gegen Migration nach Deutschland. Die Losungen bei den Demonstrationen lauten zum Beispiel: „Lügenpresse", „Volksverräter, Volksverräter", „Multikulti tötet", „Überfremdung ist Völkermord" oder auch „Meine Heimat bleibt deutsch" (Geiges 2017). Was für rechtspopulistische Parteien und Bewegungen insgesamt gilt, das findet sich auch bei Pegida: „Dynamiken der Empörung" und wiederkehrende aggressive Rituale: „obszöne bis hetzerische Reden … die Sprechchöre von ‚Lügenpresse' bis ‚Volksverräter'", eingebettet in „ablehnende bis aggressive Stimmung insbesondere gegen Medienvertreter" (Vorländer et al. 2017, S. 144). Der Protest richtet sich gegen die Eliten, die „Alt-Parteien" und den herrschenden Politikbetrieb, der als korrupt gegeißelt wird. Trotz Versuchen bundesweiter Ausdehnung blieb Pegida ein bundesweit beachtetes, aber auf Dresden begrenztes Phänomen. Auf dem Höhepunkt des Protestgeschehens in Form von Montagsdemonstrationen konnte die Bewegung im Jahr 2015 bis zu 25.000 Teilnehmer mobilisieren, danach waren die Zahlen rückläufig. Sie schrumpften auf zumeist wöchentlich einige hundert, bevor zum Jubiläum der zweihundertsten Demonstration am 17. Februar 2020 wieder einmal mehrere tausend Teilnehmer dem Ehrengast Björn Höcke vom rechtsextremen AfD-Flügel die Aufwartung machten.

2015/2016 sind verschiedene empirische Untersuchungen über die soziale Struktur der Demonstranten vorgelegt worden, die zu ähnlichen Ergebnissen kommen.[6] Demzufolge sind sie überwiegend männlich, in der mittleren und älteren Lebensphase, verfügen über ein überdurchschnittliches Einkommen, sind Vollzeit erwerbstätig und überwiegend konfessionslos. Sie haben eine große Distanz zum politischen System, die Nähe zur AfD wuchs seit 2014 kontinuierlich an bis zu Werten um 80 %, damit verbunden auch zu rechtsextremen Einstellungen. Vor allem aggressiv ablehnende Haltungen gegenüber dem Islam als solchem und Zuwanderern aus islamischen Ländern ist stark verbreitet. Die Begriffe „Rassismus" oder „Fremdenfeindlichkeit" erscheinen vor diesen Hintergründen nur bedingt geeignet, die Triebkräfte von Pegida in den Blick zu nehmen. Es handelt sich um ein ostdeutsches Phänomen und ist eng verbunden mit Kränkungen und enttäuschten Erwartungen im Kontext der Nachwendezeit. Dieser tiefsitzende und lange anhaltende Kern des Protests wurde aufgeladen durch den Identitätskonflikt: Zuwanderung und flüchtlingspolitische Entscheidungen waren kaum vermittelt und wurden von den politischen Eliten vor allem in der Flüchtlingskrise 2015 im Alleingang getroffen. Dieses Motiv führte zu hasserfüllten verbalen Attacken auf die Bundeskanzlerin bei Besuchen in Ostdeutschland.

---

[6]Vgl. zusammenfassend Vorländer et al. (2017, S. 142ff.) und Schenke et al. (2018, S. 50 ff.).

Seit dem Erstarken des Rechtspopulismus sind seine Anhänger häufig befragt worden in repräsentativen Studien der wahlberechtigten Bevölkerung sowie der Teilgruppen AfD- und Pegida-Sympathisanten. Dem 2018 erhobenen „Populismusbarometer" zufolge haben gut 30 % der Wahlberechtigten populistische Einstellungen – Tendenz steigend, insbesondere in der bürgerlichen Mitte der Gesellschaft (Vehrkamp und Merkel 2018). Dieses Potential orientiert sich zu einem großen Teil an der AfD. Der Befund bestätigt ähnliche empirische Studien, so etwa die Leipziger „Mitte-Studien", die seit 2002 im Abstand von zwei Jahren die rechtsextremen Einstellungen in der Bevölkerung repräsentativ messen. Sie beziffern das Unterstützungspotential für die Ziele von Pegida auf ebenfalls rund 30 %: 17,2 % sympathisieren mit ihnen „teils/teils", 13,6 % „etwas" und 8,9 % „vollkommen" (Decker et al. 2016, S. 139).

Beim Entstehungshintergrund des neueren Rechtspopulismus in Deutschland spielte Ostdeutschland wiederum eine wichtige Rolle beim Aufstieg der AfD. Hier gelang erstmals der Einzug in drei Landtage im Jahr 2014, nachdem die Partei bei den hessischen Landtagswahlen 2013 noch gescheitert war. Die AfD erzielte in Sachsen 9,7 %, in Brandenburg 12,2 und in Thüringen 10,6 %. Damit war die Basis gelegt für einen raschen Aufschwung. In nur wenigen Jahren gelangen der Partei spektakuläre Wahlerfolge. Sie zog nach 2014 in alle deutschen Landtage ein, in den Bundestag 2017 mit 12,6 % und in das Europäische Parlament erstmals 2014 mit 7,1 und 2019 wiederum mit 11,0 %. Die besten Wahlergebnisse gelangen ihr in Ostdeutschland, hier besonders in 2019 mit über 20 % in Brandenburg, Sachsen und Thüringen – Landesverbände, die vom rechtsextremen „Flügel" dominiert werden.

Etwa zeitgleich mit dem Aufstieg von Pegida entwickelte sich die AfD von einer zunächst liberal-konservativen bürgerlichen Partei hin zu einer zumindest in Teilen, vor allem in Ostdeutschland rechtsextremistischen Bewegung. Am Beginn stand das Motiv der Ablehnung des Euro und des europäischen Währungssystems durch kritische liberal-konservative Akteure wie die Volkswirtschaftsprofessoren Bernd Lucke und Joachim Starbatty und die Journalisten Konrad Adam und Alexander Gauland, die zu den Gründungsmitgliedern gehörten. Noch 2014 stand die Forderung nach Auflösung der Währungsunion im Zentrum der Bundestags- und Europawahlkampagnen der AfD. Nicht zuletzt die Flüchtlingskrise 2015 und der Zustrom von Flüchtlingen nach Deutschland veränderten den politischen Diskurs in Deutschland. Nach anfänglichen Willkommensgesten standen sich Befürworter und Gegner der Flüchtlingspolitik gegenüber, wobei die AfD sich mehr und mehr dem Thema Migrationskritik zuwandte und damit dem rechten Flügel der Partei mehr und mehr Raum ließ.

Im März 2020 stufte das Bundesamt für Verfassungsschutz die AfD-Teilorganisation „Der Flügel" als „gesichert rechtsextremistische Bestrebung" ein. Die Gruppierung wurde damit Beobachtungsobjekt des Verfassungsschutzes. Begründet wurde dies unter anderem mit der Feststellung, die Positionen des Flügel seien mit dem Grundgesetz nicht vereinbar und sie verstießen fortlaufend gegen das Gebot der Menschenwürde sowie das Demokratie- und Rechtsstaatsprinzip und sie verstärkten die Vernetzung mit dem offen rechtsextremistischen Milieu.[7] Vorausgegangen war ein im Januar 2019 abgeschlossenes 436 Seiten starkes Gutachten des Bundesamtes für Verfassungsschutz über die AfD. Es kam zu dem Ergebnis, die Junge Alternative und der Flügel seien nun „Verdachtsfälle", die Gesamtpartei wurde zum „Prüffall" erklärt.[8] Der dadurch ausgelöste Druck führte zu erheblichen Konflikten in der AfD, hatte doch deren Ehrenvorsitzender und Fraktionsvorsitzender Gauland noch im November 2019 den Flügel und seinen Frontmann Björn Höcke in der Mitte der Partei gesehen

---

[7]Vgl. https://www.verfassungsschutz.de/de/oeffentlichkeitsarbeit/presse/pm-20200312-bfv-stuft-afd-teilorganisation-der-fluegel-als-gesichert-rechts-extremistische-bestrebung-ein. Zugegriffen: 5. April 2020.

[8]Das Gutachten wurde – nicht autorisiert – im Internet veröffentlicht, vgl. https://netzpolitik.org/2019/wir-veroeffentlichen-das-verfassungsschutz-gutachten-zur-afd/#2019-01-15_BfV-AfD-Gutachten. Zugegriffen: 6. April 2020.

und diese somit unbeabsichtigt als Ganze dem Verfassungsschutz als Beobachtungsobjekt angeboten.[9]

Die innerparteiliche Kontroverse über Rolle und Funktion des rechtsextremistischen Flügels innerhalb der AfD entwickelte sich zu einem strukturellen und nachhaltigen Konfliktfeld, Gemäßigte und Radikale stehen sich wenig versöhnlich gegenüber. Versuche aus der Parteiführung, den Flügel zu schwächen, scheiterten zunächst. Das Anfang 2017 vom Bundesvorstand eingeleitete Parteiausschlussverfahren gegen Björn Höcke wegen großer Nähe zum Nationalsozialismus wurde im Mai 2018 vom Landesschiedsgericht Thüringen abgewiesen. Einen weiteren politischen Versuch unternahm der Co-Vorsitzende Jörg Meuthen. Er forderte den Flügel im März 2020 auf, bis zum Jahresende über eine Lösung von der AfD nachzudenken, musste aber kurze Zeit später von diesem Vorschlag abrücken und bezeichnete ihn selbstkritisch als „großen Fehler".[10] Dieses Einknicken steht für eine persönliche Demütigung des eher gemäßigten Co-Vorsitzenden und einen weiteren Etappensieg der Rechtsextremisten in der AfD. Im Mai 2020 wurde jedoch auf Betreiben Meuthens und gegen den Willen des einflussreichen AfD-Fraktionschefs im Bundestag, Alexander Gauland, dem nach Höcke wichtigsten Flügel-Vertreter, dem brandenburgischen AfD-Parteichef Andreas Kalbitz, seine Mitgliedschaft in der AfD vom Parteivorstand knapp mit sieben zu fünf Stimmen aberkannt. Der Vorwurf der Gemäßigten lautete, Kalbitz habe seine Mitgliedschaft in einer neonazistischen Organisation, nämlich der 2009 verbotenen Heimattreuen Deutschen Jugend (HDJ), vor seinem Parteieintritt satzungswidrig verschwiegen. Der Vorgang zeigt nachdrücklich den Richtungsstreit zwischen Rechtsextremisten und Konservativen in der AfD.

---

[9]Vgl. https://www.faz.net/aktuell/politik/wahl-in-thueringen/afd-vorsitzender-gauland-sieht-hoecke-in-der-mitte-der-partei-16455512.html. Zugegriffen: 5. April 2020.

[10]Vgl. https://www.sueddeutsche.de/politik/afd-meuthen-fluegel-1.4869877.

Pegida und die AfD sind in vielfacher Weise miteinander verbunden. Im März 2018 beschloss der AfD-Parteikonvent, es sei rechtens, wenn AfD-Vertreter bei Pegida-Veranstaltungen als solche auftreten. Dies war ein Erfolg des rechtsextremen Flügels, denn noch 2016 hatte die Partei einen Unvereinbarkeitsbeschluss gefasst wegen zu großer Nähe von Pegida zu rechtsextremistischen Kreisen und den mehrfach vorbestraften Pegida-Sprecher Lutz Bachmann.

Inhaltlich bewegten sich Pegida und die AfD ohnehin aufeinander zu. Der rechtspopulistische Rekurs auf das Volk und der Anspruch, es zu vertreten gegen korrupte Eliten, ist bei beiden ähnlich wie auch die Ablehnung der Flüchtlingspolitik und der europäischen Integration. In der 2015 veröffentlichten „Erfurter Resolution" des AfD-Flügels heißt es, ähnlich dem Pegida-Selbstverständnis, die AfD verstehe sich „als Bewegung unseres Volkes gegen die Gesellschaftsexperimente der letzten Jahrzehnte (Gender Mainstreaming, Multikulturalismus, Erziehungsbeliebigkeit usf.), als Widerstandsbewegung gegen die weitere Aushöhlung der Souveränität und der Identität Deutschlands".[11] Reden von Björn Höcke bei Pegida-Demonstrationen in Dresden und das Bündnis der AfD-Landesverbände Thüringen, Sachsen und Sachsen-Anhalt mit der migrationsfeindlichen „Pro Chemnitz"-Gruppierung und Pegida bei einer Demonstration in Chemnitz am 1. September 2018 sprechen für die Öffnung der AfD für rechtsextreme Milieus.

Die Wählerschaft der AfD ist mit dem Übergewicht auf mittleren Altersjahrgängen, überwiegend männlich und großer Distanz zum politischen System und den etablierten Parteien ähnlich strukturiert wie die Anhängerschaft von Pegida. Auch die politischen Stile ähneln sich: die hasserfüllten Auftritte von Rednern bei Pegida-Demonstrationen fanden ihr Pendant in Pöbeleien und Beleidigungen bei Reden von AfD-Abgeordneten in Bundes- und Landtagen. Ordnungsrufe durch die Parlamentspräsidenten sind deutlich angestiegen, die AfD in den Parlamenten

---

[11]Vgl.   https://www.sueddeutsche.de/politik/streit-um-ausrichtung-bizarres-aus-der-afd-1.2440054. Zugegriffen: 16. Juli 2020.

ist strategisch ausgerichtet auf Protest und Provokation, nicht aber auf konstruktive Zusammenarbeit.

Sind rechtspopulistische Parteien und Bewegungen eine Gefahr für die Demokratie? Levitsky und Ziblatt haben in ihrer Donald-Trump-kritischen Studie „Wie Demokratien sterben" auf eine Gefahr hingewiesen, die von populistischen Bewegungen und Parteien ausgeht: die Missachtung von ungeschriebenen Regeln für das Funktionieren von Demokratien. Gemeint sind gegenseitige Achtung und institutionelle Zurückhaltung. Die Regel gegenseitiger Wertschätzung wird vielfach gebrochen in wüsten Beleidigungen und Bloßstellung von Politikern des gegnerischen Lagers. Die Tweets von Donald Trump liefern hierfür ebenso zahlreiche Beispiele wie die Hassreden bei den Dresdener Pegida-Veranstaltungen. Politische Gegner werden so zu innerstaatlichen Feinden erklärt, womit das Pluralismusgebot der Demokratie ausgehebelt wird und unabdingbare Voraussetzungen der Demokratie infrage gestellt sind: „Zivilisierte Umgangsformen, Augenmaß, Rationales und vernünftiges Abwägen, Bereitschaft zu Sachlichkeit und Kompromiß, Anerkennung der Komplexität von Sachverhalten" (Jaschke 2019, S. 25).

Das Gebot der institutionellen Zurückhaltung ist das „Unterlassen von Handlungen…, die zwar den Buchstaben der Gesetze genügen, ihren Geist aber offensichtlich verletzen" (Levitsky und Ziblatt, S. 125). In Europa ist der Angriff auf das Prinzip der Gewaltenteilung durch die Beseitigung einer unabhängigen Justiz in Polen und mediale Angriffe auf kritische Richter hierfür ebenso ein Beispiel wie die teilweise Entmachtung des Parlaments in Ungarn im März 2020 durch Viktor Orban. Neben Positionen, welche den Rechtspopulismus als Gefahr für die Demokratie sehen (z. B. Müller 2017) gibt es auch andere, ja konträre Deutungen. Für von Beyme ist der Rechtspopulismus keine Gefahr, sondern eine Art Katalysator und Herausforderung für eine Erneuerung der Demokratie („Neodemokratie"), indem die etablierten Parteien ihr Verhältnis zum Volk überdenken und erneuern müssen. Ein „neues Agenda-Setting" und eine ausgebaute politische Partizipation wären im günstigsten Fall eine Weiterentwicklung der Demokratie (v. Beyme 2018, S. 113 ff.).

Überdies bedeute „eine differenzierte Anerkennung auch gegenüber Rechtspopulisten" auch ein Instrument, um dem Rechtsextremismus das Wasser abzugraben (v. Beyme 2018, S. 125).

3.9 Grundlinien der sozialwissenschaftlichen Extremismusforschung

Nach den beherrschenden Diktaturen des 20. Jahrhunderts, dem Nationalsozialismus und der stalinistischen Sowjetunion, hat es viele und kontinuierliche Versuche gegeben, diese Phänomene zu untersuchen nach ihrer Herkunft, ihrer sozialen Basis, ihrem Fortleben in der Nachkriegszeit, den Persönlichkeitsstrukturen der Aktivisten. Arbeiten zu diesen großen Themen füllen ganze Bibliotheken. Vielleicht ist es der Komplexität der Gesamtthematik geschuldet, dass es eine einheitliche Extremismusforschung mit grundlegender Methodologie, geteilten Fragestellungen und dauerhaftem wissenschaftlichen Austausch nicht gibt, vielleicht auch gar nicht geben kann. Die Extremismusforschung in Deutschland heute ist mehrfach gespalten, wobei die wichtigste Trennlinie in der Akzeptanz der Links-Rechts-Vergleichbarkeit liegt: Sind Links- und Rechtsextremismus überhaupt vergleichbar oder entspringen sie nicht grundsätzlich andersartigen historischen Zusammenhängen, die einen systematischen Vergleich obsolet machen?

In der internationalen wissenschaftlichen Fachliteratur gibt es seit etwa 40 Jahren breite Forschungen und kontroverse Diskussionen über den Extremismus. Dabei hat sich ein weitreichender interdisziplinärer Konsens über Grundmerkmale und Forschungsfelder herausgebildet. Zu den wesentlichen gehören:

- Auf der *Theorieebene* die Debatte über den Extremismus-Begriff. Ein wirklich tragfähiger Konsens hat sich in der deutschen Politikwissenschaft nicht herausbilden können. Die in vielen Publikationen vertretenen Versuche von Autoren wie Uwe Backes, Eckhard und Armin Pfahl-Traughber, Extremismus entlang der Verfassungsschutzkonzeption als Bekämpfung des demokratischen Verfassungsstaates zu sehen, haben sich nur teilweise durchsetzen können. Andererseits bleibt aber auch zu betonen, dass alternative Konzepte kaum sichtbar sind, sich hauptsächlich in der Ablehnung des Links-Rechts-Vergleichs einig sind und Extremismus jeweils nur auf ein Teilsegment beziehen.

- *Ein neuartiger, vergleichender extremismustheoretischer Ansatz bei Untersuchungen digitaler Radikalisierung.* So untersucht zum Beispiel Ebner die Felder der Rekrutierung, Sozialisierung, Kommunikation, Vernetzungund Mobilisierung extremistischer Gruppen im Internet, ausgehend von der Annahme, dass mittlerweile *alle* extremistischen Gruppen, linke, rechte, islamistische und andere, neueste Technologien im Netz in ähnlicher Weise nutzen (Ebner 2020). Die Debatte über die Frage, inwieweit Extremismus im Netz Radikalisierungsprozesse auslöst und/oder vertieft, hat begonnen einschließlich der Frage, ob etwa Counter-Narrative ein Gegenmittel sein könnten (Frischlich et al. 2017; Neumann et al. 2019). Es scheint in der Tat so, dass angesichts der voranschreitenden technischen Entwicklungen digitaler Kommunikation die Erforschung des politischen Extremismus diesem Aspekt künftig eine große Bedeutung wird beimessen müssen.
- *Ein ebenfalls vergleichender, lagerübergreifender Ansatz bei der empirischen Erforschung der individuellen und kollektiven Wege in den Extremismus.* Erste Ergebnisse deuten darauf hin, dass Unsicherheit, Diskriminierungs-erfahrungen und Orientierungsbedarf bei wenig gefestigten Jugendlichen vielfache Anfangspunkte eines extremistischen Radikalisierungsprozesses sein können, wobei die inhaltliche Ausrichtung eher zufällig ist und an lokale Bedingungen wie peer groups oder Führungspersonen geknüpft ist.
- Auf der *individuellen Einstellungsebene* ein alltägliches, lebensweltliches Orientierungsmuster, das dem politischen Handeln vorausgeht und gekennzeichnet ist durch mehr oder weniger ausgeprägte ablehnende Haltungen gegen-über zentralen demokratischen Grundwerten. Insbesondere rechtsextremistische und antisemitische Einstellungen in

der Bevölkerung werden seit Jahrzehnten gemessen und bewertet. Es ist vielfach empirisch belegt, dass es in der Bundesrepublik, aber auch anderen europäischen Gesellschaften, einen Kernbestand von rechtsextremistischen und antisemitischen Einstellungen gibt, dessen Größenordnung pendelt zwischen zehn und 20 %. Demgegenüber sind linksextremistische und islamistische Einstellungen bisher empirisch kaum erforscht worden. Die Einstellungsforschung wird seit einiger Zeit ergänzt und erweitert durch Debatten über Orientierungsmuster. Sie bilden den Zwischenschritt zwischen der Passivität von Einstellungen und den sichtbaren Verhaltensweisen.

- Auf der *individuellen Verhaltensebene* die aktive Ablehnung und Bekämpfung des demokratischen Verfassungsstaates und seiner grundlegenden Werte wie Pluralität, Interessenvielfalt und demokratische Verfahrensregeln. In den Sozialwissenschaften, der Psychologie und Kriminologie sind die Übergänge zwischen abweichendem Verhalten und Gewaltbereitschaft ein fester Bestandteil der empirischen Forschung. In der Politikwissenschaft liegen die Schwerpunkte auf der Messung des Wählerverhaltens und der Bindung von Wählern an Parteien und politische Milieus sowie auf der Protestforschung. Hierbei geht es um Fragen nach der Entstehung und dem Verlauf von Protestbewegungen und den Bedingungen ihrer Radikalisierung, insbesondere der Entstehung von Gewaltbereitschaft. Dies ist der Anknüpfungspunkt der Forschungen über Terrorismus.

- Auf der *Organisationsebene* die Herausbildung und politische Umsetzung von Programmen, Zielen und Strategien, um extremistische Grundauffassungen politisch zu artikulieren und durchzusetzen. Hierzu gehört die Aufmerksamkeit für neue Entwicklungen wie etwa den Rechtspopulismus und seine Beziehungen zum Rechtsextremismus. Aber auch radikalökologische und islamistische Gruppierungen verbreitern das organisatorische Spektrum. Die Entwicklung extremistischer Organisationen ist zunehmend verbunden mit digitalen Formen der Kommunikation, deren systematische Beobachtung in Form von Monitoring erst neuerdings begonnen hat. Eine Studie über rechts-alternative Medien-strategien im Netz kommt zu dem Ergebnis, dass hier *alternative Wirklichkeiten* produziert werden mit den Mitteln der Desinformation, der Verschwörungstheorien und der Abwertung der Mainstream-Medien (Dittrich et al. 2020).

- Auf der *Ideologie-Ebene* ein geschlossenes politisches Welt-bild in Anlehnung an historische Vorbilder, eine starke Führer-Orientierung, ein ambivalentes Verhältnis zur Gewalt. Auch hier sind neue Entwicklungen wie Populismus, Ver-bindungen zur Anti-Globalisierungsbewegung Gegen-stand der sozialwissenschaftlichen Diskussion. Auch das Brückenspektrum zwischen Extremismus und Demokratie ist besonders im Hinblick auf die Variante einer Neuen Rechten kontinuierlich ein Themenfeld der sozialwissenschaftlichen Diskussion (Weiss 2017).

- *Auf der Ebene der Gender-Forschung* Fragen zur Thematik der Geschlechter-Konstruktionen im Rechtsextremismus. Seit den 1990er Jahren hat die empirische Forschung auf diesem Gebiet zugenommen (Birsl 2011). Weiterhin ist erklärungs-bedürftig, warum Frauen an rechtsextremen Orientierungen genauso häufig beteiligt sind wie Männer, aber tendenziell weniger bei Wahlen, Aktivitäten in Organisationen und Parteien und nur noch mit zehn Prozent bei rechtsextrem motivierten Straftaten (Bitzan 2016, S. 337 ff.). Auch auf anderen Gebieten sind Ergebnisse empirischer Gender-Forschung zu verzeichnen: Erste Befunde liegen vor zur Frage, was Frauen motiviert, sich dschihadistischen Bewegungen anzuschließen (Frindte et al. 2016, S. 141 f.).

- Auf der *Ebene der politischen Herrschafts- und Regierungs-formen* Entstehung, Verlauf und Vergleich des Totalitaris-mus. Nach dem Zusammenbruch des sowjetmarxistischen Einflussbereichs nach 1990 hat sich in der Politikwissen-schaft die auf den Totalitarismus-Studien aufbauende Trans-formationsforschung herausgebildet, deren Schwerpunkt auf der Frage liegt, unter welchen Bedingungen der Übergang von der Diktatur zu Demokratie gelingen kann und welches die Hinderungsgründe sind (Merkel 2010).

- Auf der *Reaktions- und Präventionsebene* Aktivitäten des Staates und seiner Institutionen und der Gesellschaft mit ihren zahlreichen Nicht-Regierungsorganisationen. Vernetzung von Ansätzen und Aktivitäten und ihre wissenschaftliche Evaluation stehen im Zentrum der Debatte. Insbesondere das Verhältnis von Prävention und Repression sowie die Interaktionsmuster zwischen den Akteuren sind Gegenstand der politikwissenschaftlichen Forschung. Die Debatte ist international und interdisziplinär. In der internationalen Fachdebatte gibt es inzwischen erste vergleichende Untersuchungen über Erscheinungsformen und die verschiedenen Modelle des Umgangs mit (Rechts) Extremismus und Rechtspopulismus in den Staaten der EU (Langenbacher und Schellenberg 2011; Melzer und Serafin 2013). Ein Überblick über den Stand zu Radikalisierung und Deradikalisierung aus interdisziplinärer Sicht liegt vor (Daase et al. 2019).

Das Phänomen Extremismus selbst, seine Erscheinungs- und Entwicklungsformen, aber auch der politische und wissenschaftliche Umgang damit umfassen vor diesem Hintergrund eine Vielzahl von verschiedenen Ebenen. Für jede der hier angesprochenen gibt es eigenständige Forschungstraditionen und Diskussionszusammenhänge. Vermutlich hat diese Komplexität eine *Theorie des Extremismus* bisher verhindert. Es scheint bislang kaum möglich, alle Ebenen aufeinander zu beziehen, einmal ganz abgesehen davon, dass Extremismus zu verschiedenen Zeiten unterschiedliches bedeutet und es im internationalen Kontext unter Bedingungen ganz unterschiedlicher politischer Kulturen kein Einverständnis darüber gibt (und geben kann?), was wir überhaupt darunter verstehen müssen.

Fundamentalismus: Der Kampf gegen die Moderne

4

„Der Fundamentalismus, möchte ich meinen, ist eigentlich nichts anderes als die in traditioneller Weise verteidigte Tradition, nun allerdings in Reaktion auf neuartige globale Kommunikationsverhältnisse. Er ist daher nicht auf die Religion beschränkt, sondern er kann überall auftreten, wo Traditionen bedroht sind oder ausgelöscht werden. So kann es z. B. einen familialen Fundamentalismus, einen Geschlechterfundamentalismus und einen ethnischen Fundamentalismus geben (und sogar einen ökologischen Fundamentalismus). In einer Welt der kosmopolitischen Kommunikation ist der Fundamentalismus stets potentiell gefährlich. Denn er ist eine Dialogverweigerung unter Umständen, in denen ein solcher Dialog das einzige Verfahren wechselseitigen Entgegenkommens darstellt. Hier besteht ein unmittelbarer Zusammenhang zwischen Formen der Gewaltanwendung, die auf den ersten Blick vielleicht völlig heterogen wirken. Ein Großteil der privaten und öffentlichen Gewalt, die von Männern und Frauen verübt wird, rührt gewissermaßen vom Geschlechterfundamentalismus her: von einer Kommunikationsverweigerung unter sozialen Bedingungen, in denen patriarchalische Traditionen herausgefordert werden. In diesem Sinne besteht hier kein grundsätzlicher Unterschied zur Gewalt zwischen ethnischen Gruppen, die auf Ausschließung erpicht sind." (Giddens 1999, S. 79)

Fundamentalismus gilt seit der Entstehung des Begriffs im Zusammenhang mit dem amerikanischen Protestantismus Anfang des 20. Jahrhunderts als der rückwärtsgewandte Protest gegen Zumutungen der Moderne wie etwa Demokratie und Liberalität, urbane Lebensformen und Säkularisierung. Die dekadente Gegenwart wird als Abkehr vom wahren Glauben, von der wahren Lehre gedeutet. Ziel ist es, das „wahre Leben", das „goldene Zeitalter" wiederherzustellen. So gesehen geht es um die Legitimation von Werten, Lebensstilen, um „the whole way of life" mit Zügen eines „Kampfes der Kulturen" (Huntington).

An dieser Stelle zeigt es sich, warum eine Betrachtung des Fundamentalismus Teil einer Auseinandersetzung mit dem politischen Extremismus sein sollte: Während dieser sich fast ausschließlich mit politischen Überzeugungen, Absichten und politischen Strukturen beschäftigt, geht jener einen Schritt weiter, indem er nicht nur die Politik, sondern – ähnlich wie totalitäre Bewegungen – *alle* Ebenen des gesellschaftlichen Lebens zu regulieren versucht und jedwede Form von Pluralität im Keim ersticken will. Dazu gehören Aussehen, Kleidung, Freizeitverhalten, Feste feiern, Sport treiben. Fundamentalisten sind nicht nur Extremisten, sie wollen mehr: ganze Lebensweisen sollen sich einer bestimmten Religion oder Weltanschauung unterwerfen. Diese Sichtweise ist nicht unbedingt geprägt durch politische Organisationen, Programme und Strategien: Der Fundamentalismus ist geprägt durch eine bestimmte rückwärtsgewandte und vormoderne Zustände glorifizierende *Haltung* gegenüber der Gegenwart.

Ursächlich für die Abkehr vom wahren Glauben können aus fundamentalistischer Sicht verschiedene, zu Feindbildern aufgeladene Akteure sein: Staaten, Ideologien, gesellschaftliche Verhältnisse (z. B. die kapitalistische Produktionsweise). Es scheint, als sollte Habermas' Prognose aus dem Jahr 1968 sich bewahrheiten, der zufolge die Durchdringung der Institutionen durch Technik und Wissenschaft die alten Weltbilder und kulturellen Überlieferungen auflöst (Habermas 1973) und, so möchte man heute hinzufügen, Platz schafft für fundamentalistische Sichtweisen. Technik und Wissenschaft haben auf allen Ebenen der Gesellschaft und der Ökonomie die Vorherrschaft der Ratio durchgesetzt, der wissenschaftlich-technischen Verfahren, des Rationalismus. Hier setzt der moderne Fundamentalismus an, indem er auf dem unverrückbaren Primat der Werte besteht, die es zu verteidigen oder auch wiederherzustellen gilt.

Es gibt vielfältige Erscheinungsformen des Fundamentalismus: extremistische Gruppen, religiöse Sekten auch innerhalb des Christentums (Bednarz 2019), es gibt den gesellschaftlich weniger bedeutenden Fundamentalismus der Weltabkehr (z. B. Mönchtum) und den teilweise militanten Fundamentalismus der Weltbeherrschung (z. B. Al Quaida). Auch die großen, militanten Ideologien des 20. Jahrhunderts können fundamentalistisch genannt werden: Der Kommunismus erstrebt das Ideal der klassenlosen Gesellschaft, der Nationalsozialismus die arische Volksgemeinschaft, beide unter Voraussetzung der Annahme, die gegenwärtigen Zustände hätten sich von diesen paradiesischen Zuständen weit entfernt und beide unter der Voraussetzung von Feindbildern – Kapitalismus auf der einen, internationales Judentum auf der anderen Seite.

4.1   Der protestantische Fundamentalismus in den USA

Der Begriff des „Fundamentalismus" im engen Sinne hat religionsgeschichtliche Wurzeln. Die sozialwissenschaftliche Debatte bezeichnet übereinstimmend den protestantischen Fundamentalismus in den USA um die Jahrhundertwende als Entstehungszeitraum des Begriffs „Fundamentalismus". In den siebziger Jahren des 19. Jahrhunderts entwickelte sich im Rahmen der protestantischen Kirche der USA eine Bewegung, die den zeitgenössischen liberalen Bibelglauben strikt ablehnte, weil er angeblich nicht mehr dem Urtext entspreche. In der Schriftenreihe „The Fundamentals: The Testimony to the Truth", 1910–1912 in zwölf Bänden in Millionenauflage erschienen, wurde die Forderung nachdrücklich erhoben, zu den Wurzeln der Bibelexegese zurückzukehren. Es ging darum, die wesentlichen Prinzipien des christlichen Glaubens zu verteidigen, vor allem die Unfehlbarkeit der Bibel und die christlichen Dogmen von der Jungfrauengeburt und der Auferstehung Christi. Moderne naturwissenschaftliche Evolutionstheorien hatten die biblische Deutung der Menschheitsgeschichte infrage gestellt und ihr ein anderes, durchaus attraktives Modell gegenübergestellt. Charles

Darwin und seine Anhänger verwiesen auf die Evolution der Arten, aus der auch die Spezies Mensch hervorgegangen ist und legten durch ihren naturwissenschaftlichen Anspruch zugleich auch eine gewichtige Argumentationskette vor gegen die biblische Interpretationsvariante des göttlichen Schöpfungsaktes. Nicht Adam und Eva, sondern die beständige Höherentwicklung der Fauna galten als Ursprung des Lebens und bedeuteten damit einen Generalangriff auf die biblische Deutung.

Damit ist der Grundkonflikt angesprochen. Es geht um Tradition gegen Fortschritt, Schöpfungsgeschichte und Bewahrung der Überlieferung gegen moderne Wissenschaft, magisches Denken gegen moderne Verwaltung, Glaube gegen Vernunft und Rationalität. Diese strukturellen Frontstellungen sind bis heute wirkungsmächtig. Sie prägen persönliche Lebenseinstellungen, aber auch politische Orientierungen und Verhaltensweisen.

Die protestantischen Fundamentalisten begnügten sich nicht mit einer dogmatischen, an der wörtlichen Auslegung orientierten Bibelexegese und dem Kampf gegen die Evolutionstheorie. Sie fühlten sich als Teil der konservativen weißen Mittelschicht, welche die amerikanische Kultur insgesamt bedroht sah vom Tempo der industriellen Entwicklung, von den sozialen Verwerfungen der Einwanderungswellen und von in ihren Augen dekadenten Alltagsgewohnheiten. Die rasche Entstehung der Großstädte und lasterhafter Lebensformen außerhalb der sozialen Kontrolle in den Kleinstädten bestätigte die Fundamentalisten in ihrem Glauben an eine sündige Welt, der es mit unerschütterlicher Bibelfestigkeit entgegenzutreten gelte. Zahlreiche Kampagnen gegen die Herstellung und die Verbreitung von Alkohol gingen auf das Konto der Fundamentalisten, die sich überwiegend aus Handwerkern, kleinen Geschäftsleuten und Unternehmern sowie aus Farmern rekrutierten. Nach dem Zweiten Weltkrieg suchten sie ihren gesellschaftlichen Einfluss zu verstärken durch die Gründung eigener Fernsehanstalten und die Ausweitung ihres Zeitungs- und Zeitschriftennetzes. Heute sind sie Teil der konservativen Fraktion des amerikanischen Protestantismus. Dogmen wie die Jungfrauengeburt, die leibliche Himmelfahrt und die bevorstehende Wiederkunft Christi haben sich mit konservativen politischen Positionen verbunden, wie etwa die Forderung nach einer militärischen Überlegenheit der USA in der Weltpolitik. Auseinandersetzungen um die Verfassungsmäßigkeit des Schulgebets und der Evolutionstheorie im Unterricht sowie in der Abtreibungsfrage gehören zu den Kampagnen, die vor allem von den protestantischen Fundamentalisten inszeniert wurden.

Nach 1980 werden die konservativen Klerikalen wieder stärker, ihre Think-Tanks, Fernsehprediger und Lobbygruppen gewinnen mehr und mehr Einfluss: „Das politische Erstarken konservativer evangelikaler und fundamentalistisch-religiöser Bewegungen seit Beginn der achtziger Jahre ist eine der bedeutsamsten kulturellen Entwicklungen in den Vereinigten Staaten" (Braml 2004, S. 5). Drei einflussreiche Strömungen beherrschen den protestantischen Fundamentalismus in den USA der 1990er Jahre, der sich seinerzeit auf eine Anhängerschaft von etwa zwölf bis 15 Mio. stützen kann (Marty und Appleby 1996, S. 53): Die eher unpolitischen Separatisten um Bob Jones III sehen in der Wiederkehr des Herrn die einzige Hoffnung für die Menschheit. Politisches und soziales Engagement lehnen sie ab, weil die Lasterhaftigkeit der Welt ferngehalten werden muss in der Erwartung des Herrn. Die Gruppe um Jerry Falwell, dem zeitweiligen Führer der „Moral Majority", entstand in den sechziger Jahren nach der Abschaffung des Schulgebets in öffentlichen Schulen und fand weitere Resonanz nach der Legalisierung der Abtreibung im Jahr 1973. Beides führte zur Politisierung der Gruppe um Falwell, die einflussreiche Positionen in der Republikanischen Partei besetzte. „Falwell", notieren Marty und Appleby (1996, S. 53),

> „begann als strikter Separatist, wurde aber zum Aktivisten, als er zu dem Entschluss gelangte, dass es nicht mehr länger möglich sei, in einer säkularisierten Kultur, die von Jahr zu Jahr zudringlicher und dominanter wurde, nach Reinheit zu streben. ... Falwell und die Anhänger der Moral Majority nahmen sich vor, aktiv zu intervenieren, um diese Übergriffe abzuwehren, wollten das jedoch innerhalb des gesetzlichen Rahmens und vermöge der Manipulation des politischen Systems zu ihren Gunsten tun".

Randall Terry und seine „Operation rescue" schließlich bildeten den militanten Teil des christlichen Fundamentalismus in den USA. Sie versuchten, durch Provokationen und spektakuläre öffentliche Aktionen – etwa vor Abtreibungskliniken – das öffentliche Bewusstsein zu mobilisieren und sie vertrauten darauf, dass auf diese Weise die Abkehr vom sündigen Leben und die Hinwendung zu Gott und der Bibel erst möglich sei. 2012 trat Terry bei den Vorwahlen der US-Demokraten zur Präsidentschaftswahl gegen Barack Obama an, verlor jedoch.

Die Präsidenten der Republikaner – Ronald Reagan, George Bush, George Bush junior und Donald Trump – setzten auf die Wählerschaft der christlichen Rechten. Bei den weißen evangelikalen Christen des „Bible Belt" der Südstaaten stimmten 81 % für Trump (Simon 2018, S. 3). Mittlerweile besetzen christliche Evangelikale auch Schlüsselpositionen in der Trump-Administration: Zu ihnen gehören – Stand Juli 2018 – Mike Pence (Vizepräsident), Mike Pompeo (Außen), Jeff Sessions (Justiz), Betsy DeVos (Bildung), Ben Carson (Stadtentwicklung und Wohnungsbau) und Rick Perry (Energie) (Simon 2018, S. 2 f.).

Während der Präsidentschaft von Ronald Reagan versuchten die protestantischen Fundamentalisten, politische Koalitionen einzugehen. Sie unterstützten Kampagnen der Konservativen, um politischen Einfluss zu gewinnen und eine neue, christliche Rechte in den USA zu formieren. Die Politisierung des Fundamentalismus und sein Angriff auf die amerikanische Kultur belegen, dass eine Trennung zwischen Fundamentalismus und Politik oft nicht mehr möglich ist. Die Beteiligung an Aktionen der herrschenden politischen und gesellschaftlichen Kräfte lässt sogar Bündnisse absehbar werden, an denen herkömmliche Interessengruppen beteiligt sind und auf diese Weise eine Strategie der Unterwanderung abzulesen ist.

4.2   Der islamische Fundamentalismus

Ganz andere und doch durchaus vergleichbare historische Ent-
stehungshintergründe hat der arabisch-islamische Fundamentalismus im Nahen Osten. Ideen- und organisationsgeschichtlicher
Hintergrund ist die 1929 in Ägypten von dem Lehrer Hassan al-
Banna begründete Muslimbruderschaft. Zu dieser Zeit setzten in
Ägypten massive Wanderungen in die städtischen Zentren ein,
schnell bildeten sich soziale Brennpunkte mit hoher Arbeitslosigkeit, Wohnungsnot und wenig Lebensperspektiven. Die
Konfrontation mit den Überbleibseln des westlichen Kolonialismus – Konzerne, westliche Technologien und Militär – führte zu
kulturellen Verunsicherungen. Al-Banna wurde zum Sprachrohr
der Kritiker, sein „Ziel war es, der Aushöhlung der islamischen
Werte durch das verwestlichte Erziehungssystem entgegenzutreten, und er war einer der Ersten, der in krassen Worten einen
Gegensatz zwischen dem Islam und ‚dem Westen' als völlig
unvereinbaren Wertesystemen postulierte" (Townshend 2005,
S. 147). Al-Banna setzte all dem „eine wiederbelebte Volks-
frömmigkeit (entgegen), die Utopie eines islamischen Staates
unter dem Religionsgesetz, der Scharia – mit einer gerechteren
Wirtschaft, ohne Parteien und deren Hader, frei von ein-
geschleppten Lastern" (Buchta 2017, S. 32).

Die Muslimbruderschaft nahm in Ägypten einen raschen
Aufschwung, 1940 gab es 500, 1946 bereits 5000 Stütz-
punkte mit jeweils einer Moschee, einer Schule und einem Ver-
sammlungsraum (Townshend 2005, S. 147). Sie übernahm
zahlreiche soziale und karitative Aufgaben und gewann rasch
an Zulauf und an Einfluss. Als Präsident Nasser in den fünfziger Jahren ein arabisch-sozialistisches Modell anstrebte,
stellte sich eine politisierte Muslimbruderschaft gegen Nasser,
scheiterte mit einem Anschlag auf den Präsidenten und wurde
prompt verboten. Ihr wichtigster Kopf und der politische
Erbe al-Bannas, Sayid Qutb, wurde 1966 hingerichtet. In
den siebziger Jahren kam es unter Sadat dann zu einem zeitweiligen Burgfrieden mit dem Staat, bevor Sadat selbst 1981
Opfer eines terroristischen Anschlages wurde. Im Jahr 2012

wurde Muhammad Mursi als Vertreter der Muslimbrüder Staatspräsident in Ägypten, ein Jahr später wurde er durch das Militär entmachtet, die Muslimbrüder gelten seitdem in Ägypten als Terrororganisation.

Ihrer Programmatik zufolge verschmelzen Staat und Religion in einer einheitlichen theokratischen Staats- und Gesellschaftsauffassung. Alle Grundlagen des Lebens orientieren sich an den Vorgaben des Korans und dem daraus abgeleiteten islamischen Recht, der Scharia. Der Islamismus ist enorm rückwärtsgewandt, indem die angebliche Blütezeit des Islam im siebten Jahrhundert nach Christus als Vision und goldenes Zeitalter gesehen wird. Nach Schätzungen wird der fundamentalistische Teil des Welt-Islam auf etwa 20 % geschätzt (Gemein und Redmer 2005, S. 33), die Anhängerschaft in Ägypten auf etwa eine Million (Kreutz 2019).

Die islamistische Bewegung erhält seit den siebziger Jahren des 20. Jahrhunderts Zulauf. Maßgeblich dafür sind verschiedene Faktoren: Die tiefsitzenden Demütigungen der Kolonialgeschichte, die kulturelle und technisch-wissenschaftliche Dominanz des Westens und gewiss auch die westlichen Versuche, die Rohstoffe des Nahen Ostens auszubeuten. Der für die arabische Sache verlorene Sechs-Tage-Krieg gegen Israel 1967 kann als ein wichtiger Katalysator gesehen werden. Das säkularisierte sozialistisch-populistische Modell des ägyptischen Präsidenten Nasser erschien mit dieser Niederlage gescheitert, eine Staatenbildung, eine politische und eine Gesellschaftsordnung auf nicht-religiöser Grundlage erschien nicht möglich ohne die notwendigen strukturellen Rahmenbedingungen und ein Mindestmaß an säkularen Grundüberzeugungen. Arabische Intellektuelle nutzten das von Nasser auch selbst eingestandene Scheitern, um einen islamischen Fundamentalismus neu zu entwerfen, der sich auf der Abkehr von westlich-säkularen Gesellschaftsmodellen gründete und sich auf die Tradition der Religion berief. Der Koran und die Sunna sollten zu den ausschließlichen Maßstäben des Handelns werden. Der Ausgang des Sechs-Tage-Krieges revitalisierte fundamentalistische Strömungen, die sich aus verschiedenen Gründen bereits lange zuvor entwickelt hatten.

Frühe Verweltlichungsversuche im 18. Jahrhundert, der Kolonialismus der europäischen Großmächte im 19. Jahrhundert und die Liberalisierungs- und Säkularisierungspolitik etwa in der Türkei in den zwanziger Jahren unter Atatürk und im Iran unter dem Schah führten zu islamistischen Gegenbewegungen, die auf der Einheit von Religion, Kultur und Politik unter dem Wertesystem des Korans pochten und damit die Tradition gegen die Moderne ausspielten. Islamischer Fundamentalismus erscheint vor diesen historischen Hintergründen als eine rückwärtsgewandte, von Intellektuellen begründete Utopie, die auf der Ablehnung der Verwestlichung der Gesellschaft beruht und das „goldene Zeitalter" des vom Propheten Mohammed errichteten Stadtstaates von Medina beschwört (Tibi 1992).

Drei Ereignisse des Jahres 1979 haben im Rückblick eine Mobilisierung der islamistischen Bewegung bewirkt. Die Revolution im Iran und die beginnende Herrschaft des Ayatollah Komeyni zeigten, dass es Islamisten nicht nur möglich ist, die Herrschaft in einem islamischen Staat zu erringen, sondern Staat und Gesellschaft nach dem Modell des Gottesstaates umzuformen (Buchta 2017, S. 77 ff.). Auf ein weiteres, weniger bekanntes Ereignis hat Steinberg hingewiesen (2005, S. 49 f.): Die Besetzung der Großen Moschee von Mekka durch saudische Islamisten, die mehrere Hundert Pilger als Geiseln nahmen: „Die Besetzer kritisierten die Prunksucht und Korruption der Herrscherfamilie Saud, beklagten die ungebremste Modernisierung des Landes und forderten die Aufkündigung ihres Bündnisses mit den USA. Sie wurden nach zwei Wochen überwältigt. Dies war ein erster Hinweis auf die ungeheure Sprengkraft, die der saudi-arabische Islamismus aufweisen konnte" (Steinberg 2005, S. 49 f.).

Schließlich hatte die Invasion der Sowjetunion in Afghanistan im Jahr 1979 gleichfalls eine Mobilisierungsfunktion, denn nun galt es, der gewaltsamen Besetzung eines islamischen Landes durch Ungläubige bewaffneten Widerstand entgegenzusetzen. Afghanistan wurde so zu einem Aufmarschgebiet für gewaltbereite Islamisten. Das 1988 von dem saudi-arabischen Millionär Osama Bin Laden begründete Terror-Netzwerk entstand hier. Der Name al-Quaida ist abgeleitet von einem namenlosen Sammel- und Trainingslager nahe des afghanischen

Jalalabad (Gemein und Redmer 2005, S. 94). Al-Quaida setzte nach der Beteiligung am militärischen Widerstand gegen die sowjetische Invasion den Kampf gegen die Ungläubigen und gegen die korrupten Eliten der islamischen Welt mit terroristischen Mitteln fort. 1998 waren nach Anschlägen auf die US-Botschaften in Daressalam und Nairobi mehrere hundert Todesopfer zu beklagen. Der Angriff auf das New Yorker World Trade Center am 9. September 2001 zeigte, dass al-Quaida aus einer islamistischen Guerilla-Organisation im Afghanistan-Krieg zu einem globalen Terror-Netzwerk geworden war. „Die Ideologie von al-Quaida", resümieren Gemein und Redmer (2005, S. 95), „basiert vollständig auf den Vorstellungen des Dschihad und der Sunna, also den Vorstellungen von einer arabischen universellen Nation. Diese verbinden sie mit dem Kampf gegen den Westen, vor allem den Imperialismus der USA und die durch ihn ausgelöste Globalisierung."[1]

Die Geschichte der amerikanischen Protestanten und der arabischen Islamisten macht einige Grundzüge des modernen Fundamentalismus sichtbar: Es geht, wenn auch in ganz unterschiedlichen historischen Zusammenhängen, um die Bewahrung von althergebrachten Traditionen, die in der modernen Welt angeblich bedroht sind. Der Impuls dazu beruht auf Skepsis gegenüber den modernen Zeitläuften, auf Fortschrittskritik und -feindlichkeit und auf dem Glauben an eine ewiggültige Welt- und Werteordnung, die von der Moderne angegriffen wird. Der Fundamentalismus besteht auf einem wie auch immer religiös verzierten Naturgesetz, auf grundsätzlichen Prinzipien, welche die Ordnung der Dinge regeln und dem Einzelnen eine Zielvorgabe machen für ein richtiges und ein glückliches Leben. Er beharrt auf dem verlorengegangenen „Golden Age" und er organisiert sich als Kreuzzug mit einer Mentalität des Unerschütterlichen, der Festigkeit und der Heilsgewissheit. Es ist diese Unerbittlichkeit und Kompromisslosigkeit, die ihn

---

[1]Dies belegen auch Statements, Interviews, Aufrufe und Erklärungen Osama Bin Ladns, die in englischer Sprache veröffentlicht worden sind. Vgl. Lawrence (2005).

vom konservativen Denken unterscheidet. Auch dieses beharrt im Kampf des Neuen gegen das Alte auf den zu bewahrenden Beständen des Alten, aber nicht um jeden Preis. Hans G. Kippenberg verweist in diesem Zusammenhang auf die unruhige, drängelnde, aber auch innovative Kraft der Fundamentalismen, die sie von den Konservativen und der religiösen Orthodoxie unterscheidet:

> „Es handelt sich um Gruppen, die auf eine Herausforderung des überlieferten Glaubens reagieren, traditionelle Auffassungen selektiv verteidigen, exklusive Bewegungen bilden, in Opposition zu sozialen oder politischen Mächten stehen, den Relativismus sowie Pluralismus bekämpfen, Autorität verteidigen und den Evolutionsgedanken bekämpfen. Kurzum: um Gruppen, die gegen die Moderne zurückschlagen – *fighting back* ist ihre Gemeinsamkeit" (Kippenberg 1996, S. 232).

4.3 Lebensweltlicher, kultureller, politischer, ethnischer Fundamentalismus

Neben dem religiös begründeten Fundamentalismus verdienen auch andere Spielarten Aufmerksamkeit. Thomas Meyer unterscheidet den *lebensweltlichen* von einem *kulturellen* und einem *politischen Fundamentalismus*. Zum lebensweltlichen zählt er religiöse Kulte, Sekten und esoterische Zirkel, denen es darum geht, eine eigenständige Lebenswelt innerhalb einer als fremd betrachteten Kultur zu etablieren. Hierzu zählt er diejenigen Bewegungen, „die sich vom Pluralismus, der Offenheit und der individuellen Selbstverantwortung der modernen Lebenswelt abwenden und auf einer vermeintlich absoluten Erkenntnisgewissheit geschlossene Lebensformen errichten, die nur durch die Preisgabe der individuellen Autonomie und Selbstverantwortung möglich werden" (Meyer 1989, S. 263).

Projekte dieser Art haben in Deutschland eine lange Tradition: Die Landkommune-Bewegung nach 1890 war – wie auch die Lebensreform-Bewegung und die Deutsche Jugendbewegung nach 1900 – motiviert von Großstadtmüdigkeit und

Agrarromantik. Kommunistische Siedlungen wie Barkenhoff oder Blankenburg lebten das Gleichheitsprinzip und das Gemeinschafts-Eigentum. Frauen-Siedlungen wie Schwarzerden waren frühe Ansätze eines projektorientierten Feminismus. Völkische Siedlungen wie Donnershag und Vogelhof propagierten das Deutschtum. Sie alle erprobten mehr oder weniger ausgeprägt die Etablierung eigenständiger, autarker Lebenswelten in räumlich und ideologisch abgegrenzten Räumen (Linse 1983, S. 7 ff.). Es ging ihnen um die Rückeroberung der wahren Fundamente des menschlichen Zusammenlebens, teils waren sie unpolitisch, andere verknüpften ihre Lebenspraxis mit politischen Zielen wie etwa die 1926 gegründeten und 1934 in die Hitlerjugend integrierten Artamanen, die durch völkische Siedlungen im Osten das Vordringen der polnischen Landarbeiter verhindern wollten.

Ihre bäuerliche Blut-und-Boden-Ideologie wurde in den 1990er Jahren wieder aufgegriffen, als einige Familien die ehemaligen Artamanen-Höfe in Mecklenburg-Vorpommern renovierten und dort einzogen, „ihr erklärtes Ziel: eine Keimzelle für weitere Ansiedlungen rechter Gruppierungen im Nordosten Deutschlands zu werden und der Region ihren Stempel aufzudrücken" (Podjavorsek 2017). Die Tradition der Landnahme von rechts lebt heute fort in rechten Familienbünden, die „kleine Inseln des Deutschtums" errichten mit Schwerpunkten im Raum Lüneburg und einmal mehr in Mecklenburg-Vorpommern (Röpke und Speit 2019, S. 150 ff.). Die „Besetzung" des kleinen Dorfes Jamel durch Neonazis im Zuge von entsprechenden Ansiedlungen und militanten Vertreibungen der Einheimischen ab dem Jahr 1992 ist das bekannteste Beispiel für diese Strategie. Hier verbinden sich die Abkehr vom modernen Leben die und völkische Ideologie mit dem Aufbau eigenständiger Projekte. Landkommunen, Theater- oder Zeitschriftenprojekte und der Erwerb von Immobilien als Tagungsstätten sind Facetten, die den neurechten lebensweltlichen Fundamentalismus weiter ausbauen, der allerdings nur schwer abgrenzbar ist vom politischen und kulturellen Fundamentalismus.

Kultureller Fundamentalismus zeigt sich häufig anlass- und themenbezogen. Auffällig ist die Verbreiterung der Akteure und die Herausbildung neuer politischer Koalitionen. Der *Kampf gegen Gender Mainstreaming und Gender Diversity* verbindet die AfD und rechtsgerichtete, konservative Christen (Bednarz 2019, S. 66 ff.). Sie fühlen das Fundament christlicher Überzeugungen, nämlich die traditionelle Familie, bedroht durch Kernforderungen des Gender Mainstreaming wie völlige Gleichberechtigung der Geschlechter in Familie und Gesellschaft und Bevorzugung von Frauen, bis diese Gleichheit erreicht ist. Die Ehe unter Homosexuellen verstößt darüber hinaus in den Augen der Rechtsaußen-Christen gegen die Natur des Menschen und die biblischen Gebote.

Die seit dem März 2020 stattgefundenen bundesweiten Anti-Corona-Demonstrationen waren in weiten Teilen fundamentalistisch motiviert. Es ging um die staatlich erlassenen Schutzmaßnahmen zur Eindämmung der Corona-Pandemie. Im Mittelpunkt standen die Bewahrung von Grundrechten, die Leugnung oder Relativierung der Infektionen und der Gefährlichkeit des Virus und Proteste gegen die angeblich geplante Zwangsimpfung. Die fundamentalistischen Orientierungen wurden deutlich an der Kompromisslosigkeit der jeweiligen Forderungen, die von einem durchaus nicht immer beabsichtigten Miteinander von Rechtsextremisten, Reichsbürgern, Hooligans, Esoterikern auf der einen und von den Maßnahmen direkt Betroffener aus Gastronomie, Touristik, Medizin- und Pflegebranche auf der anderen Seite geprägt waren. Besonders auffällig war das Vordringen von in den sozialen Medien angeheizten Verschwörungstheorien, die dem Fundamentalismus von einer ganz anderen Seite Nahrung gaben, indem sie die Rationalität und Besonnenheit der verantwortlichen Politik und die wissenschaftliche Seriosität der Virologie aggressiv ablehnten zugunsten der Propagierung von Sündenböcken und Feindbildern wie etwa Bill Gates.

Den lebensweltlichen, kulturellen und politischen Varianten könnte eine weitere angefügt werden, die gerade in den zurückliegenden Jahren und Jahrzehnten an Bedeutung gewonnen hat. Der ethnische Fundamentalismus tritt uns in zwei Formen gegenüber: Als raumbezogener reklamiert er eigenständige Lebensräume und Territorien, als migrationsbedingter pocht er auf der autonomen Kultur eines Volkes. Kämpferische

Auseinandersetzungen um „heilige Orte" wie den Ost-Jerusalemer Tempelberg und die Klagemauer, um heilige Stätten zwischen Hindus und Moslems und die Entweihung Mekkas und Medinas durch die US-amerikanischen Truppen während des Golf-Krieges erweisen sich als „Schlachten um die Definition nationaler, regionaler und kommunaler Identität" (Marty und Appleby 1996, S. 204), bei denen jahrhundertealte ethnische und/oder religiöse Konflikte fortgeführt werden.

Doch auch in West- und Osteuropa lodert das Feuer ethnisch-territorialer Kämpfe im ausgehenden 20. Jahrhundert. Basken, Iren, Korsen und andere westeuropäische regionalistische Bewegungen sehen ihre kulturelle Identität bedroht und begehren auf gegen die jeweilige staatliche Zentralmacht. Nach dem Zerfall der Sowjetunion haben nationalistische Strömungen zur Loslösung vom Zentralstaat und zu neuen Staatenbildungen geführt. Dabei wurden, wie etwa im Fall der baltischen Staaten, lange zurückreichende historische Autonomiebestrebungen als Begründungen angeführt. Eine Vielzahl latenter und einige, wie in Tschetschenien, offen ausgetragene kriegerische Auseinandersetzungen verweisen auf das Konfliktpotential eines Vielvölkerstaates, der noch weit von einer demokratischen Bürgergesellschaft entfernt ist. Das Gewaltpotential des raumbezogenen ethnischen Fundamentalismus wurde am klarsten sichtbar im Bürgerkrieg im ehemaligen Jugoslawien. Serben, Kroaten und Muslime gingen, jede ethnische Gruppe für sich, von historisch zu rechtfertigenden Gebietsansprüchen aus, die dann zur Legitimation militärischer Aggression dienten.

Diese Variante des ethnischen Fundamentalismus deutet hin auf eine widersprüchliche Entwicklung in den Industriegesellschaften: Auf der einen Seite weiten sich die elektronische Kommunikation und der Austausch von Waren und Dienstleistungen aus. Politische und wirtschaftliche Ordnungen haben längst ihre nationalen Begrenzungen verloren und gehen auf in kontinentalen politischen Ordnungen wie der Europäischen Union. „Globalisierung" heißt das Stichwort für die Internationalisierung der Ökonomie. Doch auf der anderen Seite bilden sich offenbar nicht zu unterschätzende, regionalistische und ethnische Gegenströmungen. Sie werden umso lauter, je mehr der Prozess der Globalisierung voranschreitet und ihre Strategien scheinen mehr und mehr fundamentalistische Züge anzunehmen.

Die zweite Form des ethnischen Fundamentalismus ist migrationsbedingt. Die Zuwanderung in die Länder der EU seit etwa 1960 hat zu einer massiven ethnischen Unterschichtung der europäischen Arbeitsgesellschaften geführt. Die Migranten nahmen rasch die unteren Positionen in der sozialen Hierarchie ein, sie übernahmen schmutzige, gefährliche und gesundheitsschädliche Arbeiten. Während die erste Generation der Gastarbeiter sich noch relativ glatt in ihr Schicksal fügte, weil sie die neuen Lebensverhältnisse den alten im Rahmen der relativen Wohlstandsgesellschaft vorzog, fehlt dieser Vergleich bei den nachfolgenden, hier aufgewachsenen Generationen. Ihr Maßstab sind die Wohn-, Ausbildungs- und Arbeitsverhältnisse der einheimischen Altersgenossen. Der Rückzug von Teilen der zweiten und dritten Ausländergeneration auf die Kultur ihrer Herkunft, vor allem den Islam, scheint eine Reaktion auf massive Diskriminierungserfahrungen innerhalb und außerhalb der Schule, im Arbeits- und Wohnungsmarkt. Seinen Nährboden findet er in den ethnischen Kolonien der Aufnahmeländer: Sie haben in Einwanderungsgesellschaften die doppelte Funktion, erste Schritte der sozialen Integration zu gewährleisten und gleichzeitig die sozialen und kulturellen Beziehungen zur Herkunft aufrechtzuerhalten. Je mehr das Aufnahmeland sich öffnet, desto schwächer werden die ethnischen Kolonien und umgekehrt: Wenn es sich gegenüber den Migranten verschließt, dann wächst die Bedeutung der Ausländer-Organisationen und damit zugleich auch das soziale Netzwerk fundamentalistischer Orientierungen. Insofern ist der migrationsbedingte Fundamentalismus, zumal in den islamistischen Strömungen, hausgemacht, er ist eine Reaktionsform auf die abweisende fremde Kultur.

4.4   Fundamentalismus als Weltflucht und als Weltbeherrschung

Wir haben bis hierher im Wesentlichen Erscheinungsformen des Fundamentalismus vorgestellt und miteinander verglichen. Eine zu seinem Verständnis bedeutsame Frage ist die nach seinem Zweck für die Betroffenen selber, also: Wozu eigentlich dient und wofür steht der Fundamentalismus? Im Falle der Migranten in den EU-Staaten handelt es sich offensichtlich um eine Überlebensstrategie in einer als abweisend empfundenen sozialen Umwelt, um ein Mittel, das tägliche Leben besser auszuhalten, indem man sich seiner Wurzeln versichert und mit anderen, gleichfalls Betroffenen, diese Erfahrungen teilt. Der Kampf um Freiräume, um kulturelle, sprachliche, religiöse Autonomie verhilft zum Überleben in der Fremde, er schafft und intensiviert soziale Beziehungen und er definiert das Verhältnis zu den Fremden. Doch es sind auch andere Zwecke denkbar, die sehr viel weiter reichen. Martin Riesebrodt spricht von den Strategien des *Fundamentalismus als Weltflucht* und des *Fundamentalismus als Weltbeherrschung* (Riesebrodt 1990). Beides kennt vielfache Formen: „Rückzug von der Welt kann etwa als symbolische Trennung in Form einer Subkultur oder als räumliche Trennung in Gestalt einer Kommune praktiziert werden. Weltbeherrschung kann etwa als soziale Bewegung, als Geheimgesellschaft oder als Partei Ausdruck finden" (Riesebrodt 2004, S. 16).

Weltflucht im fundamentalistischen Zusammenhang bedeutet nicht individuelles Aussteigen, im Gegenteil. Das Gruppenerlebnis ist ein zentrales Merkmal dieser Variante. Es dient dazu, die Entfremdung des Einzelnen von der Welt durch das gruppendynamische Miteinander zu reflektieren und aufzuheben. Weltabgeschiedenes kommunitäres Leben dient der individuellen und gruppendynamischen Autonomie, es wehrt die Einflüsse der als dekadent und aggressiv empfundenen Außenwelt ab und verhilft zur Reinheit des Bewusstseins. Den die moderne Welt kennzeichnenden und sich verschärfenden Gegensatz von Gesellschaft und Gemeinschaft (Ferdinand Tönnies) im Gruppenerlebnis aufzuheben – dies scheint eine mächtige Triebfeder. Das christliche

Mönchtum wäre in Europa die Keimzelle fundamentalistischer Weltflucht. Das Kloster steht für die Unmittelbarkeit zu Gott und die Distanz zu allem, was dies von außen stören könnte und es steht für die Gemeinschaft der Gleichgesinnten. Das Mönchtum will ein Beispiel geben, ein Exempel statuieren durch den Aufbau einer Gemeinschaft, deren Beziehung zu Gott durch weltliche Einflüsse nicht behindert wird.

Sehr viel mehr weltlich orientiert sind die frühen Kommunen des alternativen Lebens. Sie sind erste Anzeichen eines bewussten Aussteigens aus und einer offensiven Abkehr von den bürgerlichen Lebensformen der Industriegesellschaft. Die säkulare Kommunebewegung sucht nicht mehr die Abkehr von der Welt, um die Einkehr und die Ergebenheit an Gott voranzubringen, sondern sie stellt die Selbsterfahrung, das Experimentieren mit neuen Lebensformen im Kleinen, Alltäglichen angesichts einer zerrissenen Welt in den Mittelpunkt. Der Monte Verità nahe Ascona, legendenumwobene Gemeinschaftssiedlung von Asketen, Vegetariern, Stadtflüchtlingen, Lebensreformern, Bohémiens und Anarchisten, nicht zufällig ursprünglich als Laienkloster geplant, versammelte zu Beginn des 20. Jahrhunderts jene Welt-Flüchtlinge, die sich anschickten, die bürgerliche Gesellschaft des Wilhelminismus zu überwinden. Die Tessiner Aussteiger waren nur der Auftakt zu einer in periodischen Abständen wiederkehrenden Welle von Versuchen des alternativen Lebens, darunter häufig religiös oder lebensreformerisch motivierte. Der Fundamentalismus der Weltabgeschiedenheit ist auf der Suche nach Inseln der Glückseligkeit, nach Refugien des ursprünglichen, reinen Lebens gegen eine als lebensfeindlich betrachtete Gesellschaft. Die Landkommune-Bewegung zwischen 1890 und 1933 (Linse 1983) steht dafür ebenso wie die Kommune-Projekte im Zuge der 1968er Protestbewegung.

In der in den 1970er Jahren entstehenden Alternativszene in der Bundesrepublik finden sich vielfältige Aktionsformen, welche die Tradition der alten Versuche um die Jahrhundertwende fortsetzen. Alternativbetriebe und Wohngemeinschaften als alternative Formen des Arbeitens und des Wohnens knüpfen wohl noch am ehesten an diese Traditionen an. Doch die

Geschichte der neuen sozialen Bewegungen, ihr Einmünden in das politische und soziale Umfeld der Grünen zeigt die Politisierung dieser Szene, die eben nicht mehr nur weltabgeschieden agiert, sondern sich in hohem Maße den praktischen Anforderungen der Gegenwart zuwendet.

Mit dem Fundamentalismus der Weltabgeschiedenheit verwandt und doch ganz anders ist der Fundamentalismus der Weltbeherrschung. Er dünkt sich erhaben über die Innerlichkeit der Weltabgeschiedenheit, er wähnt sich im Besitz der Wahrheiten, die zur radikalen Veränderung der Welt vonnöten sind. Missionarischer Eifer und Sendungsbewusstsein prägen seine Führer und Anhänger. Er leitet aus der Gewissheit einen universalistischen Alleinvertretungsanspruch ab, den er ausdehnt auf die ganze Welt, wobei konkurrierende Ideologien als Feinde zu behandeln sind, die bis aufs Messer bekämpft werden. Thomas Meyer spricht in diesem Zusammenhang vom „politischen Fundamentalismus", der besondere Strategien und Taktiken entwickelt habe, um mit den anderen, den Nicht-Dazugehörenden umzugehen. Kompromissfeindschaft, die Unbedingtheit des absoluten Willens zur Macht und die Rücksichtslosigkeit der Machtausübung gehören zu seinen Wesensmerkmalen, historisch betrachtet sei er eine langfristig wirksame „destruktive Macht gegen die Grundlage einer vernunftbegründeten, intellektuellen und politischen Kultur" (Meyer 1989, S. 282 f.). Der Fundamentalismus der Weltbeherrschung hat in diesem Jahrhundert verheerende Kriege ausgelöst und Millionen Menschenleben gefordert. An die Macht gekommen ist er durch totalitäre Regime.

An einem Beispiel kann gezeigt werden, wie innerhalb einer ideologischen Familie beides, Fundamentalismus als Weltflucht *und* als Weltbeherrschung zum Ausdruck kommen kann – wobei die Übergänge allerdings fließend sind. Innerhalb der salafistischen Bewegung in Deutschland, die im Rahmen des wachsenden Islamismus seit Anfang der 2000er Jahre eine beherrschende Position eingenommen hat, lässt sich zwischen einer puristischen, einer politischen und einer dschihadistischen

Strömung unterscheiden.[2] Das Verhalten der Anhänger der *puristischen* Variante beschränkt sich auf das strenge Befolgen der religiösen Verhaltensregeln im Alltag und den Aufbau einer privaten islamischen Weltsicht: Sie „konzentrieren sich darauf, die vermeintlichen oder tatsächlichen Gebote und Verbote Allahs in ihrer persönlichen Lebensführung einzuhalten. Sie beschränken sich in der Regel und sinnbildlich gesprochen darauf, den Koran auswendig zu lernen, lange Gewänder und einen Bart zu tragen, fünfmal am Tag zu beten und die Zähne möglicherweise ausschließlich mit einem Holzstäbchen zu reinigen" (Kraetzer 2018, S. 3).

Die eher *politisch* Orientierten versuchen, für den Salafismus öffentlich zu werben unter Wahrung der geltenden weltlichen Gesetze und unter Vermeidung militanter Aktionen. Dies geschieht etwa durch Öffentlichkeitsarbeit auf öffentlichen Plätzen, Versammlungen oder Aktivitäten im Internet. Die *dschihadistische* Aktivität schließlich konzentriert sich auf die Durchsetzung salafistischer Ideen unter Inkaufnahme von Gewalt. Von hier aus sind Anknüpfungspunkte an terroristische Aktionen naheliegend. Geht man davon aus, dass die Kommunikation, die Anwerbe- und Rekrutierungsversuche der Militanten in der salafistischen Szene insgesamt zuerst stattfinden, dann zeigt sich, wie sehr der politische und der eher nach innen gekehrte, puristische Salafismus unter Druck stehen und die Szene insgesamt einer starken Dynamik unterliegt. Der Prozess der Radikalisierung wird insbesondere von den dschihadistisch Orientierten vorangetrieben, wobei die politisch und puristisch Eingestellten erste Adressen darstellen für ein politisch-religiöses Milieu, das nach Angaben der Sicherheitsbehörden stark angewachsen ist: Von 3.800 Anhängern in 2011 auf 12.150 in 2019 (Bundesministerium des Innern 2020, S. 194).

---

[2]Darüber gibt es in der sozialwissenschaftlichen Debatte einen weitreichenden Konsens. Vgl. Malthaner und Hummel (2012, S. 247 ff.), Hummel et al. (2016); Grande et al. (2016, S. 22 ff.), Kraetzer (2018, S. 2 ff.).

4.5   Fundamentalismus und Extremismus

Der Gang durch die grundlegenden Merkmale und die verschiedenen Anwendungsformen des Begriffs Fundamentalismus hinterlässt das Bild eines vielschichtigen, in historisch,
geographisch und politisch sehr diffusen Zusammenhängen
präsenten Phänomens. Totalitäre Herrschaftsformen, weltabge-
schiedene Lebensformen, religiöser Protest – all dies scheint zu
unterschiedlich, um daraus einen verbindlichen Begriff abzuleiten. Fundamentalismus erscheint je nach den historischen
und gesellschaftlichen Gegebenheiten nahezu identisch mit
dem Totalitarismus, mit extremistischen Strömungen, mit
sektiererischer Religiosität. Wodurch ist es dann noch gerechtfertigt, überhaupt von „Fundamentalismus" zu sprechen als
einer eigenständigen historischen und aktuellen Protestform, was
unterscheidet ihn vom Totalitarismus und Extremismus, was verbindet ihn damit? Eine eigenständige innere Logik gewinnt der
Begriff, wenn man ihn bezieht auf Dimensionen der modernen
Fortschrittskritik.   Alle   fundamentalistischen   Strömungen
beziehen sich auf das in ihrem politischen und gesellschaftlichen Umfeld jeweils dominierende Fortschritts-Paradigma.
Für die westliche Welt sind Demokratie, „Globalisierung",
„Digitalisierung" und das Vertrauen in Wissenschaft und Technik
im Rahmen des Wohlstandsversprechens der kapitalistischen
Wirtschaftsordnung zentrale Parameter der Fortschrittsidee.
Der Kampf der Fundamentalisten dagegen geht einher mit
dem Rückbezug auf die vermeintlich verratenen Grundlagen
der Kultur, die es wiederherzustellen gelte. Bleiben wir bei
unseren Fallbeispielen, so könnten nun folgende Elemente einer
fundamentalistischen Fortschrittskritik rekonstruiert werden.

Die Erklärung der Religion zur staatsfreien Privatangelegen-
heit in den USA in der Verfassung von 1789 – als letztem
Bundesstaat ratifiziert von Massachusetts im Jahr 1833 – wurde
in der Praxis konterkariert und aufgeweicht von der bedeutenden
Rolle der Religion im Alltag und in der Politik. Die Durchsetzung des kapitalistischen Industriesystems und in deren
Gefolge die multiethnischen und multikulturellen Einwanderer-

ströme bedrohten die Hegemonie des weißen Protestantismus und bewirkten die Pluralisierung der Religionen und
der Bibelauslegungen. Vor diesem Hintergrund entstand der
protestantische Fundamentalismus als Protest gegen die Aufweichung der bis dahin dominierenden Stellung des Protestantismus, die Dynamik der gesellschaftlichen Modernisierung und
den damit verbundenen Fortschrittsmythos. Das Postulat wortwörtlicher Bibelauslegung sperrt sich gegen die Veränderungen
der Gesellschaft: Selbstbestimmung, Pluralismus, Vielfalt und
Liberalität sind die Feinde der ewiggültigen göttlichen Ordnung.
Deutlich wird hier, dass wir es mit einer – die politischen Lager
übergreifenden – *Haltung zum Fortschrittsparadigma* zu tun
haben. Das zeigt sich auch beim islamischen Fundamentalismus.

Die Verwestlichung traditioneller islamischer Gesellschaften, besonders deutlich in der türkischen Staatsgründung
in den zwanziger Jahren durch Kemal Atatürk und im Iran
unter dem amerikafreundlichen Schah Reza Pahlevi, untergräbt die bis dahin gültige, alles überragende Bedeutung der
islamischen Kultur, indem westliche Modelle des wissenschaftlich-technischen, industriellen und kulturellen Fortschritts quasi
importiert werden. Der Zusammenstoß von moderner westlicher
Kultur und Technologie mit dem traditionalistischen islamischen
Wertekanon verursacht die kämpferische Rückbesinnung von
Teilen des Islams auf seine Wurzeln. Die Ablehnung des Westens
bringt kulturkämpferische, politische und militante Formen des
Widerstandes hervor.

Die Glorifizierung von industriell angewandter Wissenschaft
und Technik als dominierenden Maßstäben der Rationalität in
kapitalistischen Gesellschaften baute auf das Fortschrittsmodell
des immer weiter prosperierenden materiellen Wohlstandes für
immer mehr Menschen. Das in den beiden Weltkriegen sich
entladende Zerstörungspotential des industriell-militärischen
Komplexes und, später, die weltweit beachteten wachstumskritischen Warnungen des Club of Rome 1972 und das Fanal
der Reaktorkatastrophe von Tschernobyl im Jahr 1986 setzten
hinter dieses Fortschrittsmodell mehr als ein Fragezeichen. Eine
Vielzahl mehr oder weniger bedeutsamer fundamentalistischer
Strömungen kämpft für eine radikale Umkehr. Dem voraus

geht eine *Haltung* von Teilen der Bevölkerung, die auf Verlust-
ängsten und Bedrohungsgefühlen basiert und die Fundamente
des gesellschaftlichen Lebens in Gefahr sieht.

Diese Fallbeispiele illustrieren Leitbilder des Fortschritts, an
denen sich die Kritik entzündet hat. Fortschrittskritik bedeutet
jedoch noch nicht zwangsläufig Fundamentalismus. Es hat
kontinuierliche und vielfältige Kritik des Industriesystems
und des technischen Fortschritts gegeben, seitdem es moderne
wissenschaftlich-technische Entwicklungen gibt. Die englischen
"Maschinenstürmer" des ausgehenden 16. Jahrhunderts probten
den Aufruhr gegen mechanische Webstühle; um 1740 zerstörten
Kohlebergleute in Northumberland Förderanlagen, um bessere
Löhne durchzusetzen und 1769 wurden in den Midlands Webstühle von Hunderten von Webern zerstört (Sieferle 1984,
S. 69 ff.). Doch den Maschinenstürmern ging es nicht um die
Zurückweisung des modernen technischen Fortschritts als
solchem, sie verbanden ihren Protest vielmehr mit arbeits-
politischen Forderungen. Maschinensturm, Streik und Sabotage
waren vielmehr Ausdrucksformen der organisierten Gegenwehr,
wenn es in den Augen der Arbeiter darum ging, Arbeitsplatz-
vernichtung, steigende Arbeitsintensität und Dequalifizierung
zu verhindern (Wulf 1988, S. 30 ff.). Auch den heftigen Widerstand gegen den Eisenbahnbau in Deutschland in der ersten
Hälfte des 19. Jahrhunderts (Sieferle 1984, S. 87 ff.) wird man
nicht fundamentalistisch nennen können. Man fürchtete vielmehr Krankheiten durch die schnelle Fahrt, Unglücksfälle,
Anschläge gegen die Bahn und den Verlust von Arbeitsplätzen
im herkömmlichen Transportgewerbe. Nicht wenigen dünkelhaften adligen Begüterten schien es ein Graus, als Eisenbahn-
passagiere mit Arbeitern und Handwerkern in einem Waggon
sitzen zu müssen.

Von einem fundamentalistischen Protest könnte man reden,
wenn zur Fortschrittskritik einige weitere Faktoren hinzu-
treten. Da ist zum einen die Strategie des Kompromisslosen, des
Unbedingten und des Absoluten, die den Keim der Gewaltbereitschaft in sich trägt, und da ist zum anderen die Mentalität des
von quasi-religiösen Motiven durchsetzten Kreuzuges. Beides

begründet den Bewegungscharakter des Protests und beides erst macht die Fortschrittskritik zu einer fundamentalistischen. Schließlich und letztlich aber geht es um den Kern einer als bedroht und beschädigt empfundenen Identität von Volk, Religion, Lebensweise, Kultur, politischer und gesellschaftlicher Ordnung. Marty und Appleby sprechen von einer Situation des subjektiv wahrgenommenen „Belagerungszustandes", von dem aus der Fundamentalismus agiert: „In dem Gefühl der Bedrohtheit dieser Identität suchen Fundamentalisten ihre Identität durch eine selektive Wiederbelebung von Doktrinen, Glaubensvorstellungen und Praktiken aus einer intakten, heiligen Vergangenheit zu befestigen" (Marty und Appleby 1996, S. 45). Nicht alle Fundamentalisten sind Extremisten, aber alle Extremisten sind auch Fundamentalisten. Auf diese Formel ließe sich das Verhältnis beider bringen. Fundamentalismus zielt auf Politik und praktische Lebenswelt, Extremismus ist fokussiert auf politische Veränderung.

Terrorismus: Krieg gegen Liberalismus und Demokratie

Spätestens der 11. September 2001, der Anschlag auf das New Yorker World Trade Center, hat die große Verwundbarkeit der westlichen Welt gegenüber terroristischen Anschlägen verdeutlicht. Das betrifft zunächst die menschliche und die materiell-technische Seite. 3000 Opfer waren zu beklagen. Die Ausführung der Tat glich der Verwandlung eines Verkehrsflugzeugs in eine fliegende Bombe, treffgenau gerichtet auf ein Symbol des amerikanischen way of life. Sämtliche Sicherungs- und Abwehrsysteme der USA hatten versagt. Es schien sich die von Kulturkritikern immer wieder vorgebrachte These zu bewahrheiten, dass der technologische Fortschritt auch die Mittel zu seiner eigenen Zerstörung bereitstellt. Moderne Kommunikations- und Verkehrssysteme mit immer intensiverer technischer Vernetzung verbreitern die Folgewirkungen gewalttätiger Anschläge. Neben der technischen und taktischen Perfektion konnten die Terroristen einen weiteren Erfolg verbuchen: Es war ihnen gelungen, weltweite und anhaltende Schockeffekte auszulösen. Ein ausdifferenziertes internationales Mediensystem kann heute in kurzer Zeit Weltöffentlichkeit herstellen und ermöglicht es terroristischen Gruppen, schnell und weltweit Aufmerksamkeit zu finden. Der Anschlag auf die Londoner U-Bahn im Juli 2005 zeigt überdies, dass terroristische Angriffe nicht wahllos und nicht zufällig begangen werden. Zeitgleich fand der G 8-Gipfel in Schottland statt. Es gelang den

Terroristen, dies in einen „Terror-Gipfel" umzudeuten und somit die Weltöffentlichkeit maßgeblich zu beeinflussen. Sollte die These von der *Ökologie des Terrorismus* zutreffen, so stehen wir erst am Anfang einer weltweiten Auseinandersetzung. Demnach eröffnen technologische Entwicklungen wie etwa der moderne Flugverkehr, elektronische Kommunikation, leichter Zugang zu Waffen und Sprengstoffen und die verwundbaren Ziele moderner städtischer Ballungsräume historisch einmalige Tatgelegenheitsstrukturen, unbeschadet von den Motiven terroristischer Gruppen (Lia und Skjolberg 2004, S. 146 ff.).

Nach der Zäsur von *Nine-Eleven* haben terroristische Anschläge weltweit für großes Aufsehen gesorgt und diese These bestätigt. Die Täter kamen aus Kreisen islamistischer Attentäter und aus dem rechtsextremen militanten Milieu. Der Nationalsozialistische Untergrund (NSU) beging zwischen 2000 und 2007 neun Morde an Migranten und einer Polizistin aus rassistischen Gründen. Die Taten wurden 2011 eher zufällig entdeckt. Am 22. Juli 2011 wurden 77 Teilnehmer eines sozialdemokratischen Jugendlagers auf der norwegischen Insel Utoya von dem Rechtsextremisten Anders Breyvik erschossen. Am 2. Juni 2019 wurde mit dem Kasseler Regierungspräsidenten Lübcke erstmals im Nachkriegsdeutschland ein Politiker von einem rechtsextremen Attentäter ermordet. Am 9. Oktober 2019 versuchte ein rechtsextremer Täter in Halle einen Massenmord in einer jüdischen Synagoge, er scheiterte an der massiven Eingangstür.

Der Terror aus islamistischen Hintergründen hat in Deutschland vor allem durch das Attentat auf einen Berliner Weihnachtsmarkt am 19. Dezember 2016 aufgerüttelt: Zwölf Todesopfer waren zu beklagen, nachdem der Täter Anis Amri aus dem Umfeld des Salafismus einen Sattelzug in die Menschenmenge am Breitscheidplatz gesteuert hatte. Ein Jahr zuvor hatten Attentate in Paris die Staatsmacht in ungeahnter Weise herausgefordert: Am 13. November 2015 hatten gleichzeitige Attentate an fünf verschiedenen Orten in Paris und drei Orten in Saint-Denis zu 130 Toten geführt und der Erklärung des Ausnahmezustandes. Der Islamische Staat bekannte sich zu den Mordanschlägen mit Kriegswaffen.

Terroristische Anschläge dieser Art sind eine besondere Form des politischen Extremismus. Sie besteht darin, dass die Anwendung von Gewalt bewusst, organisiert und damit systematisch als Strategie eingesetzt wird, um bestimmte politische Ziele zu erreichen. Die unmittelbare Herstellung von Öffentlichkeit durch die neuen Kommunikationsmedien spielt den Tätern in die Hände. Doch wie lässt sich Terrorismus genauer bestimmen? Wann und unter welchen Umständen ist er entstanden, welche Verläufe hat er genommen, worin besteht die Bedrohung und wie wird er in Politik und Wissenschaft diskutiert?

Auf die aktuellsten und zukunftsweisenden Fragen gibt es intensive politische und wissenschaftliche Diskussionen. Da ist zum einen die Frage nach den strategischen Ressourcen: Verfügen terroristische Gruppen über Massenvernichtungsmittel, wie weit sind sie in die internationale organisierte Kriminalität eingebunden und was würde das bedeuten? Was heißt und wie weit reicht die vielfach angenommene wachsende internationale Vernetzung? Stehen wir vor einer Zeit bisher unbekannter Erpressbarkeit des Staates? Da ist zum anderen die Frage nach den neuen, asymmetrischen Formen des Krieges: Welche Rolle spielen terroristische Gruppen in der modernen, entstaatlichten Form der Kriegsführung, bei der nicht mehr Staaten und Armeen gegeneinander kämpfen, sondern internationale, diffuse Netzwerke von Akteuren, die kaum mehr identifizierbar sind? Befinden wir uns, vielleicht ohne es zu wissen, inmitten einer neuen Form kriegerischer Auseinandersetzungen? Auf der anderen Seite sind Fragen aufgeworfen nach Möglichkeiten des Umgangs mit dem Terrorismus. Repression, Prävention und Deradikalisierung sind hier Stichworte.

5.1   Zum Begriff Terrorismus

Der Begriff Terrorismus ist – wie auch der Begriff Extremismus – schon deshalb umstritten, weil niemand sich selbst einen Terroristen nennen würde. Es handelt sich vielmehr um eine durchaus herabwürdigende Zuschreibung von außen, wobei politische Motive der bewussten öffentlichkeitswirksamen Feinderklärung eine maßgebliche Rolle spielen können. So hat zum Beispiel der türkische Präsident Erdogan die Verhaftungswelle und die Verfolgung von Gülen-Anhängern nach dem Putschversuch 2016 mit dem legitimen Kampf gegen den Terrorismus begründet.

Der Begriff Terrorismus ist darüber hinaus kontrovers, weil er zu verschiedenen Zeiten Verschiedenes meinte und weil er als globales Phänomen in den verschiedenen politischen Kulturen durchaus Unterschiedliches bezeichnet. Was hier als Terrorismus gilt, kann dort als Freiheitskampf wahrgenommen werden. Politische und interessengleitete Definitionen können durchaus Teil der politischen Auseinandersetzung sein. Grenzziehungen zu politisch motivierter Gewaltkriminalität, zu Extremismus und Fundamentalismus sind fließend. Hinzu kommt die emotionale Aufladung und die damit verbundene negative Konnotation. „Terrorist" ist sowohl eine korrekte Bezeichnung für eine bestimmte Art des politischen Handelns wie auch ein Schimpfwort. Die Verwendung des Begriffs kann eine angemessene Bezeichnung sein wie auch der bewusste Versuch der politischen Ausgrenzung.

Es gibt zahlreiche wissenschaftliche Versuche der Definition des Terrorismus. Bei allen Unterschieden zeigt sich allerdings eine Reihe von wiederkehrenden Überschneidungen, sodass durchaus von einem halbwegs stabilen Grundverständnis ausgegangen werden kann. Zunächst kann nach Scheerer (2002) unterschieden werden zwischen *Staatsterrorismus*, der von dem oder den Herrschenden ausgeht und dem *revoltierenden Terrorismus*, der sich quasi von unten gegen die Herrschenden richtet. Die gegenwärtige politische und wissenschaftliche Diskussion konzentriert sich stärker auf die zweite Variante, innerhalb derer wiederum einige Unterscheidungen sinnvoll sind. In der Fachliteratur ist die Rede von *nationalen* und *internationalen, sozialrevolutionären, ethnisch-nationalistischen, separatistischen* und *religiösen* Ausprägungen.[1] Es gibt geradezu klassische

---

[1]Zusammenfassend: Hegemann und Kahl (2018).

linksextreme und rechtsextreme Motive, aber auch andere, die sich auf der Links-Rechts-Achse nicht verorten lassen. Neuerdings ist bei Sicherheitsbehörden und Sozialwissenschaftlern die Rede vom *symbiotischen Terrorismus.* Dies meint weltweite Tendenzen der Kooperation oder Verschmelzung von politisch motivierten Terroristen mit der organisierten Kriminalität, insbesondere im Bereich des Drogenhandels, der in der Lage sein könnte, zum Beispiel Erpressungen großen Stils mit terroristischen Mitteln durchzuführen (Dienstbühl 2014). Neben diesen Differenzierungen konzentriert sich ein Großteil der Definitionsversuche auf die Struktur terroristischer Handlungen und Verhaltensweisen einschließlich der damit verbundenen politischen und gesellschaftlichen Reaktionen.

Unter den sozialwissenschaftlichen Definitionen hat Hoffman eine besonders prägnante und konsensfähige vorgelegt, die nahezu sämtliche Dimensionen umfasst:

> „Wir können daher Terrorismus nun versuchsweise als bewusste Erzeugung und Ausbeutung von Angst durch Gewalt oder die Drohung mit Gewalt zum Zweck der Erreichung politischer Veränderung definieren. Alle terroristischen Taten verwenden Gewalt oder die Androhung von Gewalt. Der Terrorismus ist spezifisch darauf ausgerichtet, über die unmittelbaren Opfer oder Ziele des terroristischen Angriffs hinaus weitreichende psychologische Effekte zu erzielen. Er will innerhalb eines breiteren ‚Zielpublikums' Furcht erregen und dieses dadurch einschüchtern; zu diesem Publikum können eine gegnerische ethnische oder religiöse Gruppe gehören, aber auch ein ganzes Land, eine Regierung oder eine politische Partei oder die öffentliche Meinung im allgemeinen. Der Terrorismus zielt darauf ab, Macht zu schaffen, wo es keine gibt, oder Macht zu konsolidieren, wo es nur sehr wenig davon gibt. Durch die Publizität, die sie mit ihren Gewaltakten erzeugen, versuchen Terroristen die Druckmittel, den Einfluss und die Macht zu erlangen, über die sie ansonsten nicht verfügen würden, um entweder auf regionaler oder auf internationaler Ebene politischen Wandel zu bewirken" (Hoffman 2001, S. 56).

Diese Definition ließe sich ergänzen um Aspekte der Mobilisierung der eigenen Anhängerschaft und der Legitimation von Gewalt. Schneckener hat diese Zusammenhänge wie folgt formuliert:

> „Panik und Schockeffekte sind das eine, die Mobilisierung von Sympathisanten und Unterstützern sowie die Radikalisierung von politisch nahe stehenden Bewegungen sind das andere strategische Motiv terroristischer Aktivitäten. Terroristen verstehen sich dabei typischerweise als Avantgarde, die sich für die ‚Unterdrückten' einsetzt. Daraus speist sich das Bewusstsein moralischer Überlegenheit, mit der sie ihre eigentlich unmoralischen Taten vor sich selbst und anderen rechtfertigen" (Schneckener 2003).

Der Terrorismus agiert innerhalb von spezifischen politischen und historischen Rahmenbedingungen, aus denen heraus er entsteht und denen er seine Strategien anpasst. Die sozialwissenschaftliche Debatte unterscheidet dabei drei verschiedene Ebenen: die systemische, die relationale und die dispositive.[2] Auf der *systemischen Ebene* wäre zu fragen, in welcher Weise der Terrorismus eingebunden ist in makropolitische Beziehungsgeflechte und gesellschaftliche Prozesse wie etwa die Globalisierung. Beispiele: Sind konkrete terroristische Aktionen eine Antwort auf konkrete kriegerische Drohungen einer hegemonialen Macht, etwa der USA an islamische Staaten? Sind Terrorakte im Umfeld von G-20-Treffen als Antwort zu verstehen auf Globalisierung und weltweite Ausbeutung durch die G-20-Staaten? Auf der *relationalen Ebene* ist vor allem der kommunikative Aspekt terroristischer Aktionen von Bedeutung: Welche Botschaft an welche Adressaten werden von Terrorakten gesendet? Auf dieser Ebene liegen wichtige vergleichende Befunde über die jüngsten Terroranschläge von rechts und von Islamisten vor. Eine Analyse von Radikalisierungsprozessen im Internet kommt zu dem Ergebnis: „Während im Falle des extrem

---

[2]Jost (2017, S. 81 ff.) Parallel dazu wird auch die Unterscheidung in Makro-, Meso- und Mikro-Ebene verwendet, vgl. Hegemann und Kahl (2018, S. 71 ff.) und Mischler et al. (2019, S. 494 ff.).

rechten, vigilantistischen Terrorismus Gewalt von Individuen verübt wird, die sich prinzipiell der Mehrheitsgesellschaft zurechnen und diese ‚verteidigen' wollen, wird salafistisch-jihadistischer Terrorismus in Deutschland von Individuen und Gruppen verübt, die sich im Sinne des revoltierenden Terrorismus einer Minderheit zugehörig fühlen und deshalb die Mehrheitsgesellschaft im Sinne ihrer Ideologie angreifen" (Mischler et al. 2019, S. 524). Dementsprechend sind die Adressaten terroristischer Aktionen verschieden: Rechtsextreme Täter wenden sich an das eigene – ethnisch homogene – Volk, islamistische an die islamische Community, beide versuchen, diese Zielgruppen durch ihre Aktionen zu mobilisieren und die herrschenden staatlichen Strukturen zu destabilisieren.

Auf der *dispositiven Ebene* schließlich ist zu fragen nach den Motiven von Individuen und Gruppen für das terroristische Handeln. Ein Großteil der gegenwärtigen Forschungen über Terrorismus folgt dieser dritten Ebene, denn von hier aus öffnen sich wichtige Fragen und Einsichten über Prozesse und Stufen der individuellen und kollektiven Radikalisierung, von hier aus können Ansatzpunkte für Gegenmaßnahmen wie Deradikalisierungsprojekte gestartet werden (Daase et al. 2019).

5.2   Historische Entwicklung

Wenn heute von (internationalem) Terrorismus gesprochen wird, so ist damit unter dem Eindruck der Anschläge auf das New Yorker World Trade Center und den vom Islamischen Staat initiierten Anschlägen auch in Europa nach der Ausrufung des Kalifats im Jahr 2014 vor allem die islamistische Variante gemeint, aber auch die rechtsextremistische, deren internationale Dimension 2011 einsetzt mit dem Anschlag auf ein sozialdemokratisches Ferienlager durch den Attentäter Breyvik. Es darf dabei nicht übersehen werden, dass Terrorismus als gewalttätige Revolte gegen die herrschenden Verhältnisse bereits im 19. Jahrhundert in Europa beginnt und seitdem eine Blutspur hinterlässt. Auch heftige staatliche Reaktionen auf die gewalttätigen Anschläge sind nicht neu. Eine historisch angelegte Betrachtung

zeigt aber auch die *Eskalation der Angriffsdimensionen:* Ging
es zunächst um klassische Attentate gegen Symbolfiguren und
Repräsentanten der bekämpften politischen Ordnung, so ent-
wickelt sich später die Einbeziehung unbeteiligter Dritter,
gefolgt von den heute vor allem im islamistischen Kontext
gängigen Anschlagsmustern des Selbstmord-Attentäters. Die
Eskalation besteht also zum einen darin, dass unbeteiligte
Dritte und später auch der Attentäter selbst zu Opfern werden.
Zum anderen aber ist die technische Aufrüstung ein wichtiges
Merkmal des modernen Terrorismus: Waren Sprengstoff,
Schusswaffen und Messer zunächst die Hauptwerkzeuge des
Terrors, sind ihm heute kaum technische Grenzen gesetzt, wie
etwa das Beispiel *Nine Eleven* nachdrücklich gezeigt hat.

In der Umbruchzeit des 19. Jahrhunderts, unter Bedingungen
eines säkularen Staates, beginnender Industrialisierung und
Demokratisierung, setzt sich die Tradition politischer Attentate
fort. Zunächst entwickelt sich der Terrorismus in der klassischen
Form von politisch motivierten Anschlägen gegen staatliche
Repräsentanten oder auch Einzelpersonen. Als 1819 ein Student
den Dichter und Informanten des russischen Zaren August
v. Kotzebue ermordete, folgten die Karlsbader Beschlüsse,
die eine staatliche Verfolgung von missliebigen Professoren
und Studenten nach sich zogen. Kotzebue war in seinem
„Literarischen Wochenblatt" gegen die politischen Ziele der
studentischen Turnerbünde, gegen Demokratie und Pressefrei-
heit zu Felde gezogen.

Auf Kaiser Wilhelm I. wurden vier Attentate verübt, unter
den Tätern wiederum Akademiker wie ein promovierter Land-
wirt. 1878, nach dem dritten Anschlag, wurden die Sozialistengesetze erlassen, die sich gegen die „gemeingefährlichen
Bestrebungen der Sozialdemokratie" richteten.

Der russische Zar Alexander I. musste ebenfalls eine ganze
Reihe von Attentaten über sich ergehen lassen, dem letzten war
er jedoch nicht gewachsen. Die revolutionäre Gruppe Narodnaja
Wolja („Wille des Volkes") ermordete die Polizeipräsidenten
von St. Petersburg und Kiew, bevor der vierte Anschlag auf
den Zaren erfolgreich war. Seine Kutsche wurde 1881 von der
Gruppe in die Luft gesprengt. Der Staat antwortete auch hier mit

Repression, gleichwohl erfolgte ein neues, misslungenes Attentat auf den neuen Zaren (Alexander III). Einer der Täter, ein Bruder Lenins, wurde zum Tode verurteilt und hingerichtet.

Der Terrorismus hat sich von Anfang an auf politische Theorien bezogen. Sie liefern sowohl die Analyse der bedrohlichen, zu bekämpfenden Zustände als auch die Rechtfertigung der Gewalt. Diese Legitimation schöpft vornehmlich aus zwei verschiedenen Begründungen: Gewalt sei legitim, weil man selbst der Verfolgung ausgesetzt sei, so lautet die erste Variante. Gewalt sei legitim als taktisches Instrument, weil nur so die Gewaltherrschaft der anderen beendet werden könne, so lautet die zweite Variante. Die russischen Täter waren beeinflusst durch Bakunins Theorie des Anarchismus. Er hatte Gewalt gegen staatliche Institutionen für notwendig erachtet, weil nur so die Unterdrückung und Ausbeutung des Volkes durch das Privateigentum und den Staat beendet werden könne. Auch kleinere, gescheiterte Anschläge führen Bakunin zufolge zu Lernprozessen, denn nur in der *Propaganda der Tat,* in gegenständlichen Erfahrungen, lerne das Volk die Schritte zu seiner Befreiung. Horst Stowasser, Chronist des Anarchismus, notiert zu dieser Parole:

> „Vor diesem Hintergrund predigten die Jünger der ‚Propaganda der Tat' eine einfache Idee: Einzelne, entschlossene Männer sollten besonders verhasste Repräsentanten des Systems – Könige, Bischöfe, Präsidenten, Kapitalisten und Polizeichefs – durch gezielte Aktionen töten. Die wären dann nicht mehr da, der Gegner also geschwächt. Das wiederum würde dem Volk Mut machen, sich ‚massenhaft zu erheben', denn ein jeder würde erkennen, dass der mächtige Gegner verwundbar sei. Die Prozesse könne man zu leidenschaftlichen Anklagen gegen das System nutzen, darin läge großer propagandistischer Wert" (Stowasser 2014, S. 316).

In Deutschland war die Umbruchzeit am Beginn der Weimarer Republik gekennzeichnet von politisch motivierter Gewalt. 1921 und 1922, kurz nach ihrer Gründung, wurden staatliche Repräsentanten und politische Symbolfiguren Opfer des Terrorismus. Zunächst fiel der Zentrums-Politiker Matthias Erzberger, der als Staatssekretär den Versailler Vertrag unterschrieben hatte, einem Anschlag zum Opfer. Verantwortlich waren zwei ehemalige Marineoffiziere, die als Angehörige der „Brigade Ehrhardt" in Erzberger eine Symbolfigur des „Versailler Schanddiktats" sahen. Am 24. Juni 1922 wurde dann Außenminister Walther Rathenau von zwei völkischen Fanatikern ermordet. Beide Politiker wurden erschossen. Die rechtsextrem motivierten Attentate waren keine Einzelfälle. Nicht nur prominente Politiker wie Rathenau, Erzberger, Rosa Luxemburg und Karl Liebknecht gehörten zu den Opfern, sondern auch eine Vielzahl wenig bekannter Demokraten, Sozialisten und Kommunisten. Der Heidelberger Statistiker Emil Julius Gumbel legte 1922 eine Aufsehen erregende Schrift vor. Sie trug den Titel „Vier Jahre politischer Mord" und listete minutiös die von rechts begangenen politischen Morde zwischen 1919 und 1922 auf. Gumbel zählte für diesen Zeitraum 354 Morde von rechts, von der Justiz kaum gesühnt, und 22 Morde von links, durchweg hart sanktioniert (Gumbel 1980, S. 75 ff.). Die Militanz von rechts endete jedoch nicht nach dem von Gumbel berücksichtigten Zeitraum, sie prägte auch die Folgejahre. Waren es am Anfang der zwanziger Jahre Freikorps und kleine völkische Gruppen, von denen die Gewalt ausging, so prägte am Ende der Weimarer Republik die SA mit ihrer Parole *Kampf um die Straße* die militante Ablehnung von Demokratie und Republik.

Diese Parole markiert einen bedeutenden Wandel in der Geschichte des Terrorismus. Bis dahin gingen die Täter von der Unmittelbarkeit ihrer Taten aus. Sie vermuteten, dass der Tod des Herrschers einen Wechsel des bekämpften Regimes zur Folge hätte oder aber doch zumindest zum Umdenken, zur Kurskorrektur der Politik führen würde. Dieses Motiv geht in den Auseinandersetzungen Ende der Weimarer Republik und dann später in der Bundesrepublik verloren und wird ersetzt durch ein anderes: *Kampf um die Öffentlichkeit*. Terroristen und politisch motivierte Gewalttäter gingen im Zuge der Entstehung der Mediengesellschaft nun davon aus, dass die Taten die Öffentlichkeit wachrütteln und revolutionäre Veränderungen des Massenbewusstseins herbeiführten. Insofern ist die Abkehr von Attentaten auf politische Repräsentanten in der neuen Entwicklung des Terrorismus und die Konzentration auf technische oder logistische Einrichtungen, etwa das World Trade Center, als symbolhafte Aktion zu verstehen, deren Ziel es ist, die Öffentlichkeit, im Fall von *Nine Eleven* die Weltöffentlichkeit, aufzurütteln und den Staat zu Reaktionen zu zwingen. Der gleichen Logik folgt die rücksichtslose Einbeziehung von Unbeteiligten, etwa im Fall der Selbstmordattentäter. Auch hier geht es darum, die Öffentlichkeit zu beeinflussen.

Einige wenige Attentate auf hochrangige Persönlichkeiten folgen dem alten Muster des Kalküls politischer Veränderung, zielen aber in erster Linie auf Reaktionen der Weltöffentlichkeit. Dazu gehören die Attentate auf US-Präsident John F. Kennedy (1963), seinen Bruder und Präsidentschaftskandidat Robert (1968) und Papst Johannes Paul II. (1981). Gleichwohl sind moderne Formen des Terrorismus nicht mehr von Motiven des Tyrannenmordes geleitet, sondern von der Vorstellung, durch konkrete Aktionen über massenmediale Verbreitung das Bewusstsein zu verändern und dadurch Politik zu gestalten. Ende der sechziger und Anfang der siebziger Jahre begann ein neues Kapitel des Terrorismus in Europa. 1968 nahm in Spanien die ETA den bewaffneten Kampf um die Unabhängigkeit des Baskenlandes auf. Die separatistische Variante des Terrors wurde deutlich, ebenso bei der IRA, die 1972 den bewaffneten Kampf um die Lösung Nordirlands von Großbritannien und die Vereinigung von Nordirland mit der Republik Irland aufnahm. Italien erlebte 1969 zunächst eine Terrorwelle von rechts, 1970 gründeten sich die linksterroristischen Roten Brigaden. Obwohl die Gewalttaten dieser Gruppen, deren Opfer insgesamt Wesel mit etwa 3500 angibt (Wesel 2004), vor allem öffentlichkeitswirksamen Strategien folgen, gehören doch auch Repräsentanten und Symbolfiguren des politischen und wirtschaftlichen Lebens auch weiterhin zu den Anschlagszielen: Aldo Moro, Präsident der Democrazia Cristiana, wurde 1978 von den Roten Brigaden ermordet, der Generaldirektor von Renault, Georges Besse, fiel 1986 einem Attentat der französischen Action Directe zum Opfer. Ein Jahr zuvor war Arbeitgeberpräsident Hanns-Martin Schleyer von der RAF nach seiner Entführung ermordet worden. Im *deutschen Herbst 1977* wurden Dresdner Bank-Chef Jürgen Ponto, Generalbundesanwalt Siegfried Buback und Arbeitgeber-Präsident Hanns-Martin Schleyer von der RAF getötet.

Die wichtigste Terrororganisation jener Zeit ist die 1964 gegründete palästinensische Widerstandsorganisation PLO. „Zwischen 1968 und 1980", so Hoffman (2001, S. 87), „waren die palästinensischen Terroristengruppen unbestreitbar die aktivsten in der Welt, für mehr internationale Terrorakte verantwortlich als jede andere Bewegung". Ihre überragende Bedeutung für den internationalen Terrorismus ergibt sich jedoch nicht nur aus ihrer intensiven Aktivität, sondern mehr noch aus ihrer Struktur. Im Verlauf ihrer Geschichte verwandelte sie den Widerstand gegen die israelische Besetzung Palästinas in einen internationalen Kampf, sie schulte ausländische Terrorgruppen in ihren Ausbildungslagern, sie häufte Kapital und Vermögen an und sie wurde über ihren charismatischen Führer Arafat zum Gesprächspartner in der internationalen Politik. Wohl keiner terroristischen Organisation vor und nach ihr ist es ihr wenigstens ein Stück weit gelungen, der Unterdrückung des palästinensischen Volkes Gehör zu verschaffen weit über die Grenzen Palästinas hinaus.

In der historischen Entwicklung des Terrorismus sind einige Tendenzen identifizierbar: Die jahrhundertealte, mit der Idee des Tyrannenmordes verbundene Vorstellung des Regimewechsels ist nahezu verschwunden. Das Attentat auf Hitler 1944 war die vielleicht letzte, gescheiterte Aktion mit der Erwartung der Beendigung einer Diktatur durch die Liquidation des Diktators. An diese Stelle tritt die terroristische Aktion, die Öffentlichkeit herstellen will, um so das Bewusstsein zu verändern und gegen das verhasste Regime zu mobilisieren. Die Entwicklung von *social media* begünstigt die rasche Herstellung von transnationaler Öffentlichkeit bis hin zur Dokumentation der Tat im Internet. Dabei ist die Etablierung von digitalen Gegenöffentlichkeiten im Internet, die der Islamische Staat vor seiner militärischen Zerschlagung 2019 in wenigen Jahren bis hin zum Ausbau digitaler Verwaltungsinfrastrukturen zeitweilig erfolgreich etabliert hat (Atwan 2016), ein Meilenstein und zugleich eine Warnung bei der Weiterentwicklung des transnationalen Terrorismus. Ein Spannungsbogen des Einsatzes von Flugzeugen als Tatwerkzeug (Nine Eleven), von Kriegswaffen bei zeitgleichen Attentaten in Paris 2015, der Einsatz des eigenen

Körpers als Waffe bei Selbstmordattentaten, denkbare Verfügung über chemische und biologische Waffen bis hin zu Alltagsgegenständen als Tatwaffen wie LKWs oder Messer verbreitert die operativen Instrumente terroristischer Aktionen und führt zu einer gewaltigen Herausforderung für die Sicherheitsbehörden.

5.3   Globaler Terrorismus

Trotz der militärischen Niederlagen des IS im Irak und Syrien bleibt die terroristische Bedrohung in der EU hoch – das vermeldete die europäische Polizeibehörde Europol im Juni 2018 (Europol 2018). Für 2017 verzeichnete sie sehr rege terroristische Aktivitäten: „Bei diesen Angriffen wurden 68 Opfer getötet und 844 verletzt" (Europol 2018, S. 1). Der Bericht schließt mit der Feststellung: „Die jüngsten Angriffe der Dschihadisten wurden in erster Linie von einheimischen Terroristen begangen, die radikalisiert wurden, ohne zu einer terroristischen Vereinigung im Ausland gereist zu sein" (Europol 2018, S. 2).

Die grenzüberschreitende neue Qualität des Terrorismus wurde kaum je so deutlich wie bei den vom IS nach 2014 beeinflussten Anschlägen in Europa, vielfach begangen von *home grown terrorists*, Aktivisten, die sich in Europa radikalisiert hatten. Diese Entwicklung ist historisch neuartig, denn: Der Terrorismus alter Prägung war überwiegend auf nationale Territorien beschränkt. Die separatistischen Strömungen (ETA, IRA) fanden ihren Adressaten in den jeweiligen Regierungen, auch die sozialrevolutionären (RAF, Rote Brigaden, Action Directe) erklärten die Gesellschaftsordnung der jeweiligen Staaten zu ihrem Hauptfeind. Das schloss internationale Bündnisse nicht aus, führte aber in der Praxis dennoch nicht zu einer grenzüberschreitenden Ausweitung. Allein der PLO gelang es, ihren Kampf zu einer internationalen Angelegenheit zu machen, damit wies sie den Weg für nachfolgende, globalisierte Formen des militanten politischen Kampfes, wie es in den 2000er Jahren vor allem Al-Quaida und der Islamische Staat praktizierten.

Der moderne islamistische Terrorismus agiert praktisch weltweit, auf dem Boden islamischer Länder gegen Symbole des „Westens", Botschaften und andere Einrichtungen, aber auch gegen angebliche Kollaborateure in den islamischen Staaten. In den westlichen Staaten waren es zunächst Unterstützer des Irak-Krieges, die von Anschlägen betroffen waren, dort vor allem Einrichtungen in Großstädten. In New York im September 2001 war es das World Trade Center, in Madrid im März 2004 Bahn-Einrichtungen, in London im Juli 2005 waren es U-Bahnen und Busse. Trotz der Erkennbarkeit eines Musters mit Prioritäten sind mögliche Anschlagsziele heute nicht mehr lokal konzentriert, es kann praktisch überall passieren.

Dieser Entgrenzung der möglichen Ziele entsprechen Entgrenzungen der Akteure und der eingesetzten Mittel und Taktiken. Noch in den sechziger- und siebziger Jahren konnte man von klar definierten Organisationen sprechen, deren Praktiken und Mitgliederstrukturen bekannt waren. RAF, Rote Brigaden, IRA und ETA waren nichtstaatliche, geheimbündlerisch aus dem Untergrund operierende Gruppen. Demgegenüber sind Al Quaida, der Islamische Staat und andere islamistische Akteure kaum noch als klar definierte Gruppen zu bezeichnen sondern eher als weltweit tätige, dezentralisiert operierende Netzwerke, deren Verbindung in einer gemeinsamen Ideologie besteht, die aber nicht mehr Strukturen klar definierter Organisationen aufweisen. Der radikale Islamismus, der Hass auf den Westen und eine ausgeprägte Kriegermentalität sind der Kitt, der das Netzwerk zusammenhält.

Die islamistisch-terroristischen Gruppen sind einem eindeutigen Sympathisanten- und Unterstützerkreis im Gegensatz etwa zur RAF nicht zuzurechnen. Das macht sie aber umso gefährlicher. Waldmann hat darauf hingewiesen, dass die soziale Rückkoppelung an ein klar definiertes soziales Milieu auch eine gewaltdämpfende Funktion hat, denn die Akteure sind dieser sozialen Basis gegenüber rechenschaftspflichtig und weiter: „Gerade weil die Zellen des internationalen Terrorismus an keine konkrete Bezugs- und Sympathisantengruppe zurückgebunden sind, die sie einerseits trägt, und vor der sie andererseits ihre Anschläge vertreten müssen, sind sie besonders bedrohlich. Nur untereinander in Kontakt stehend und sich gegenseitig in wahnwitzigen Anschlagsplänen bestärkend und überbietend, ist ihrer zerstörerischen Phantasie keine Grenzen gesetzt" (Waldmann 2005, S. 11).

Mittel und Taktiken haben längst die Muster der alten Anschläge überwunden. Nicht mehr klassische Attentate auf Politiker oder sonstige Repräsentanten prägen die Aktionen, sondern mehr und mehr gezielte Angriffe auf sensible Infrastrukturen wie z. B. U-Bahnen, wobei, wie der Anschlag der Aum-Sekte auf die Tokioter U-Bahn 1995 mit dem Giftgas Sarin gezeigt hat, auch moderne Kriegswaffen zum Einsatz gekommen sind und möglicherweise ein zukünftiges Szenario andeuten. Selbstmordanschläge und die Detonation von Bomben, die zuvor nach Anleitungen aus dem Internet selbst gebaut wurden, komplettieren eine Einsatztaktik, die sich modernen Gegebenheiten der technologischen Infrastruktur angepasst hat. Die modernen Konfrontationslinien verweisen, worauf Münkler hinweist (2004), auf eine asymmetrische Struktur: Die Kriegsführung erfolgt nicht nach den Regeln annähernd gleichstarker Gegner, wie in der europäischen Kriegsgeschichte, sondern nach den Gegebenheiten ungleicher Kräfteverhältnisse, Strategien und Ressourcen. Der *asymmetrische Terrorismus* hat dabei folgende Besonderheiten (vgl. Münkler 2004, S. 32 f.):

- Die direkte Konfrontation mit den Sicherheitskräften (Militär, Polizei) wird vermieden, stattdessen stehen Zivilbevölkerung und weiche Ziele im Mittelpunkt. Brutalisierung und bedenkenlose Rücksichtslosigkeit gegenüber unbeteiligten Opfern werden in Kauf genommen, um die öffentliche Wirkung noch zu steigern.
- Die Netzwerkstruktur des modernen Terrorismus macht ihn immer schwerer identifizierbar, jenseits der kaum durchschaubaren und dynamischen Netzwerke agieren Einzeltäter und Nachahmer, die allenfalls eine ideologische Verbindung zur islamistischen Ideologie haben.
- Die systematische Verlangsamung und Entschleunigung und letztlich Unkalkulierbarkeit der Zeit im Angriffsgeschehen sorgt für eine Verstetigung der Bedrohung. Es kann jederzeit und überall passieren – oder auch nicht.

Die Kriegführung des modernen asymmetrischen Terrorismus hat unter diesen Bedingungen die Tradition des Attentats auf Symbolfiguren und Repräsentanten aufgegeben. „Der Terrorismus im 19. Jahrhundert", so Walter Laqueur in einem Interview mit der taz (31.01.2002), „oder zur Zeit des Ersten Weltkrieges war, und das klingt komisch, relativ humanistisch. Man wollte irgendeinen General umbringen oder einen Minister, aber man hätte das nie getan, während er sonntags mit seiner Familie spazieren ging. In unserer Zeit ist der Terrorismus wahllos. Je mehr Menschen umgebracht werden, desto besser. Es müssen nicht mal die Leute sein, die für die direkten Übeltäter gehalten werden. Das ist ein sehr großer Unterschied, und er bedeutet eine zunehmende Brutalisierung und Verrohung".

Eine historisch neuartige, bislang auf den militanten, vor allem palästinensischen Islamismus beschränkte Form der Gewaltbereitschaft ist die Figur des *Selbstmord-Attentäters:* Er verwandelt sich in eine spontane, tödliche Waffe, indem er Gewalt gegen Unbeteiligte und gegen sich selbst anwendet. Seit Anfang der neunziger Jahre des 20. Jahrhunderts bilden sich systematische Rekrutierungs- und Ausbildungsstrategien in den palästinensischen Flüchtlingslagern. Die für Westeuropäer schwer verständliche Motivation und Rolle der Selbstmord-Attentäter hat Larzillière folgendermaßen aufgehellt (2003, S. 128):

„Darüberhinaus besitzt die Opferung des Lebens einiger Mitglieder der Gruppe eine Integrationsfunktion für die gesamte palästinensische Gesellschaft im nationalen Kampf. Die Kritik wird für diejenigen, die sich von dieser Form des Kampfes distanzieren wollen, immer schwieriger, weil sie einer Verleugnung derjenigen gleich kommt, die ihr Leben geopfert haben. Ein solches Lossagen von den Märtyrern wird umso weniger akzeptiert, als die nationalistischen Prinzipien der Selbstmordattentäter auf weitgehende Zustimmung in der Bevölkerung treffen. Die Eingliederung des Märtyrers in eine globale Kampfstrategie gegen Israel gibt dem Märtyrertum vor allem eine offensive Eigenschaft, die nichts von Selbstzerstörung besitzt".

Die asymmetrische Kriegführung ist eingebettet in eine veränderte internationale Konfliktstruktur, die sich seit Jahrzehnten
abzeichnet, seit dem Ende des Ost-West-Konflikts aber erheblich
an Dynamik zugenommen hat. Gareis hat sie in vier Punkten
zusammengefasst:

- „eine fortschreitende Erosion staatlicher Souveränität
  als Folge zunehmender transnationaler Interdependenz-
  beziehungen,
- die damit einhergehende abnehmende Fähigkeit des Staates,
  umfassende Sicherheitsversprechen gegenüber seinen
  Bürgern einhalten zu können,
- eine zunehmende Privatisierung von Gewaltanwendung durch
  eine wachsende Vielzahl substaatlicher oder nichtstaatlicher
  Akteure,
- die Vermengung von Kriegshandlungen und Verbrechen
- und schlussendlich das Verschwimmen der Grenzen zwischen
  den klassischen Sphären der inneren und äußeren Sicherheit"
  (Gareis 2003, S. 480).

Dieses neuartige politisch-gesellschaftliche internationale
Umfeld des modernen Terrorismus stellt die westlichen Gesellschaften – und nicht nur diese – vor große Herausforderungen.
Diskutiert und teilweise umgesetzt werden Elemente einer neuen
Sicherheitsarchitektur, die darauf abzielen, die Bewegungen von
Menschen, Geld, Gütern und Dienstleistungen über nationale
Grenzen hinweg stärker zu durchleuchten und zu kontrollieren,
um Prävention und Strafverfolgung effektiver zu machen. Das
bedeutet stärkere internationale Zusammenarbeit, aber auch Eingriffe in die elektronische Kommunikation und damit auch in
die Bürgerrechte. Angesichts der asymmetrischen Struktur des
Terrorismus entsteht ein womöglich dauerhaftes Legitimations-
problem, denn die Aufgabe des Staates, Sicherheit bestmöglich
zu gewährleisten, könnte durch terroristische Anschläge aus-
gehöhlt werden.

5.4   Islamistischer Terrorismus in Deutschland

Nach Angaben des Verfassungsschutzes steigt die Anhängerschaft salafistischer Organisationen von 3800 (2011) über 9700 (2016) und 10.800 (2017) auf 11.300 Personen (2018).[3] Diese schon länger andauernde Entwicklung ist deshalb bemerkenswert, weil praktisch für alle islamistischen Terrorakte mehr oder weniger intensive Verbindungen zur salafistischen Szene in Deutschland nachweisbar sind: „Nicht jeder Salafist ist ein Terrorist, aber fast alle Terroristen, die wir kennen, hatten Kontakt zu Salafisten oder sind Salafisten" – so der Präsident des Bundesamtes für Verfassungsschutz (Malthaner und Hummel 2012, S. 245). Nicht nur bei den Terrorakten ist der salafistische Hintergrund bemerkenswert, sondern auch bei den Sympathisanten des IS, die aus Deutschland nach Syrien ausgereist sind. Von den bis Ende Juni 2016 nach Syrien zur Unterstützung des IS aus Deutschland ausgereisten 784 Personen gehörten nach Behörden-Angaben 96 % zum salafistischen Spektrum – ein weiteres Indiz für die herausragende Bedeutung dieser Szene für den islamistischen Terrorismus in Deutschland (BKA/BfV/HKE 2016, S. 17). Damit war und ist Deutschland konfrontiert mit einer bis dahin unbekannten Form des Terrorismus. Während seit den 1970er Jahren politische Motive und Ziele den Terrorismus von links und rechts dominierten, war und ist nun *Religion* zu einem herausragenden Faktor geworden. Dabei ist die Verzahnung von Religion und Politik entscheidend: Der Kampf gegen die „Ungläubigen" und die Faszination des Glaubens, auch für in Deutschland geborene Jugendliche und junge Erwachsene und die Bereitschaft, dafür auch militant zu kämpfen – das sind Aspekte des politischen Extremismus, die eine neuartige Herausforderung darstellen. Der islamistische Terrorismus in Deutschland nach Nine-Eleven wird

---

[3]Vgl. https://www.verfassungsschutz.de/de/arbeitsfelder/af-islamismus-und-islamistischer-terrorismus/zahlen-und-fakten-islamismus/islamistisches-personenpotenzial-2018. Zugegriffen: 29. Mai 2020.

im folgenden Abschnitt rekonstruiert unter besonderer Berücksichtigung des Salafismus.

Die Entstehung einer vom Salafismus beeinflussten Bewegung in Deutschland wurde begünstigt durch eine Reihe von gesellschaftlichen und politischen Entwicklungen: Nine-Eleven, der Anschlag auf das New Yorker World Trade Center im September 2001, hatte gezeigt, dass islamistische Anschläge weltweite Mobilisierung bewirken können. In Deutschland führte dieses Attentat auch deshalb zu weitreichender langanhaltender öffentlicher Mobilisierung, weil drei der vier Todespiloten aus Hamburg kamen – alle waren Salafisten.[4] Die Herstellung weltweiter Öffentlichkeit wurde durch die expandierenden neuen sozialen Medien ermöglicht und vorangetrieben. Zu dieser Öffentlichkeitsarbeit gehörte der stetige Verweis auf die Diskriminierung von Muslimen in Deutschland und die Notwendigkeit der Gegenwehr und darüber hinaus die Klage über die Aggressivität „des" Westens gegenüber dem Islam und den islamischen Ländern. In der Rekrutierungsphase von Jugendlichen stehen diese politischen Aspekte allerdings eher nicht am Anfang, hier gilt es vielmehr, mit lebenspraktischen Themen Jugendliche anzusprechen (Frankenberger et al. 2015).

Die Ausbreitung salafistischer Gruppen in Deutschland begann im Verlauf der 1980er Jahre, als oppositionelle salafistische Gelehrte aus Saudi-Arabien, Syrien und andern islamischen Ländern ins Exil gezwungen wurden (Malthaner und Hummel 2012, S. 248 ff.; Grande et al. 2016, S. 60 ff.). Sie bildeten auch in Deutschland Netzwerke, unterstützten sich gegenseitig und rekrutierten in Deutschland geborene Jugendliche. Unter den Salafisten waren puristisch-religiöse, politische und dschihadistisch-kämpferische Gruppierungen, unter diesen zahlreiche Aktivisten mit Erfahrungen als Kämpfer in Kriegsgebieten. Umgekehrt reisten eine Reihe deutschstämmiger Aktivisten in diese vom Krieg gebeutelten Regionen, um die

---

[4]Vgl. www.sueddeutsche.de/politik/radikal-islamische-missionierung-im-auftrag-des-herrn-1.1328178. Zugegriffen: 29. Mai 2020.

Sache der islamistischen Kämpfer zu unterstützen.[5] Islam-Schulen und Vereine dienten der Rekrutierung und Ausbildung des salafistischen Nachwuchs, die rasche Ausbreitung des Internets sorgte für eine „zunehmende Virtualisierung der salafistischen Bewegung" (Malthaner und Hummel 2012, S. 250). Der größte Teil der Salafisten in Deutschland zählt nach Angaben der Sicherheitsbehörden zum politischen Flügel: Ihm geht es vorrangig um Missionierung, nicht um Gewalt. Die Zahl der sogenannten gewaltbereiten *Gefährder* wird von den Sicherheitsbehörden mit 660 angegeben (Stand: Januar 2020).[6]

Die Attraktivität bei Jugendlichen und der Bewegungscharakter in Deutschland wurde wesentlich gefördert durch die Herausbildung prominenter Führungsfiguren. Dazu beigetragen haben in erheblichem Ausmaß Internet-Präsenz, Chats und Propaganda-Videos. Zu dieser Gruppe gehören vor allem die Prediger Pierre Vogel (alias Abu Hamza) und Sven Lau (alias Abu Adam) sowie der Ex-Gangsta-Rapper Denis Cuspert (alias Uthman Al-Almani). Cuspert, 1975 geboren als Sohn einer Deutschen und eines Ghanaers, hatte ein schwieriges Verhältnis zu seinem US-amerikanischen Stiefvater und wuchs nach Angaben des Berliner Verfassungsschutz „in ein soziales Milieu hinein, das sich analog zur US-amerikanischen Gang-Kultur über Gewalt, kriminelle Geldbeschaffung und exzessive Lebensführung definierte".[7] Es gelang ihm der Einstieg in die Berliner Gangsta-Rap-Szene, er veröffentlichte unter dem Namen Deso Dogg mehrere Videos mit beachtlichem Erfolg und der nötigen Authentizität, die durch Verurteilungen und Haft wegen Eigentums- und Rohheitsdelikten und verbotenem Waffenbesitz sichergestellt wurde. 2010 zog er sich aus dieser Szene zurück

---

[5]Eine Reihe von Beispielen findet sich bei Grande et al. 2016, S. 63 ff.

[6]Vgl. https://www.bpb.de/politik/extremismus/radikalisierungspraevention/265409/zahlen-zur-salafistischen-szene-in-deutschland. Zugegriffen: 29. Mai 2020.

[7]Vgl. Senatsverwaltung für Inneres und Sport (2014, S. 7). Zu Cusperts Biographie ist über die Informationen des Berliner Verfassungsschutz hinaus wenig bekannt.

und schloss sich der islamistischen an, salafistisch sozialisiert unter anderem durch Besuche der Berliner Al-Nur-Moschee. Für das extremistische, im November 2016 verbotene Netzwerk „Die wahre Religion" wurde er nun zu einem Aushängeschild. Dantschke zufolge (2015, S. 47) „wurde aus dem Gangsta-Rapper Deso Dogg zunächst der Nasheed-Sänger Abou Maleeq, der in seinen Liedern und Vorträgen die eigenen Lebenserfahrungen der Ausgrenzung und sozialen Marginalisierung mit Diskriminierungs- und Ausgrenzungserfahrungen von Muslimen in Deutschland und dem Leid der Muslime weltweit verknüpft, um daraus das Bild einer globalen Opfergemeinschaft zu stricken. Jungen Salafisten wie ihm obliege es nun, diese große Gemeinschaft auch unter Einsatz ihres Lebens von Leid und Unterdrückung zu befreien, wofür ihnen der Status eines Märtyrers sicher sei".

2012 reiste er nach Ägypten, 2013/2014 meldete er sich in Videobotschaften mit dem Treueeid auf den IS-Führer al-Baghdadi, dem Bekenntnis zu Selbstmordattentaten und dem Aufruf, es ihm nachzutun und sich dem IS in Syrien anzuschließen. Er avancierte in kurzer Zeit zum führenden deutschsprachigen Propagandisten des IS. „Nachdem ein Propagandavideo des IS Cuspert im November 2014 bei der Erschießung eines Gefangenen zeigte und seine Beteiligung an Kriegsverbrechen außerfrage steht, wurde er im Februar auf den Terrorlisten der Vereinten Nationen und den USA aufgeführt" (Senatsverwaltung für Inneres und für Sport 2016, S. 37). Zeitungsberichten zufolge ist Cuspert Anfang 2018 ums Leben gekommen.[8]

Der Salafisten-Prediger Sven Lau, 1980 in Mönchengladbach geboren, wurde 2017 zu einer Freiheitsstrafe von fünfeinhalb Jahren verurteilt wegen Unterstützung einer ausländischen terroristischen Vereinigung. Im Mai 2019 wurde er vorzeitig auf Bewährung entlassen wegen Distanzierung vom Salafismus und

---

[8]Vgl. www.faz.net/aktuell/politik/ausland/deutscher-rapper-und-is-terrorist-denis-cuspert-getoetet-15406420.html. Zugegriffen: 31.5.2020.

Teilnahme an einem Aussteigerprogramm.[9] Lau ist gelernter Industriemechaniker und gehörte Anfang der 2000er Jahre als Brandmeister zur Berufsfeuerwehr Mönchengladbach. Danach betrieb er ein Geschäft für islamische Kleidung, Literatur und religiöse Accessoires, nachdem er sich der salafistischen Szene angeschlossen hatte. Dort stieg er schnell auf zu einem der Wortführer. Er betätigte sich als Prediger in Moscheen und bei Kundgebungen und in einschlägigen Videos. Einer seiner Mitstreiter, der aus der Salafisten-Szene ausgestiegene Dominic Musa Schmitz, beschreibt ihn als ideologischen Hardliner, der auf der wortwörtlichen Auslegung von Koran und Sunna bestand und anderes nicht gelten ließ. Schmitz schreibt über die charismatische Wirkung von Lau: „Ich habe den Aufstieg jener geistigen Brandstifter hautnah miterlebt. Sie haben viele junge Menschen radikalisiert, drei meiner Brüder sind nach Syrien an die Front gegangen. … Sie alle waren Jünger Laus und seiner Mitstreiter… Der Glaube, den die Clique um Lau uns lehrte, spaltete ohne Unterlass. Kein Wort der Versöhnung, der Milde, des Verstehens – es gab nur eine Linie: Andersdenkende begehen eine große Sünde, ihnen droht der Weg in die Verdammnis" (Schmitz 2016, S. 40 f.).

Spektakuläres Aufsehen erregte die Gruppe um Lau mit dem Auftreten als „Scharia-Polizei" im September 2014 in Wuppertal. Eine Gruppe von elf Aktivisten sprach Jugendliche an und forderte sie auf, Glücksspiel, Drogen und Alkohol zu meiden und den richtigen Weg zu finden über den Islam. Die Suggestion einer von der Scharia kontrollierten lokalen Zone entpuppte sich als öffentliche Provokation, denn sie behauptete die islamische Scharia als dominant gegenüber deutschem Recht. Die Aktion führte zu nachhaltigen bundesweiten Diskussionen über den Salafismus.

Religiöser und politischer Verbündeter von Sven Lau war der Prediger Pierre Vogel, der zeitweise auch der salafistischen

---

[9]Vgl. https://www.zeit.de/gesellschaft/zeitgeschehen/2019-05/sven-lau-salafismus -prediger-terrorunterstuetzung-haftentlassung. Zugegriffen: 31. Mai 2020.

Szene in Mönchengladbach angehörte. Seine Popularität unter salafistischen Jugendlichen und darüber hinaus speist sich aus seinem rhetorischen Talent: Er spricht die Sprache der Jugendlichen und wählt in seinen Reden und Youtube-Videos Themen, die Jugendliche ansprechen: „Warum lässt Gott Leid zu?" (2014), „Darf man Nichtmuslime vor dem Jenseits warnen?" (2016) oder „Was sagt der Islam zu Depressionen?" (2020) sind Beispiele dafür.

Vogel gilt als der einflussreichste Repräsentant des politischen Salafismus. Er ist 1978 geboren und wurde nach dem Abitur zunächst Amateur-, dann Profi-Boxer. 2002 trat er zum Islam über und beendete seine Boxer-Karriere. 2004/2005 studierte er nach einem Arabisch-Kurs für einige Semester an der Universität Mekka (Saudi-Arabien). Ab 2006 trat er auf als Prediger, Organisator und Repräsentant des politischen Salafismus. Er gilt zeitweilig als „Hassprediger", ruft aber nicht zur Gewalt auf und distanziert sich von Gewaltaktionen und vom Islamischen Staat. 2015 ruft der IS zur Tötung des „Abtrünnigen" auf.

Vogel, Lau und Deso Dogg alias Denis Cuspert waren Identifikationsfiguren und sorgten für beachtlichen Zulauf. Sie haben sehr unterschiedliche Biographien: Hier Cuspert mit Migrationshintergrund, schwieriger Kindheit und Erfolgen als Gangsta-Rapper, dort die beiden deutschstämmigen Konvertiten Lau und Vogel, beide „Menschenfänger" – der eine Aussteiger, der andere (noch?) nicht. Es scheint gerade diese Vielfalt der salafistischen Szene, die zu ihrer Attraktivität beiträgt. Zwei von ihnen begehen politisch motivierte Straftaten – Cuspert und Lau, Vogel hingegen nicht.

Tendenzen der militanten Radikalisierung aus dem Salafismus heraus zeigten sich schon zu Beginn der 2000er Jahre mit gescheiterten Anschlägen auf den Straßburger Weihnachtsmarkt und einem ebenfalls gescheiterten Anschlag auf Regionalzüge in Dortmund und Koblenz, wobei selbst hergestellte Bomben in Koffern nicht detonierten. Der erste aufsehenerregende Anschlag mit einem salafistischen Hintergrund war im Jahr 2007 die Festnahme der „Sauerland-Gruppe", die Sprengstoffanschläge vorbereitet hatte. Die vier in Deutschland aufgewachsenen Täter waren eingebunden in ein salafistisches Milieu, das sie unterstützte und voranbrachte, gleichzeitig aber separierten sich die Täter in geheimbündlerischen Strukturen; sie waren zugleich eingebunden in lokale Moscheegemeinden wie auch in die Identifikation mit dem globalen Dschihad: Zentrale Bezugsgruppe war „die intensive Beschäftigung und enge Identifizierung mit dem Schicksal von Muslimen in bewaffneten Konflikten in anderen Teilen der Welt, welche zur zentralen Bezugsgruppe der jungen Männer wurde" (Malthaner und Hummel 2012, S. 275). Die Sauerland-Gruppe wurde zur Blaupause für militante Aktionen des salafistischen Terrorismus, die in den nachfolgenden Jahren für große Aufmerksamkeit sorgten, insbesondere im Jahr 2016 (s. Tab. 5.1).

Einige Angriffe entsprechen der Logik islamistischen Terrors: Möglichst unspezifische Ziele mit möglichst vielen Opfern, die größtmögliche öffentliche Empörung auslösen. Dazu gehören die Attentate in der Regionalbahn, beim Weinfest in Ansbach und auf den Weihnachtsmarkt in Berlin. Die Angriffe auf einen US-Soldaten und einen Bundespolizisten folgen ebenso der Opfergruppe „Ungläubige" wie die Sikhs in ihrem Tempel. Der Messerangriff in einem Hamburger Supermarkt hatte zahlenmäßig wenige Opfer, machte aber deutlich, dass es im Prinzip jeden treffen kann.

Eine vergleichende Betrachtung der Tatwerkzeuge weist auf das besondere Verhältnis der Täter zur Strafverfolgung hin: Pistole und Sprengstoff werden benutzt, die legal nicht einfach zu beschaffen sind und für die Strafverfolgungsbehörden verwertbare Spuren hinterlassen könnten. Im Falle von Axt und Messer – zumal Küchenmesser wie im Falle des Messerangriffs in der Edeka-Filiale Hamburg – braucht es kaum Vorbereitung, Beschaffungsspuren werden kaum hinterlassen. Bei Kraftfahrzeugen gilt Ähnliches. Eine Ausnahme ist der Suizid, der Einsatz des eigenen Körpers als Waffe: Hier ist die Polizei praktisch machtlos.

Der Einsatz alltäglicher Gegenstände als Tatwerkzeuge deutet darauf hin, dass islamistische Terroristen einen Schwerpunkt der Terrorismusbekämpfung geschickt umgehen: Die Aufklärung der Tat im Vorfeld und die Konzentration auf die Tat-Vorbereitungen.

Tab. 5.1 Islamistisch-terroristische Anschläge in Deutschland seit 2011 (Auswahl)

	Täter	Tat	Besonderheiten
03/2011	Arid Uka, Kosovare, seit 2011 in Deutschland	Mord mit Pistolenschüssen auf zwei US-Soldaten Flughafen Frankfurt am Main	Selbstradikalisierung im Internet. Urteil: Lebenslange Haft
02/2016	Safia S., 16 Jahre	Messer-Angriff auf Bundespolizisten in Hannnover, Opfer überlebt knapp	Handelt im Auftrag des IS Urteil: 6 Jahre Haft
04/2016	2 junge Islamisten, 16 Jahre, Migrationshintergrund	Sprengstoffattentat auf Sikh-Tempel in Essen, 3 Verletzte	7 und 6,5 Jahre Haft
07/2016	Pakistanischer Flüchtling	Axt-Angriff in Regionalbahn nahe Würzburg	Unbegleiteter Minder-Jähriger, im Auftrag des IS, bei Festnahme durch Polizei getötet
07/2016	Syrischer Flüchtling, 27 Jahre	Selbstmordattentat in Ansbach. Rucksackbombe vor Weinlokal, 15 Verletzte	Handelt im Auftrag des IS. Täter kommt bei Anschlag selbst ums Leben
12/2016	Anis Amri, tunesischer Flüchtling	Anschlag auf Weihnachtsmarkt Berlin mit LKW, 12 Tote	Täter wird auf der Flucht nahe Mailand von der Polizei erschossen
07/2017	Palästinensischer Flüchtling	Messerangriff Edeka-Filiale Hamburg, 1 Toter, 7 Verletzte	Festnahme des Täters, Motive unklar

Quelle: Grande et al. (2016, S. 62) und eigene Erweiterungen

Auch außerhalb Deutschlands werden Fahrzeuge häufig als Tatwaffen eingesetzt: Im Juli 2016 fuhr ein LKW in Nizza in eine Menschenmenge, Ergebnis waren 86 Tote. Im Juni 2017 fuhr ein Lieferwagen an der Londonbridge in eine Fußgängergruppe, es gab 7 Tote, in Barcelona gab es bei einem ähnlichen Anschlag im August 2017 12 Tote. Zu all diesen Anschlägen bekannte sich der IS.

Eine besondere Rolle im Rahmen der islamistischen Gewaltakzeptanz spielen die nach Syrien ausgereisten deutschen Salafisten. Sie folgten einer ersten Ausreisewelle von Dschihadisten aus Deutschland, die in den Jahren 2009 bis 2011 einige hundert Aktivisten in das Kriegsgebiet an der pakistanisch-afghanischen Grenze geführt hatte. Eine maßgebliche Rolle dabei spielten deutschsprachige Propagandavideos, die einen islamischen Sehnsuchtsort vorgaukelten: „Die Videos erzeugten den Eindruck großer und miteinander in Harmonie lebender deutscher dschihadistischer Gemeinschaften in Nordwestpakistan, die sich im regen Austausch mit der lokalen Bevölkerung befanden, von der sie warm willkommen geheißen wurden" (Lohlker et al. 2016, S. 221).

Eine amtliche Auswertung von 784 nach Syrien während der zweiten Welle Ausgereisten kommt zu folgenden Ergebnissen (Stand: Oktober 2016):[10] Die Ausgereisten waren im Schnitt 25 Jahre alt, 79 % waren männlich, 21 % weiblich. Die meisten waren in Deutschland geboren (61 %). Über ein Drittel hatten in Deutschland Abitur gemacht, weitere 23 % die mittlere Reife. Die weitere Bildungsbiographie weist jedoch Brüche auf: 32 % hatten eine Ausbildung abgebrochen, 28 ihr Studium, etwa 20 % waren vor der Ausreise arbeitslos (BKA/BfV/HKE 2016, S. 17). Zwei Drittel der Ausgereisten waren vorbestraft, davon ein Viertel wegen Gewaltdelikten. Bei den Radikalisierungsfaktoren von 572 Ausgereisten spielten Freunde eine maßgebliche Rolle (54 %), gefolgt von Kontakten in einschlägige Moscheen (48 %), das Internet (44 %) und Islam-Seminare (27 %). Bei den ausgereisten

---

[10]Vgl. zum Folgenden BKA/BfV/HKE 2016.

Frauen ist die Motivlage differenzierter: „Die Ausreisemotive und konkreten Umstände deuten darauf hin, dass die Frauen stärker soziale, familiär orientierte Ausreiseabsichten hegten. Bei den Frauen sticht der Wunsch nach einem Leben in einer anderen/ neuen islamischen Gesellschaftsordnung (40 % gegenüber 22 % bei Männern) und das Heiratsmotiv hervor. Eine islamisch-jihadistische Motivation ist hingegen bei den Männern deutlich ausgeprägter (61 % gegenüber 26 %)" (BKA/BfV/HKE 2016, S. 41).

Es lässt sich kaum abschätzen, welche Gefahr von Aktivisten ausgeht, die in die Herkunftsländer zurückkehren. Eine Europol-Studie von 2018 verweist im Hinblick auf Anschläge in den Jahren 2017/2018 darüberhinaus auf Täter, „die radikalisiert wurden, ohne zu einer terroristischen Vereinigung im Ausland gereist zu sein" (Europol 2018, S. 2).

5.5   Terror von rechts

Gewalt von rechts ist nicht nur ein sozialwissenschaftlich bedeutsames Thema, sondern auch tagespolitisch immer wieder auf der Agenda. Der fünf Jahre andauernde NSU-Prozess gegen Beate Zschäpe und vier Mitangeklagte (2013–2018) hat unzählige Debatten ausgelöst, die auch nach dem Ende des Verfahrens nicht aufhörten. Die Morde an dem Kasseler Regierungspräsidenten Lübcke (2019), der Anschlag auf eine Synagoge in Halle (2019) und der Anschlag in Hanau, bei dem neun Migranten erschossen wurden (2020), werfen weiterhin die Frage auf, ob und inwieweit es in Deutschland rechtsterroristische Strukturen gibt.

Terrorismus wäre eine Strategie des gezielten, durchdachten, geplanten Einsatzes von Gewalt als politischer Strategie. Manches spricht dafür, dass es sich bei den erwähnten Taten genau darum handelt. Aber es gibt auch Erscheinungen, die damit nicht vereinbar sind. Maskuline Jugendkulturen wie die Skinheads wären auf der anderen Seite ein gutes Beispiel für Gewaltbereitschaft, die in der Struktur der Subkultur selber angelegt ist und kein eigentliches politisches Ziel hat. Auch in

der Nazirock-Szene ist Gewalt-Verherrlichung in den Musik-
texten angelegt und ästhetisch überhöht, ohne dass hier die
Kriterien terroristischer Aktivität erfüllt sind. Die Frage nach den
terroristischen Strukturen lässt sich am besten diskutieren vor
dem Hintergrund der historischen Entwicklungen: Die Gewaltbereitschaft von rechts im Nachkriegsdeutschland hat eine lange
zurückreichende Vorgeschichte. Eine genauere Betrachtung
zeigt, wie sich Militanz herausbildet und verändert und wie sie
eingebunden ist in politisch-gesellschaftliche Entwicklungen (s.
Tab. 5.2).

Die antisemitische Schmierwelle von der Weihnachtsnacht
1959 bis in den Januar 1960 ist die erste bekannte Ereigniskette
politisch motivierter Kriminalität von rechts im Nachkriegsdeutschland. Zwei Täter, Mitglieder der Deutschen Reichs-
partei (DRP), wurden festgenommen, ihre Motivation war
antisemitisch und politisch. Die Tat glich einem Fanal: Bis Ende
Januar 1960 wurden 685 Vorfälle polizeilich bekannt, zumeist
handelte es sich um Beleidigungen, Verunglimpfungen von
Staatsorganen, antisemitische Schmierereien. Insgesamt 234
Personen wurden festgenommen, die meisten Täter waren männlich und unter 30 Jahre alt (Dudek und Jaschke 1984, S. 266 f.).

Die Bundesrepublik stand zu dieser Zeit, 14 Jahre nach
Kriegsende, weiterhin unter starkem Legitimationsdruck,
vor allem auch außenpolitisch. Regte sich hier, auch angesichts der breiten Medienberichterstattung, wieder der alte
NS-Ungeist? Wie stabil war die neue deutsche Demokratie wirklich? Wie gefestigt waren demokratische Überzeugungen in
der Bevölkerung? Die Bundesregierung reagierte entschlossen
und mit Härte auf die Provokationen, angetrieben durch zahlreiche Massendemonstrationen. Sie veröffentlichte ein Weißbuch
über die Taten und leitete die Gründung der Bundeszentrale
für politische Bildung ein. Der rechtsextreme Bund Nationaler
Studenten wurde verboten.

Eine andere, unmittelbare Form von Gewaltbereitschaft
zeigt sich einige Jahre später im Umfeld des parlamentarischen
Aufstiegs der NPD. Ende der sechziger Jahre agierte der
Ordner-Dienst der NPD im Wahlkampf 1969 als Saalschutz
und gegen linke Gegendemonstranten. Dabei kam es in einer

Tab. 5.2 Rechtsextremistische Gewalt-Wellen in Deutschland – Ein Überblick (Auswahl)

Zeit	Ereignisse/politisch-gesellschaftlicher Kontext	*Täter und soziales Umfeld*
1959/60	„Antisemitische Schmierwelle"	Täter sind rechtsextrem motiviert, im Umfeld der DRP
1968/69	Wahlkampf vor der Bundestagswahl 1969, Ordner-Dienst der NPD	Täter sind rechtsextrem motiviert, im Umfeld der NPD
1975–1980	Kühnen-Gruppe, ANS, VSBD, Wehrsportgruppen, Anschlag auf Sendemasten 1979, Tötungsdelikte, Oktoberfest-Anschlag	Jugendliche Täter sind rechtsextrem motiviert, im Umfeld von Organisationen ausserhalb von Parteien
1980er Jahre	Ausbreitung rechtsextremer und fremdenfeindlicher Subkulturen (Skinheads, rechtsextreme Hooligans). Ansätze dafür auch in der DDR	Einsetzende Mischung aus Aktivist, Ausländerfeind, Schläger, Mitläufer Milieuspezifische Gewalt/maskuline Jugendkultur auch in der DDR
1990–1993	„Asyldebatte" 24.11.1990 Neonazis ermorden Amadeo Antonio in Eberswalde 17.23.9.1991 Angriffe auf Vertragsarbeiterwohnheim und Flüchtlingsunterkunft in Hoyerswerda 1992 pogromartige Ausschreitungen gegen Asylbewerber in Rostock-Lichtenhagen 1992 weitere Anschläge in Mölln (drei Todesopfer) und Solingen (fünf Todesopfer)	Täter bestehen aus einer Mischung von Aktivisten, Ausländerfeinden, Schlägern, Mitläufern Milieuspezifische Gewalt/maskuline Jugendkultur Zustimmung zur Militanz aus Teilen der Bevölkerung

(Fortsetzung)

Tab. 5.2   (Fortsetzung)

Zeit	Ereignisse/politisch-gesellschaftlicher Kontext	*Täter und soziales Umfeld*
Nach 1994	Weiterhin hohe Gewalt-bereitschaft kleiner rechtsextremer Gruppen; Vordringen der Militanz von rechts in die Alltagswelt („national befreite Zonen" in den neuen Ländern, Lebensstile, Kultur, Musik)	Fortbestehende Mischung der Täter-Typen, Milieu-spezifische Gewalt/ maskuline Jugendkultur Ausdifferenzierung elektron. Medien
2000–2007	Neun Migranten und eine Polizeibeamtin werden vom NSU getötet Zahlreiche Mordversuche, Sprengstoffanschläge und Raubüberfälle durch den NSU 2011 eher zufälliges Bekanntwerden der Ver-brechen	Terroristische, geheim-bündlerische Vorgehens-weisen. Es fehlt jedoch das Terrorismus-Merkmal der öffentlichen Bekenner-schreiben
22.7.2016	Morde an neun Migranten am Olympia-Einkaufs-zentrum in München	Der 18-jährige rassistische motivierte Täter hatte die deutsche und die iranische Staatsbürgerschaft. Der Anschlag wurde am fünften Jahrestag der Attentate des Norwegers Anders Breyvik verübt. Der gesellschaftlich weitgehend isolierte Einzel-täter radikalisierte sich im Internet
2.6.2019	Mord an dem Kasseler Regierungspräsidenten Lübcke	Der 45-jährige Täter war seit Jahrzehnten in der Neonazi-Szene aktiv und wegen politischer Delikte vorbestraft

(Fortsetzung)

Tab. 5.2 (Fortsetzung)

Zeit	Ereignisse/politisch-gesellschaftlicher Kontext	*Täter und soziales Umfeld*
9.10.2019	Anschlag auf die Synagoge in Halle. Nach dem misslungenen Eindringen in die Synagoge erschießt der Täter eine Passantin und einen Mann in einem Döner-Imbiss	Der Täter (27 Jahre) veröffentlicht Manifest im Internet und überträgt die Tat durch Helmkamera im Internet
19.2.2020	Anschlag in Hanau. Der Täter erschießt 9 Personen in und vor zwei Shisha-Bars, anschließend erschießt er seine Mutter und sich selbst	Einsatz von Pamphlet und Videobotschaft im Internet. Der Täter (42) folgte Verschwörungstheorien

Quelle: Zusammenstellung nach Simon 2020 und eigene Ergänzungen und Interpretationen

Reihe von Fällen zu tätlichen Auseinandersetzungen mit den Demonstranten, wobei das Auftreten des Ordnerdienstes geprägt war von Aggressivität und körperlichen Übergriffen. Es handelte sich um einen etwa 250 Partei-Mitglieder umfassenden paramilitärischen Verband, in dem Schulungen auch in Kampfsport stattfanden (Dudek und Jaschke 1984, S. 342 ff.). Die Motivation der Akteure war politisch und defensiv, man verteidige sich ja nur gegen An- und Übergriffe. Dennoch: Die Ereignisse belegten eine bisher womöglich parteiintern nur unterdrückte militante Seite der NPD und den *Übergang von der Gewalt gegen Sachen, wie bei den antisemitischen Schmierwellen, zur Gewalt gegen Personen.*

Beides, die antisemitische Schmierwelle wie auch die Krawalle um den Ordnerdienst der NPD hatten gezeigt, wie sensibel die Öffentlichkeit reagierte auf politisch motivierte Gewalt, die NS-Bezüge aufblitzen ließ. In den siebziger Jahren setzte eine neue, jüngere rechte Szene vor diesem Hintergrund Gewalt bewusst ein, um öffentlich zu provozieren und um die Medien zu instrumentalisieren. Aus der spielerischen

Provokation wurde Ernst, als die Gewaltdynamik eskalierte. Angriffe auf Fernseh-Sendemasten nach der Ausstrahlung der Fernsehserie „Holocaust" 1979, der Bombenanschlag auf das Münchener Oktoberfest 1980 mit 13 Todesopfern und Morde an dem Nürnberger jüdischen Ehepaar Levin ebenfalls 1980 zeigten, dass *terroristische Strukturen sich allmählich entwickelten*. Der Münchener und der Nürnberger Attentäter kamen aus den Reihen der später verbotenen paramilitärischen Wehrsportgruppe Hoffmann. Eine Reihe von Fememorden im Umkreis von ANS und FAP belegten die kaltblütige und kalkulierte Rücksichtslosigkeit auch nach innen (Kniest 2000, S. 132 ff.). Nachdem der westdeutsche Rechtsextremismus über dreißig Jahre in domestizierter Form dahergekommen war und Gewalt in der politischen Auseinandersetzung eine geringe Rolle gespielt hatte, war jetzt Militanz ein zentrales Kennzeichen von Teilen der rechtsextremen Szene geworden. Die bevorzugten Opfergruppen waren linke Aktivisten und Gegendemonstranten, Symbole der angeblichen „Lügenpresse" wie Fernseh-Sendemasten, aber auch szeneinterne Abweichler.

Seit den achtziger Jahren veränderte sich das Gewaltmuster von rechts. Die Skinhead-Jugendkultur einschließlich ihrer aufputschenden Musik drang immer stärker in die rechte Szene vor. Die „Asyldebatte" zu Beginn der neunziger Jahre erweckte öffentlich den Eindruck, Asylbewerber unterwanderten die deutsche Gesellschaft und höhlten ihre Sozialsysteme aus, aktive Fremdenfeindlichkeit und Gegenaktionen polarisierten die Gesellschaft. Rechte Gewalttäter reklamierten das moralische Recht gewalttätiger Gegenwehr gegen die „Asylantenflut", sie fühlten sich gedeckt durch die moralische Mehrheit der Gesellschaft. Das Gewaltmuster dieser Zeit war eine Mischung aus politisch motivierter und subkulturell bedingter Jugendgruppengewalt, bei der überzeugte Neonazis, Rassisten, polizeibekannte Schläger und Mitläufer sich die Hand reichten. Seit dem Ende der „Asyldebatte" mit den Gesetzesänderungen 1994 und dem Rückgang der Asylbewerberzahlen ist Militanz von rechts bis heute wesentlich ein Ausdrucksmittel milieuspezifischer Gewalt der maskulinen rechten Strukturen, die sich allerdings über Jahre

hin verfestigt haben und regionale Schwerpunkte vor allem in
Ostdeutschland aufweisen.

Empirische Untersuchungen, die sich auf Ermittlungs-
akten und andere Materialien stützen und die in Deutschland
und anderen europäischen Ländern in den neunziger Jahren
durchgeführt wurden, zeigen eine Täter-Typologie, die aus vier
Idealtypen besteht (Willems 2002, S. 152): Der ideologisch
motivierte, politische Überzeugungstäter kommt aus rechtsextremen Organisationen; der nicht organisierte rassistische
Jugendliche handelt weniger aus politischer Überzeugung,
er stützt sich vielmehr auf die Gruppendynamik und Gewalt-
rhetorik von Subkulturen; der kriminelle Jugendliche mit
ausgeprägter hoher Gewaltbereitschaft, die auch in anderen
kriminellen Zusammenhängen schon zum Ausdruck gekommen
ist; schließlich der identitätsschwache Mitläufer mit starken
Bedürfnissen der Zugehörigkeit zur Gruppe.

Im Hinblick auf neuere Entwicklungen sind zwei Faktoren
von besonderer Bedeutung. Zum einen die inzwischen verfestigte subkulturell geprägte Jugendlichkeit. Rechtsrock-
Musik, neue subkulturelle Stile wie etwa die Verherrlichung des
maskulin geprägten Kampfsports und der umfassende Einsatz
der social media unterscheiden diese Szene deutlich von ihren
historischen Vorgängern. Zum anderen die Prozesse negativer
Individualisierung, verbunden mit Ausschlüssen aus dem Arbeits-
und Bildungssystem und entsprechenden Problemen beim Aufbau
einer konventionellen Berufs- und Bildungsbiographie. Beides
gibt der Gewaltbereitschaft von rechts dauerhaften Auftrieb, wenn
gesellschaftliche Mechanismen der sozialen Integration versagen.

Die öffentliche Debatte über Migration zu Beginn der 1990er
Jahre – die „Asyldebatte" – kreiste um die grundsätzliche Frage
des Rechts auf Asyl, um das Asylbewerberleistungsgesetz und
Fragen des Missbrauchs dieses Rechtes. Im Ergebnis wurde
1993 das individuelle Grundrecht auf Asyl eingeschränkt. Asyl-
suchende können zurückgewiesen werden, wenn sie aus einem
sicheren Herkunfts- oder Drittstaat einreisen, zudem wurden
die materiellen Leistungen für Asylbewerber gekürzt. Die
Folge war der Rückgang der Anträge auf Asyl. Damit gab die
parlamentarische Mehrheit von Union, FDP und SPD einem
öffentlichen Druck nach, der sich aus mehreren Quellen speiste:

Die konservative Presse unter Führung der Bild-Zeitung hatte im Laufe der 1980er Jahre immer wieder den Missbrauch von Leistungen für Asylbewerber angeprangert, die Unionsparteien hatten dies ebenfalls zu ihrem Thema gemacht. Die rechts-populistischen Republikaner hatten im Zeitraum zwischen 1989 und 1992 den Einzug in die Landtage von Berlin 1989 (7,7 %) und Baden-Württemberg 1992 (10,9 %) geschafft sowie in zahlreiche Kommunalparlamente. Das politische Klima im neu vereinten Deutschland der Jahre 1989 bis 1993 war geprägt von Debatten über das wiedervereinigte Deutschland und den Aufbau der neuen Bundesländer, aber auch von ansteigenden feindlichen Einstellungen gegenüber Migranten. In diesem Klima des wachsenden Rassismus spielte die Gewalt von rechts eine bedeutsame Rolle.

Die pogromartigen Ausschreitungen gegen Asylbewerber in Hoyerswerda 1991 und in Rostock-Lichtenhagen, in Mölln und Solingen im Jahr 1992 fanden zum Teil statt unter dem Beifall von rassistisch orientierten Zuschauern des Geschehens. Die Fernsehbilder aus Hoyerswerda 1991 und Rostock-Lichtenhagen, als jeweils ein johlender Mob das Werfen von Molotow-Cocktails in Hoyerswerda und das Abbrennen der Asylbewerberunterkunft in Rostock-Lichtenhagen begeistert begrüßten und die Polizei beide Male nicht in der Lage war, die Situation unter Kontrolle zu bringen, gingen um die Welt, schädigten das Ansehen Deutschlands und verursachten große Schäden für den Investitionsstandort neue Bundesländer. Für die rechtsextremen Täter bedeuteten die Angriffe erstmals in der Geschichte der Gewalt von rechts eine offenkundige und aktive Unterstützung für die Aktionen durch die Bevölkerung. Sie konnten sich als *Vollstrecker des Volkswillens* fühlen.

Die zumeist männlichen, jugendlichen Täter kamen aus West- und Ostdeutschland. Nach der Wende 1989/1990 hatte sich ein gewaltbereites Potential jugendlicher Rechtsextremer in Ostdeutschland entwickelt unter tatkräftiger Mithilfe westdeutscher Neonazi-Kader. In Ostdeutschland hatten sich noch vor der Wende im Verlauf der 1980er Jahre im Umfeld von Skinheads, Nazi-Punkern und Fußball-Fans rechte militante Kleingruppen entwickelt, die bevorzugt afrikanische und vietnamesische Vertragsarbeiter sowie schwarzgekleidete Grufties und

Homosexuelle attackierten (Wagner 2014, S. 320 ff.). Erste Verbindungen zu westdeutschen Neonazi-Kadern hatten schon Mitte der 1980er Jahre begonnen bei gemeinsamen Treffen mit Akteuren der FAP und der Nationalistischen Front in der DDR (Wagner 2014, S. 337 f.). Die Ausbreitung militant-rechter Milieus in Ostdeutschland nach der Wende wurde so vorbereitet und durch Kooperationen von west- und ostdeutschen Neonazi-Gruppen nach 1990 weiter vorangetrieben.

Nach dem Asylkompromiss 1993 und dem Rückgang der Asylbewerberzahlen ging auch die Gewalt von rechts zurück, aber sie verschwand nicht, sondern organisierte sich neu unter den veränderten Bedingungen. Gewaltbereitschaft wurde zu einer öffentlich zur Schau gestellten Attitüde von rechten Skinheads, Neonazis, Rechtsrock-Anhängern und Sympathisanten von *national befreiten Zonen*. Im Jahr 2000 wurde dieser Begriff gar zum „Unwort des Jahres" gekürt, in der Begründung der Jury hieß es: „Damit werden auf zynische Weise Gebiete und Orte umschrieben, aus denen durch terroristische Übergriffe Ausländer und Angehörige anderer Minderheiten vertrieben wurden und die Einwohner durch Einschüchterung daran gehindert werden, sich noch offen gegen diesen Terror zu wehren".[11]

Ein weiterer Schritt in der Form- und Qualitätsveränderung der Gewalt von rechts war der Nationalsozialistische Untergrund (NSU). Er ist nicht der erste Versuch, mit terroristischen Mitteln das verhasste System anzugreifen. Seit dem Beginn der 1970er Jahre gab es immer wieder Versuche von kleinen, geheimbündlerischen Gruppen, mit Sprengstoff und Terrorplanung zu agieren. Sie hatten Namen wie Europäische Befreiungsfront (EBF), Deutsche Aktionsgruppen (DA) oder auch Volkssozialistische Bewegung Deutschlands (VSBD).[12] Diese Gruppen waren zu schwach, um stabile und nachhaltige Infrastrukturen aufzubauen, sie wurden von den Innenbehörden verboten, nicht zuletzt waren sie gesellschaftlich isoliert und hatten kaum Rückhalt in der Bevölkerung. Der aus dem

---

[11]Vgl. https://www.dir-info.de/themen/unwort2000.html. Zugegriffen: 15. Juni 2020.

[12]Vgl. dazu den Überblick bei Virchow (2016a, S. 13 ff.).

Thüringer Heimatschutz hervorgegangene NSU – Böhnhardt, Mundlos und Zschäpe und Unterstützer – agierte geheimbündlerisch aus dem Untergrund spätestens nach der Flucht vor der Polizei Ende Januar 1998.[13]

Im NSU-Prozess wurden fünf Personen angeklagt wegen Beteiligung an neun Morden an Migranten und einen an einer Polizeibeamtin sowie weiterer Gewaltdelikte. Die Haupttäter Böhnhardt und Mundlos waren durch Suizid im November 2011 nach zufälliger Entdeckung durch die Polizei ums Leben gekommen. Beate Zschäpe wurde wegen Mittäterschaft und Mitgliedschaft in einer terroristischen Vereinigung zu lebenslanger Haft verurteilt, die anderen Angeklagten erhielten wegen Beihilfe zum Teil mehrjährige Freiheitsstrafen. Das Verfahren dauerte von 2013 bis 2018 und war einer der spektakulärsten Strafprozesse in der deutschen Nachkriegsgeschichte.

Die Mordtaten der Jahre 2019/2020 verweisen auf zwei bedeutsame Veränderungen der Gewalt von rechts, nämlich die mehr und mehr herausragende Rolle des Internets und der sozialen Medien und die Ausweitung der Zielgruppe rechtsextremer Gewalt: nach Angriffen auf Juden, Migranten und Asylbewerbern rücken Politiker ins Fadenkreuz rechtsextremer Gewalttäter. Dem Mord an dem Kasseler Regierungspräsidenten Lübcke im Juni 2019 war im Oktober 2015 ein Anschlag auf die Kölner Sozialdezernentin und späteren Oberbürgermeisterin Henriette Reker vorausgegangen. Beide Male war eine liberale und humane Flüchtlingspolitik der Opfer in ihrer Funktion als Sozialdezernentin bzw. als Regierungspräsident Grund für rechtsextreme Vergeltungsaktionen. Es handelt sich hierbei nicht um Einzelfälle. Nach einer Umfrage unter 1.000 Bürgermeistern aus dem Jahr 2019 hatten über 40 % zunehmende Erfahrungen mit Bedrohungen, Hassmails und körperlichen Angriffen.[14] Diese Ausweitung der Opfergruppe rechtsextremer

---

[13]Vgl. dazu Virchow (2016a, S. 55 ff.); vgl. zur Vorgeschichte des NSU Funke (2015, S. 107 ff.) und zu den chronologischen Abläufen die Zeittafel der Ereignisse ebenfalls bei Funke (2015, S. 377 ff.).

[14]Vgl. www.tagesspiegel.de/politik/buergermeister-in-angst-bedrohung-von-lokalpolitikern-wird-zum-flaechenproblem/25397666.html. Zugegriffen: 16. Juni 2020.

Gewalt ist deshalb so bedeutsam, weil hier *Grundlagen der parlamentarischen Demokratie angegriffen werden:* Wenn Risiken einer Übernahme kommunaler Mandate und Ämter für die Akteure selbst und ihre Familien immer weiter ansteigen, dann könnte die Bereitschaft zur Übernahme solcher Funktionen sinken und die kommunale Verwaltung vor Ort eingeschränkt oder gar lahmgelegt werden. *Damit wäre der Demokratie an ihrer kommunalen und regionalen Basis und der bürgerschaftlichen Partizipation schwerer Schaden zugefügt.*

Die Gewaltbereitschaft von rechts nach 2010 verweist auf die überragende Bedeutung des Internets. Die Täter des Anschlags von Hanau im Februar 2020 und von Halle im Oktober 2019 sendeten Videobotschaften ihrer Tat. Der Attentäter von Halle nahm Bezug auf Brenton Tarrant, der im März 2019 in Christchurch/Neuseeland in zwei Moscheen 51 Muslime erschoss, die Taten live auf Facebook übertrug und ein rassistisches Manifest im Internet veröffentlichte.[15] Ähnliche, aber weniger folgenreiche Anschläge in den USA am 27. April in Poway/Kalifornien und am 3. August 2029 in El Paso/Texas folgten diesem Muster und erwähnten ausdrücklich Brenton Tarrant als Vorbild. Den Auftakt zum grenzüberschreitenden, weltweiten Internet-Diskurs über rechten Terror hatte der norwegische Rechtsextremist Anders Breyvik gemacht. Er hatte im Juli 2011 auf der Insel Utoya 77 Mitglieder eines Jugendzeltlagers der norwegischen Arbeiterpartei erschossen und zuvor ein umfangreiches Manifest und ein Video ins Internet eingestellt und seine Tat gerechtfertigt. Brenton Tarrant, der Attentäter von Christchurch, hatte Breyvik im Manifest „The Great Replacement" als sein Vorbild bezeichnet.

Der Terror von rechts in Deutschland hat eine lange Vorgeschichte. Die antisemitischen Schmierereien und Ausfälle in der Weihnachtsnacht 1959/1960 bis Ende Januar 1960 bilden den Auftakt und sie bewegen sich, nur 15 Jahre nach Kriegsende,

---

[15]„The Great Replacement", 74 Seiten, nahm seinerseits Bezug auf die Theorie vom „Bevölkerungsaustausch".

in der unheilvollen deutschen Tradition der Judenverfolgung. Die Reaktionen von Öffentlichkeit und Politik waren durchaus heftig, blieben aber eine Episode, bevor Ende der 1960er Jahre in Westdeutschland eine tatsächliche Aufarbeitung der Vergangenheit einsetzte. Vom Ordnerdienst der NPD über die jugendlichen militanten Provokationen bis hin zu kleinen Terrorgruppen zieht sich eine Gewaltwelle bis hin zu den systematischen Verfolgungen von Flüchtlingen in den 1990er Jahren und dann durch den NSU und seine Mordanschläge. Fortgesetzt wird diese Blutspur in Zeiten des Internets durch Anschläge auf den Politiker Walter Lübcke in Kassel 2019, die Synagoge in Halle 2019 und gegen Migranten in Hanau 2020.

Die Täter sind überwiegend jung, männlich, oft mit längerem Engagement in rechtsextremen Organisationen, ebenso häufig belastet mit Vorstrafen. Die Motive sind ähnlich, aber auch unterschiedlich: Provokation durch Gewalt, das Verlangen nach Veränderungen, der quasi-religiöse Glaube, durch Gewalt die Rettung des deutschen Volkes bewirken zu können, das Verlangen nach eigener historischer Geltung – all dies vermischt sich in den Motivationsbündeln der Täter. Zielgruppen und Opfer sind die jüdischen Gemeinden, Zuwanderer, Flüchtlinge, ethnische und sonstige Minderheiten, die die vorgebliche biologische Reinheit der deutschen Volksgemeinschaft konterkarieren.

Zielgruppen und Opfer werden nach 2010 politischer. Nach dem Fanal der Erschießung von über 70 Mitgliedern einer sozialdemokratischen Jugendgruppe durch Breyvik in Norwegen 2011 werden auch in Deutschland zunehmend Politiker bedroht und attackiert. Sie sind den Angriffen oft wehrlos ausgeliefert, da ein wirksamer polizeilicher Schutz flächendeckend nicht möglich ist. „Feindeslisten" und öffentliche Pranger, bei denen tausende von Namen genannt sind, kursieren seit 2011 im Internet.[16] Rechtsextreme Anschläge auf Politiker hat es in Deutschland unter Bedingungen einer parlamentarischen Demokratie

---

[16]Vgl. www.tagesschau.de/investigativ/feindeslisten-rechtsextremismus-103. html (2019). Zugegriffen: 16. Juni 2020.

schon einmal gegeben: Am Beginn der Weimarer Republik, als Politiker wie Rosa Luxemburg, Karl Liebknecht oder auch der Außenminister Walther Rathenau Opfer von Mordanschlägen wurden und damit auch die Demokratie erheblich destabilisiert wurde.

Ist die sich verändernde Gewalt von rechts in der jüngsten deutschen Geschichte verwoben mit Terrorismus? Es zeigen sich deutliche Ansätze terroristischer Aktivitäten vor allem bei Kleingruppen in den 1970er Jahren und später beim NSU – obwohl das Kriterium öffentlicher Bekenntnisse mit Mobilisierungsabsichten nicht erkennbar ist. Unklar ist weiterhin die Frage der dahinterstehenden Sympathisanten, Unterstützergruppen, Netzwerke und Milieus. Hier sind sowohl Sicherheitsbehörden entweder wenig informiert oder wenig auskunftsfreudig, aus sozialwissenschaftlichen Debatten sind empirisch brauchbare Erkenntnisse Mangelware. Der Vorschlag von Borstel/ Heitmeyer, von differenzierten Gruppen auszugehen, ist durchaus plausibel und auch zugleich Aufgabe für künftige empirische Forschungen: Auf einer Mikroebene wären agierende Zellen und Unterstützungsnetzwerke zu identifizieren wie etwa rechte Kameradschaften; auf einer Mesoebene geraten radikalisierte und „systemfeindliche Milieus" in den Blick wie etwa gefestigte rechtsextreme Organisationen und auf einer Makroebene rassistische Einstellungen in der Bevölkerung (Borstel und Heitmeyer 2012).

5.6   Staatsterrorismus

Der französische Revolutionsführer Maximilien Robespierre vertrat die Ansicht, zur Durchsetzung der Tugend und der Gerechtigkeit, zur Bekämpfung der Anarchie und zur Wiederherstellung der Ordnung während der Unruhen nach 1789 sei staatlicher Terror die einzig angemessene Methode. Der Begriff „Terrorismus" entstand auf diese Weise erstmals während der Französischen Revolution zur Kennzeichnung des *régime de la terreur* 1793/1794. Er begründet darüber hinaus eine unheilvolle Tradition von gewaltsamen staatlichen Praktiken der

Unterdrückung bis hin zu ethnischen Säuberungen und zum Völkermord in zahlreichen Diktaturen.

Die zeitgleiche Verwendung im Englischen erfolgt durch Edmund Burkes Polemik gegen die Französische Revolution, er spricht von „tausenden von jenen Höllenhunden, die man Terroristen nannte ... und auf das Volk losließ" (vgl. Hoffman 2001, S. 18). Staatsterrorismus verbindet sich mit Diktatoren wie Stalin, Hitler, Pol Pot, Amin, Bokassa, Duvalier, Pinochet oder auch Saddam Hussein. Sie alle benutzten die Staatsgewalt in systematischer und dauerhafter Weise als Instrument zur Bekämpfung der politischen Opposition oder auch ethnischer Minderheiten und zur Durchsetzung und Aufrechterhaltung ihrer Herrschaft. „Terrorismus ist", so Scheerer, „sowohl eine Waffe *gegen die Macht* als auch eine Waffe *der Macht*" (2002, S. 30). Sie richtet sich nicht nur gegen die Repräsentanten der Opposition und des Widerstands, sondern sie sollte auch Zeichen setzen, die Bevölkerung einschüchtern und dadurch das Herrschaftssystem absichern. Akteure sind der Staat selbst oder aber halbstaatliche Gruppen, die in dessen Auftrag handeln, wie etwa die Todesschwadronen in Brasilien. Henner Hess hat die Funktion der Gewalt mit folgenden Worten beschrieben:

> „Jedesmal zielen die Gewalttaten in solchen Regimen auch auf die physische Vernichtung der gefährlichsten Gegner, aber das terroristische Moment der Einschüchterung der unterworfenen Bevölkerung ist doch entscheidend und läßt sich ablesen an der vor allem damit zu erklärenden Brutalität der Taten, die diejenige aller anderen Formen von Terrorismus bei weitem übertrifft. Herrschaft, die sich nicht auf Legitimität stützen kann, steht vor dem Problem, die ihr Unterworfenen allein mit Zwang nicht niederhalten zu müssen, und da der physische Zwang nicht ständig und nicht gegen alle aktualisiert werden kann, muß die Art seiner Aktualisierung gegen einzelne so aussehen, daß die anderen durch psychischen Zwang gelähmt bleiben" (Hess 1988, S. 62 f.).

Die Versuchungen des Staatsterrorismus liegen nicht nur in der Machtbesessenheit der Tyrannen, sondern auch in der Einfachheit ihrer Legitimation: Sie alle haben sich auf das Allgemeinwohl, die Staatsräson oder den Volkswillen berufen, die es gegen

Umstürzler zu verteidigen gelte. Und dort, wo von Widerstand nicht die Rede sein konnte, wurden und werden ethnische oder religiöse Minderheiten unterdrückt, geknechtet oder getötet im Namen einer Ideologie.

Die Diskussion über den Staatsterrorismus ist gegenüber dem revoltierenden in den Hintergrund getreten, vielleicht auch deswegen, weil der Staatsterrorismus räumlich weit entfernt ist, während der revoltierende eine permanente Bedrohung der westlichen Welt darstellt. Dennoch muss daran erinnert werden, dass rechtsstaatlich-demokratische Regierungsformen mit ihren institutionellen und verfassungsmäßigen Begrenzungen und Einschränkungen von Machtbefugnissen weltweit keineswegs selbstverständlich sind. Neben den staatsterroristischen Regimes der Gegenwart (z. B. Nordkorea) gibt es eine Reihe von Staaten, die als Förderer des Terrorismus gelten können. Das US-Außenministerium nannte 1996 in diesem Zusammenhang Kuba, Iran, Irak, Libyen, Nordkorea, den Sudan und Syrien (Hoffman 2001, S. 256).

Nicht die gewaltsame Unterdrückung bestimmter Gruppen im eigenen Staatsgebiet, sondern die Instrumentalisierung terroristischer Organisationen zur Erreichung außenpolitischer Ziele oder zur Einschüchterung von Oppositionellen im Exil ist der Kern dieser Form des Staatsterrorismus. Folgt man Hoffman (2001, S. 247 ff.), so expandiert der bezahlte Auftrags-Terrorismus seit den achtziger Jahren: „Gewalttaten von Terroristen, die insgeheim für Regierungen arbeiten, erwiesen sich als ein relativ preiswertes und bei richtiger Durchführung potentiell risikofreies Mittel, Feinde, die stärker sind als man selbst, anonym anzugreifen und dadurch die Gefahr zu vermeiden, internationale Strafmaßnahmen oder Vergeltung erleiden zu müssen" (Hoffman 2001, S. 249).

Das 2018 in siebenter überarbeiteter Auflage erschienene „Politiklexikon" nennt den Staatsterrorismus noch immer an erster Stelle: „Politisch bezeichnet Terrorismus eine Herrschaftsform (Staats-, Polizei-Terrorismus), die unter Missachtung humaner und demokratischer Prinzipien danach strebt, andere Meinungen, Opposition oder Widerstand zu unterdrücken" (Schubert und Klein 2018, S. 332). Dennoch: Der klassische Staatsterrorismus der militanten Unterdrückung und Ausschaltung der Opposition im eigenen Land ist im Verlauf der 2000er Jahre aus verschiedenen Gründen in die Defensive geraten. Zum einen ist das Risiko internationaler Handelsrisiken und Sanktionsregimes größer geworden mit der internetbasierten Struktur einer Weltöffentlichkeit, bei der Terror nach innen und Menschenrechtsverletzungen nicht unbemerkt bleiben. Zum anderen ist bei einer Reihe von *failed states,* Staaten, die ihre überlebenswichtigen Funktionen aus sich heraus nicht mehr gewährleisten können, ein oft schwer durchschaubares Miteinander von staatlichen und nicht-staatlichen Akteuren zu beobachten. Zur Gruppe dieser instabilen Staaten gehören etwa Afghanistan, Syrien, Irak, Libyen, Jemen und Somalia. Die Urheber des Terrors nach innen sind hier staatliche Akteure, ausländische Söldner, lokale Kriegsfürsten, Drogenkartelle oder auch eine Mischung aus all diesen Gruppen. Diese neuartigen Entwicklungen relativieren die aktuelle Bedeutung eines Staatsterrorismus, der, wie in der französischen Revolution, klar benennbare Akteure kannte, sodass heute der Begriff „Staatsterrorismus" weiter existiert, aber an Diskussionsintensität verloren hat.

5.7   Die Bekämpfung des Terrorismus

Staatliche Reaktionen auf tatsächliche oder angenommene terroristische Akte haben eine lange Tradition und sie weisen zumeist in dieselbe Richtung: Repression. So unterschiedliche Ereignisse wie die Karlsbader Beschlüsse 1819 nach dem Mord an dem Schriftsteller und russischen Generalkonsul August v. Kotzebue durch den Studenten und Burschenschafter Karl Ludwig Sand und die Sozialistengesetze unter Bismarck 1878 bis 1890 zeigen bereits früh dieses dominante Muster staatlicher Reaktionen auf Terrorismus. Die Karlsbader Beschlüsse veranlassten die Überwachung der Universitäten, die Entlassung liberaler Professoren, das Verbot der Meinungsfreiheit und die Zensur. Die Sozialistengesetze betrachteten die Sozialdemokraten als „Reichsfeinde", setzten sie der Verfolgung aus und verboten deren Einrichtungen. In beiden Fällen ging es um die Furcht der Herrschenden vor revolutionären Umsturzversuchen und um die Disziplinierung und Einschüchterung der Opposition. Mit repressiven Maßnahmen sollte die Aufrechterhaltung von Sicherheit und Ordnung gewährleistet werden und es sollte demonstrativ gezeigt werden, dass der Staat sich entschieden und erfolgreich zur Wehr setzt. Der politische Erfolg der Repression war und ist jedoch fraglich. Darauf verweisen die bisherigen Erfahrungen. Die Karlsbader Beschlüsse haben nachfolgende Liberalisierungen nicht verhindert, die Sozialdemokratie entwickelte sich nach den Sozialistengesetzen zu einer zentralen politischen Kraft in Deutschland. Das Gesetz zum Schutz der Republik 1922, Antwort auf die Morde an Reichsaußenminister Walther Rathenau und an dem Zentrums-Politiker Matthias Erzberger, ermöglichte Parteienverbote und die Todesstrafe für die Zugehörigkeit zu militanten Organisationen. Die Endphase der Weimarer Republik hat gezeigt, dass staatliche Repression auch in diesem Fall die politisch motivierte Gewalt nicht hat einschränken oder gar verhindern können.

Weitere Beispiele für das Scheitern staatlicher Repression lassen sich leicht finden. Die nordirische Untergrundorganisation IRA verkündete im Juli 2005 das Ende des bewaffneten Kampfes um die Unabhängigkeit Nordirlands und die Wiedervereinigung mit Irland. Zuvor hatte es jahrzehntelange scharfe, aber letztlich erfolglose Antiterrorgesetze in England gegeben, die unter anderem die Strafbarkeit der Mitgliedschaft in terroristischen Vereinigungen enthielten, ferner die Schleierfahndung, die Auskunftspflicht der Banken über Geldwäsche und die polizeiliche Festnahme und Inhaftierung bis zu sieben Tagen ohne Einschaltung eines Richters (Wesel 2004). Ausschlaggebend für den Gewaltverzicht der IRA war aber nicht die Repression, sondern die soziale Integration über die Beteiligung an der nordirischen Regierung im Karfreitagsabkommen von 1998 und schließlich auch die mangelnde Unterstützung des bewaffneten Kampfes durch ihre Anhänger.

Auch bei der Bekämpfung der RAF in den 1970er Jahren ist Repression wenig erfolgreich gewesen. Die Anti-Terror-Gesetze im deutschen Herbst 1977, Gesetzesverschärfungen, konsequentes Vorgehen der Strafverfolgungsbehörden und der Gerichte und die Aufrüstung der Sicherheitsbehörden gehörten in Deutschland zur Grundausstattung in der Bekämpfung des Terrorismus. Bereits in den Jahren zuvor hatten repressive staatliche Maßnahmen den RAF-Terror nicht stoppen können: Aufrüstung der Polizeibehörden, Befugniserweiterungen für die Staatsanwaltschaften, Einschränkungen von Verteidigerrechten, „Berufsverbote" im Bereich des öffentlichen Dienstes – all dies hatte wenig Wirkung auf die RAF und ihre Sympathisanten, im Gegenteil: deren Radikalisierung nahm zu bis zu jenem „deutschen Herbst" 1977, als wenige Monate vor der Entführung der Lufthansa-Maschine „Landshut" die Morde an dem Generalbundesanwalt und obersten Terroristenverfolger Buback, dem Vorstand der Dresdner Bank Ponto und dem Präsidenten der Arbeitgeberverbände Schleyer die Republik erschütterten.

Erst spät, 1998, erklärte die RAF in einem öffentlichen Schreiben ihre Selbstauflösung (abgedruckt in: Pflieger 2004, S. 179). War dies eine Folge der staatlichen Repression? Natürlich ist die Gruppe unter hohem Verfolgungsdruck zermürbt worden, letztlich waren es aber das Verschwinden ihrer sozialen Basis, der Unterstützer und Sympathisanten und ihre gesellschaftliche Isolierung, die zu ihrer Auflösung schon seit Ende der 1970er Jahre entscheidend beigetragen hatten. Teile der linksradikalen Subkultur, die in den siebziger Jahren noch den Terrorismus der RAF ideologisch, publizistisch oder logistisch mitgetragen hatten, lösten sich auf, wurden unpolitisch oder fanden in den neuen sozialen Bewegungen, bei der Umwelt-, Friedens- oder Frauenbewegung oder bei den Grünen eine neue politische Heimat. Dementsprechend waren die 1980er Jahre geprägt von ökologischen und abrüstungspolitischen Forderungen, nicht aber von der revolutionären Rhetorik der RAF und ihrer Sympathisanten.

Während und nach den Erfahrungen mit dem Terroranschlag auf die New Yorker Twin Towers am 11. September 2001 („Nine Eleven"), der NSU-Mordserie 1999–2006, die erst 2011 bekannt wurde, und den islamistisch motivierten Anschlägen in Deutschland und Europa von 2014 bis zur militärischen Niederlage des IS-Kalifats 2019 hat sich die Terrorismus-Bekämpfung in Deutschland verändert. Repression ist dabei nicht mehr die dominante Strategie, andere sind hinzugekommen: Prävention und Deradikalisierung. Ein Grundverständnis, dass der Kampf gegen den Terrorismus eine gesamtgesellschaftliche Aufgabe ist, beginnt stärker hervorzutreten und: Innere und äußere Sicherheit, diese klassische Unterscheidung in der Sicherheitspolitik, gilt nicht mehr. Bundesverteidigungsminister Peter Struck hatte 2004 in einer Regierungserklärung betont: „Unsere Sicherheit wird nicht nur, aber auch am Hindukusch verteidigt, wenn sich dort Bedrohungen für unser Land wie im Fall international organisierter Terroristen formieren".[17] Damit steht die Sicherheitsarchitektur insgesamt auf dem Prüfstand und vor einem längerfristigen Wandel. Dazu beigetragen haben auch die Schattenseiten der Globalisierung: die Ausbreitung der grenzüberschreitenden Kriminalität sowie Überschneidungen zwischen ihr und terroristischen Gruppen verlangen nach integrierten und internationalen Sicherheitskonzepten.

Repression konzentriert sich weiterhin auf den durchaus kontroversen Ausbau staatlicher Befugnisse. Die Eingriffsmöglichkeiten der Sicherheitsbehörden zur Abwehr des Terrorismus sind nach dem 11. September 2001 erweitert worden. Die Rede ist von einer *neuen Sicherheitsarchitektur.* Hierzu gehört der Einsatz der Bundeswehr zur Gefahrenabwehr, weitere Sicherheitsbestimmungen im Ausländerrecht (Zuwanderungsgesetz), die Modernisierung des Zivil- und Katastrophenschutzes und die geplante weitere Zentralisierung der Sicherheitsbehörden. Stichworte sind hier Vorratsdatenspeicherung, Online-Durchsuchung vor dem Hintergrund einer Anti-Terror-Strategie, die den Cyber-Terrorismus mit einbezieht. Politisch motivierte Straftaten im Netz zu verfolgen und deren Vorbereitung zu verhindern, sind zu Herausforderungen für die Sicherheitsbehörden geworden. Im Bereich der Entwicklung des Terrorismus-Strafrechts ist der Schwerpunkt immer stärker auf den Bereich des Vorfelds

---

[17]Vgl.   www.bundesregierung.de/breg-de/service/bulletin/regierungserklaerung-des-bundesministers-fuer-verteidigung-dr-peter-struck--792688. Zugegriffen: 29. Juni 2020.

terroristischer Anschläge gelegt worden bis hin zu den schwer beweisbaren Absichten möglicher Täter (Weißer 2019).

An der Schnittstelle von Repression und Prävention sind seit 2004 eine Reihe von Bund-Länder-übergreifenden Zentren gegründet worden: Das Gemeinsame Terrorismusabwehrzentrum (2004), das Nationale Cyber-Abwehrzentrum (2011) und das Extremismus- und Terrorismusabwehrzentrum (2012) gehören dazu. Hintergrund ist das Bemühen, die Nachteile föderaler Strukturen in der mittlerweile grenzüberschreitenden Dimension der Terrorismusbekämpfung zu überwinden vor allem durch die Verbesserung des Informationsaustauschs.

Ein Schritt auf diesem Weg ist das Gemeinsame Terrorismusabwehrzentrum (GTAZ) in Berlin. Es wurde Ende 2004 gegründet. Hier arbeiten 180 Spezialisten des BKA, der Landeskriminal- und Verfassungsschutzämter, des BND und anderer Behörden zusammen, analysieren die Gefährdungslage und tauschen Erkenntnisse aus. Hintergrund ist die veränderte Situation im Hinblick auf Gefahren des Terrorismus seit dem 11. September 2001. Bemerkenswert ist dieses Zentrum aber auch deshalb, weil die Sicherheitsbehörden in Deutschland aus historischen und föderalen Gründen keineswegs zentral organisiert sind, sondern in eine Vielzahl von unterschiedlichen Behörden fraktioniert sind.

Die Gründung der Zentren zielt auf die Beseitigung der kleinstaatlich-föderalen Defizite, auf mehr Informationsaustausch und Effizienz. Kritisch anzumerken wäre die mangelnde Transparenz: Sie entziehen sich einer umfassenden parlamentarischen Kontrolle, denn es handelt sich um Bund-Länder-Arbeitsgruppen ohne eigene Rechtsgrundlage und formelle Hierarchien und ohne Zuordnung zu einzelnen Ministerien.[18]

Eine weitere Konsequenz der veränderten Sicherheitsarchitektur ist die Internationalisierung der Terrorismusbekämpfung.

---

[18]Vgl. dazu auch die Stellungnahme des wissenschaftlichen Dienstes des Deutschen Bundestages: https://www.bundestag.de/resource/blob/594538/ 8aff4300410fcac3f2e414d67922d5a9/WD-3-406-18-pdf-data.pdf. Zugegriffen: 6. Juli 2020.

Im Rahmen der EU sind die Institutionen EUROPOL und EUROJUST nach 2000 gestärkt und ausgebaut worden. EUROPOL veröffentlicht regelmäßige Lageberichte. Auf dieser Basis stützt sich die EU-Strategie auf die Säulen Prävention, Schutz, Verfolgung und Reaktion, wobei Vorfeldmaßnahmen wichtiger werden wie zum Beispiel die Bekämpfung der Geldwäsche, der Abgleich von Fluggastdaten und die Bekämpfung der illegalen Einwanderung in die EU (vgl. Hegemann und Kahl 2018, S. 136 ff.). Auf der globalen Ebene zielt INTERPOL auf die Aufdeckung der internationalen Finanzierung terroristischer Gruppen.

5.8   Zur sozialwissenschaftlichen Debatte

Seit den 1970er Jahren expandiert die Forschung über Ursachen, Hintergründe, Verlaufsformen und Gegenmaßnahmen. Dies hat zu tun mit der Umbruchzeit der sechziger und siebziger Jahre, den Nachwirkungen und Herausforderungen von *Nine Eleven* am 11. September 2001, den vom IS initiierten oder beeinflussten Terroranschlägen in Europa nach 2013 und nicht zuletzt mit der immer weiter digitalisierten Medienlandschaft, die dem Terrorismus in die Hände spielt. Sie garantiert die weltweite zeitnahe Veröffentlichung von Terroranschlägen und zwingt Staat und Gesellschaft zu unmittelbaren und auch längerfristigen Reaktionen. Eine davon ist die wissenschaftliche Beschäftigung mit dem Terrorismus. Eine Theorie des Terrorismus, der zufolge es möglich wäre, politisch motivierte Gewalt beim Eintreffen bestimmter Bedingungen vorauszusagen, gibt es nicht. Es bedarf hier auch kaum der Erwähnung, dass Terrorismusforschung interdisziplinär angelegt ist. Eine Durchsicht der wichtigsten Literatur zeigt darüber hinaus, dass sich unterschiedliche Aufmerksamkeitsrichtungen und Forschungsinteressen herausgebildet haben, die mit den traditionellen Methoden der Sozialwissenschaften arbeiten. Es lassen sich dabei verschiedene, teils selbständige, teils miteinander verwobene Schwerpunkte herausfiltern.

- *Der historische Ansatz* weist nach, dass terroristische Ereignisse unserer Zeit in einer langen Traditionslinie stehen, beginnend bei den Tyrannenmorden über organisierte Formen politischer Attentate bis hin zu den heutigen Möglichkeiten des Cyber-Terrorismus. Interessant dabei ist die Frage der Vielzahl von Traditionssträngen und die Art und Weise, wie sie gebrochen wurden durch neue technische Entwicklungen, neue Herrschaftsformen, neue Formen des Wirtschaftens und durch die gesamte gesellschaftliche Verfassung. Insofern steht die aktuelle Phänomenologie des Terrorismus nicht in ungebrochener Kontinuität zu den historischen Wurzeln, ist aber andererseits ohne sie nicht wirklich erklärbar. Es steht zu befürchten, dass der Terrorismus sich weiterentwickelt, dass er *gelernt* hat aus historischen Erfahrungen. Der historische Ansatz, international am prägnantesten vertreten in den Arbeiten von della Porta (2013), Hoffman (1999), Kepel (2009) oder auch Laqueur (2001), ist auch deshalb von großer Bedeutung, weil das Phänomen der Gewalt in der Gesellschaft mit all seinen Facetten der Bändigung von Gewalt, der Zivilisierung, der Entstehung neuer Gewaltformen und entsprechender Reaktionen angewiesen ist auf historische Erfahrungen und deren Interpretation.
- *Persönlichkeitsbezogene Ansätze* gehen der Frage nach, welche Motive einzelne Akteure motivieren und möglicherweise auch scheitern lassen. Ehrenhafte Motive wie beim Tyrannenmord lassen sich unterscheiden von pathologischen Strukturen, wie sie etwa bei Selbstmord-Attentätern unserer Tage vorzufinden sind. Terroristen stehen außerhalb des Grundkonsenses der Gesellschaft, sind aber gleichwohl Teil von ihr. Deshalb steht im Mittelpunkt persönlichkeitsbezogener Ansätze die Frage, welche gesellschaftlichen Erfahrungen Personen gemacht haben, die sie zum Mittel politisch motivierter Gewalt greifen lassen. Eine systematische Aufarbeitung und Berücksichtigung dieser Zusammenhänge kann im lokalen und nationalen Rahmen sehr wohl Instrumente liefern zur Prävention, indem die Bedingungen sozialer Integration vor Ort verbessert werden. Persönlichkeitsbezogene Ansätze münden in der

Radikalisierungsforschung, die auf dem Feld der Extremismusforschung allgemein deutlich hervorgetreten ist.[19]

- *Gruppenbezogene Ansätze erleben eine Renaissance.* Bei ihnen geht es um die Frage, in welcher Weise terroristische Gruppen innere Dynamiken und Hierarchien entwickeln, wie sie auf die Mitglieder und die Außenwelt einwirken, wie sie von außen beeinflusst werden können, was ihre Stabilität ausmacht und wie sie destabilisiert werden können. Bereits beim Rekrutierungsprozess spielt der Gruppenfaktor eine bedeutende Rolle. Della Porta untersuchte vier Beispiele, nämlich linke, rechte, religiöse und ethnisch-radikale klandestine und militante Gruppen und kam zu folgendem Ergebnis: „In all four types of clandestine violence, participation in groups of relatives, friends, and political comrades favored the recruitment of individuals into underground groups. Involvement in the milieus that served as relays – or connections – for the radical component of broader movements was one condition that increased the likelihood that a particular invididual would participate in a radical movement organization" (della Porta 2013, S. 143). Bereits in den 1980er Jahren hatten Friedhelm Neidhardt und andere umfangreiche Studien über gruppeninterne Prozesse in der RAF vorgelegt (v. Baeyer-Katte et al. 1982). Einer der Befunde war die hohe Bindekraft der Gruppe und die damit verbundenen hohen Hürden beim Ausstieg aus der Gruppe. Dieser Ansatz wird fortgeführt in der Debatte über radikale Milieus (Malthaner und Waldmann 2012), wobei der Milieubegriff über die Gruppe hinausführt und verschiedenste Sympathisanten und Unterstützer auch außerhalb der Gruppe einbezieht.
- *Modernisierungstheorien* in verschiedenen Varianten sind heute der Kern von Deutungen des Terrorismus. Die Ungleichzeitigkeit der Entwicklung im Weltmaßstab und die daraus resultierende Schere zwischen wohlhabenden Teilen der Welt

---

[19]Vgl. dazu Abschn. 3.9 in diesem Band.

und Unterentwicklung führt zu nachhaltigen Verteilungs-
konflikten und wäre eine wichtige Erklärungsvariante. Armut,
Unterentwicklung, relative Deprivation und die strukturelle
Einschränkung von Lebenschancen können unter bestimmten
Umständen zu Gewaltbereitschaft, eben auch zu terroristischer
Gewalt führen. Dieses Argument ließe sich weiter aus-
differenzieren in die Bereiche der technologischen Entwicklung,
die wiederum Abhängigkeiten, Entwicklungsrückstände und
Ausbeutung verursacht, aber auch in den Bereich der Kultur
und Religion: den aufgeklärten Gesellschaften des Westens
mit säkularen Staaten und individualistischer Lebensphilo-
sophie stehen islamische Staaten und Lebenswelten gegenüber, die traditionalistisch, familiär-patriarchalisch strukturiert
sind und in vielen Bereichen wie etwa Familie, Emanzipation
und bürgerlichen Grundfreiheiten völlig andere Dispositionen
aufweisen. Angesichts der fortdauernden Weltklimakrise wird
in Zukunft der Mangel an Zugang zu natürlichen Ressourcen,
vor allem sauberem Wasser, zu nachhaltigen Migrationen und
Konflikten führen.

• *Instabilitäten und Legitimationsdefizite der Staatenbildung*
gehören unzweifelhaft zu wesentlichen Ursachen bestimmter
Formen des ethnischen, regionalistischen, separatistischen
Terrorismus. Viele Beispiele erläutern diesen Begründungs-
zusammenhang: Der nordirische Kampf der IRA um
Unabhängigkeit, die tschetschenische Rebellion gegen Russ-
land und die ungelöste Palästina-Frage gehören zu den denk-
würdigen. Staatenbildung, die auf Vertreibung, ethnischer
oder religiöser Exklusion und damit auf einem Mangel an
Legitimation basiert, scheint Instabilitäten zu produzieren, die
wiederum terroristische Rebellion fördern. Schwache staatliche Infrastrukturen insbesondere im Bereich der Gewähr-
leistung von staatlichen Grundfunktionen wie etwa im Irak,
im Libanon oder in Afghanistan bieten vielfältige Möglichkeiten der Rekrutierung und Ausbreitung des Terrorismus. Das Phänomen der *failed states* ist ein grundlegender
internationaler Nährboden für Terrorismus in Verbindung
mit organisierter Kriminalität, vor allem in den Bereichen
Drogen-, Waffen- und Menschenhandel.

- *Machtstrukturen des internationalen Staatensystems* werden heute immer mehr in die Betrachtung des modernen Terrorismus einbezogen. Dazu gehören zum einen die verdeckten Kooperationen von Staaten mit dem Terrorismus und dessen Indienstnahme zur verdeckten Kriegführung und zum anderen die Veränderung des Machtgleichgewichts nach dem Ende des Kalten Krieges und dem darauf folgenden Wandel von einer bipolaren – durch die USA und die Sowjetunion repräsentierten – internationalen Kräftekonstellation hin zu einer multilateralen mit den neuen Mitspielern China, EU und Indien. Das Stichwort des asymmetrischen Krieges verdeutlicht eine Struktur, bei der organisationsindifferente terroristische Netzwerke an den Schwachstellen des übermächtigen Gegners ansetzen – seiner technologischen und städtischen Infrastruktur – und mit gezielten Nadelstichen den Gegner provozieren und permanent unter Druck setzen. Der amerikanische *war on terror* unter Präsident George W. Bush war die Reaktionsform auf diese neue Form der Auseinandersetzung mit dem Terrorismus: Es sollte nach Nine-Eleven um die politische und militärische Bekämpfung terroristischer Gruppen gehen – vor allem Al Quaida – aber auch derjenigen Staaten, die den Terrorismus unterstützten.

- *Der demokratietheoretische Diskurs* beschäftigt sich vor allem mit der Frage, inwieweit Bürgerrechte und Grundlagen von Rechtsstaat und Demokratie in der Auseinandersetzung mit dem Terrorismus zur Disposition stehen oder gar aufgegeben werden. Er wird geführt in zahlreichen Bürgerrechtsorganisationen, hat aber auch Eingang gefunden in viele wissenschaftliche Untersuchungen und befindet sich an der Nahtstelle von Wissenschaft und Politik. Er fungiert als eine Art Frühwarnsystem, als Ideenlieferant und kann dazu führen, die gesellschaftliche Sensibilität wachzuhalten bei Gesetzesänderungen und Ausweitungen exekutiver Befugnisse. Die Bedeutung dieses Diskurses ist deshalb gestiegen, weil digitale, datenverarbeitende Ansätze der Terrorismusbekämpfung stark zugenommen haben und in Bürgerrechte eingreifen.

Zusammenfassung

6

Extremismus ist ein alltäglicher Begriff, er gehört zum politischen Sprachgebrauch und er bezeichnet den Gegenstand sozialwissenschaftlicher Diskussionszusammenhänge. Er hat auf all diesen Ebenen seit den siebziger Jahren des 20. Jahrhunderts den noch unbestimmteren Begriff des Radikalismus abgelöst. In der Politikwissenschaft und in der Rechtspolitik bedeutet Extremismus das politisch organisierte Agieren gegen die demokratische Verfassung auf der Basis extremistischer Überzeugungen. Nicht wenige Politikwissenschaftler distanzieren sich jedoch vom Extremismusbegriff, weil er Unvergleichbares in einen Topf werfe oder weil sie in ihm einen Kampfbegriff sehen. Diese Einwände sind durchaus ernst zu nehmen. Den Begriff aber gar nicht mehr zu verwenden, bedeutet für die Politikwissenschaft, sich selbst aus wichtigen Diskursfeldern zu verabschieden und Definitionsmöglichkeiten aufzugeben.

Verschiedene Akteure haben Definitionsmacht über die Bedeutung des Extremismusbegriffs gewonnen: In der politischen Arena, auch im Journalismus dient er häufig dazu, missliebige Gegner zu diskreditieren und vom politischen Wettbewerb auszuschließen. Verfassungsschutzbehörden haben den gesetzlichen Auftrag, den politischen Extremismus zu beobachten und über seine Entwicklung zu informieren. Innenminister können extremistische Vereinigungen unter bestimmten Voraussetzungen auflösen. Der polizeiliche Staatsschutz bekämpft politisch motivierte Kriminalität. Verwaltungsgerichte entscheiden über Demonstrationsverbote, das Bundesverfassungsgericht über Anträge auf ein Parteienverbot. Die Sozialwissenschaften untersuchen Entstehung und Verlauf extremistischer Einstellungen und Verhaltensweisen und entwickeln Theorien und Deutungen des politischen Extremismus. Nicht zuletzt haben extremistische Gruppen eine politische Selbstwahrnehmung, eine Eigen-Verortung auf der Links-Rechts-Achse. Sie kann durchaus übereinstimmen mit der öffentlichen Wahrnehmung, aber auch davon abweichen. Diese Gruppen agieren also keineswegs isoliert, sie sind Teil eines umfassenden und komplexen Akteurs- und Handlungsgeflechts, sie werden geradezu dauerhaft von der sie umgebenden politisch-sozialen Umwelt bearbeitet. Vielseitige Aktionen und Reaktionen kennzeichnen das Geschehen, wer wen vor sich hertreibt, das hängt von der konkreten Situation ab. So gesehen ließe sich eigentlich vom *Extremismus-Komplex* sprechen, der ein Teil der Politik ist, der eigenen Regeln und Ritualen folgt.

In der Politikwissenschaft hat sich ein recht eindeutiges Begriffsverständnis durchgesetzt. Als *extremistisch* gilt demnach eine politische Gruppierung, wenn sie kämpferisch gegen wesentliche Verfassungsprinzipien verstößt, die Grundwerte der Demokratie ablehnt und für eine andere politische Organisationsform eintritt, die nicht auf demokratisch-rechtsstaatlichen Pfeilern steht. Extremistische Politik zeichnet sich aus durch zentralistische Führerideologien, die Ersetzung von Programmen und Programmentwicklung durch unhintergehbare, quasi-religiöse Weltanschauung und durch den Alleinvertretungsanspruch. Die empirische Anwendung dieses Grundverständnis, etwa in der vergleichenden Betrachtung extremistischer Politiken, ist freilich beschränkt geblieben auf die Anhänger der Theorie der streitbaren Demokratie und der Totalitarismustheorien.

Eine weiterführende Theorie des politischen Extremismus ist aber dennoch nicht außer Reichweite. Dazu bedarf es einer stärker historischen Betrachtungsweise. Ansatzpunkte dafür zeigen sich, wenn man die historische Kritik am Liberalismus, an der Zeit der Aufklärung und des Vernunftbegriffs und an der liberalen Gesellschaft zu Beginn des 19. Jahrhunderts weiterverfolgt. Dann wird deutlich, *wie sehr politischer Extremismus insgesamt als radikale und militante Kritik am Liberalismus sich historisch immer weiter ausdifferenziert.* Diese Kritik ist nicht unmittelbar, sondern sie verläuft durch die ideengeschichtlichen Kernströmungen seit dem 19. Jahrhundert, Konservatismus und Sozialismus, mitten hindurch. Beide kritisieren aus unterschiedlichen Gründen den Liberalismus. Die Konservativen sehen die überkommene und die staatliche Ordnung gefährdet, die Sozialisten bestehen auf dem auch auf die Wirtschaft und die Gesellschaft ausgeweiteten Gleichheitsprinzip. Rechts- und Linksextremismus entwickeln sich innerhalb dieser beiden Lager, indem bestimmte Inhalte radikalisiert und verabsolutiert werden. Das Führerprinzip, der Antisemitismus, der Nationalismus auf der konservativen Seite, die revolutionäre Taktik auf der sozialistischen. Andere extremismustheoretische Annahmen in der modernen Diskussion wie etwa die, Extremismus sei eine Antwort auf beschleunigte Modernisierung der Gesellschaft oder auch auf die Entstehung des Kapitalismus, sind mit der Liberalismusthese durchaus vereinbar.

Die politikwissenschaftliche Begriffsverwendung darf jedoch kein Monopol für sich beanspruchen. Sie unterscheidet sich von theoretisch und empirisch gehaltvollen Diskursen in benachbarten Disziplinen. In der Soziologie wird, stark beeinflusst durch die Arbeiten Wilhelm Heitmeyers, Rechtsextremismus verstanden als eine Ideologie der Ungleichheit, der „gruppenbezogenen Menschenfeindlichkeit" und der Gewaltakzeptanz. Mit diesem Grundverständnis lassen sich offenbar Gewaltpraktiken in jugendlichen Subkulturen, aber auch ihre Verbindungen zu gesellschaftlichen Institutionen, angemessen analysieren. Ein Verdienst dieses Ansatzes liegt darin, theoretische Brücken zwischen gewaltbereiten und angepassten Jugendlichen in der Mitte der Gesellschaft zu schlagen und die vor- und (noch) unpolitischen Bereiche des Rechtsextremismus im Auge zu behalten. Bedenklich an solchen Definitionen ist jedoch die damit gegebene Abkoppelung von politikwissenschaftlichen Zugängen und das Erschweren eines interdisziplinären Verständnisses von Extremismus.

Von *Totalitarismus* lässt sich sprechen, wenn extremistische Auffassungen zur herrschenden Politik geworden sind. Der

Nationalsozialismus in Deutschland, der italienische Faschismus und die stalinistische Sowjetunion gelten als klassische Modelle totalitärer Staaten. Gewiss hat die Totalitarismustheorie zur Zeit des Ost-West-Konflikts auch eine politisch polarisierende Wirkung gehabt. Die Gleichsetzung der Sowjetunion mit dem Nationalsozialismus spielte in die Hände der Kalten Krieger und der ideologischen Antikommunisten. Rot gleich braun – diese Gleichung diente über Jahrzehnte zur Diffamierung der demokratischen Linken. Bei aller Kritik und Ablehnung darf nicht übersehen werden, dass extremistische oder auch totalitäre Bewegungen und Ideologien für ihre Anhänger durchaus faszinierend sind. Hans Maier spricht vom Mitreißenden und Verführerischen moderner Totalitarismen, eben weil in ihnen „religionsähnliche Energien verborgen" seien und weil man ihnen „auf Schritt und Tritt" begegne:

> „Kein Zweifel, viele der Akteure, der Helfer und Mitläufer totalitärer Parteien verstanden ihren Dienst nicht als Anti-Religion, sondern durchaus als Religion. Sie fühlten sich als Täuflinge einer neuen Kirche, als Adepten einer neuen Rechtgläubigkeit ... Ohne diesen religiösen oder jedenfalls religionsähnlichen Eifer ist vieles nicht zu erklären, was der Geschichte der modernen Despotien ihr Gepräge gibt: Die hohe Loyalität und Gehorsambereitschaft vieler..., die Unempfindlichkeit gegenüber Kritik und Zweifeln, das Gefühl, eine Mission zu erfüllen, die Gefolgschaftstreue und Leidensbereitschaft (Maier 2003, S. 27).

Solche leidenschaftlichen und überzeugten Bekenntnisse basieren auf individuellen, im Laufe der Sozialisation erworbenen Dispositionen. Extremistische *Einstellungen* sind mögliche Grundorientierungen des Menschen, die solchen Auffassungen folgen. Im Gegensatz zu Ansichten und Meinungen, die rasch wechseln können, handelt es sich dabei um verfestigte, tiefsitzende und länger andauernde Grundorientierungen. Sie müssen nicht unbedingt in die Tat umgesetzt werden. So ist etwa das Potential rechtsextremer Einstellungen wesentlich höher als die Wähler- und Anhängerschaft rechtsextremistischer Organisationen. Diese Diskrepanz lässt sich einfach erklären: Nicht jede politische Grundauffassung drängt zur Umsetzung in die Tat, viele Bürger konzentrieren sich auf ihr unmittelbares Lebensumfeld und lehnen politisches Engagement ab. Der rechtsextremistisch orientierte Nachbar, der in hohem Maße sozial integriert ist, eine demokratische Partei wählt und in seinem beruflichen und privaten Umfeld als umgänglich und hilfsbereit gilt, dürfte keine Ausnahmeerscheinung sein. Gleiches gilt natürlich auch für überzeugte Kommunisten.

Extremistische *Verhaltensweisen* sind solche, die in Wort und Tat, etwa durch Partei- oder Verbandsarbeit, durch publizistische Tätigkeit oder Mäzenatentum aktiv für die Verbreitung extremistischer Politik eintreten. Dabei lässt sich unterscheiden in das Verhalten von Individuen und das von Gruppen. Von großer Bedeutung sind organisierte Aktionsformen in Parteien, Interessengruppen, publizistischen Zirkeln oder anderen Formen der Organisation. Aus demokratietheoretischer und rechtsstaatlicher Sicht sind die Übergänge zur Gewaltakzeptanz und -bereitschaft von entscheidender Bedeutung: Sie sind politische und rechtliche Trennlinien der Akzeptanz und Gegenstand dauerhafter sozialwissenschaftlicher Bemühungen. Aber auch das extremistisch-gewaltbereite Verhalten Einzelner, bislang eher unterschätzt, ist im Zuge der neueren Entwicklungen des Islamismus nach dem Ausrufen des IS-Kalifats 2014 stärker ins Blickfeld gerückt.

Gegenüber individuellen und kollektiven extremistischen Verhaltensweisen haben Rechtsstaat und Gesellschaft eine Vielzahl repressiver und präventiver Gegenmaßnahmen entwickelt. Auf der repressiven Ebene sind zu nennen: Das Instrumentarium der „streitbaren Demokratie" im Grundgesetz, das politische Strafrecht, aber auch die Ämter für Verfassungsschutz, die bereits in die präventive Ebene hineinreichen. Die Gründung zahlreicher Bund- und Länder-übergreifender gemeinsamer Zentren wie etwa des Gemeinsamen Terrorismusabwehrzentrums (GTAZ) ist eine politische Antwort auf zwei Entwicklungen: die grenzüberschreitende internationale Zunahme von Extremismus und Terrorismus einerseits und die Digitalisierung von Kommunikation, Rekrutierung und Mobilisierung extremistischer Potentiale andererseits.

Instrumente der gesellschaftlichen Prävention finden sich vor allem in der Jugend- und Sozialarbeit und bei zahlreichen Verbänden und Initiativen. Die kontinuierliche Beobachtung und Analyse von Radikalisierungsprozessen aus verschiedenen extremistischen Milieus heraus ist zu einer Herausforderung geworden für die Akteure der Inneren Sicherheit, aber auch für die Sozialwissenschaften und die wechselseitige Zusammenarbeit.[1] Nicht zuletzt die vierte Gewalt, die Medien, tragen dazu bei, politischen Extremismus zu bekämpfen. Im Bereich gesellschaftlicher Präventionsbemühungen steht seit den fremdenfeindlichen Gewalttaten der neunziger Jahre der Rechtsextremismus eindeutig im Mittelpunkt, wobei Bemühungen zur Vernetzung unterschiedlicher Akteure einen Schwerpunkt bilden.

Die heute national und international wesentlichen inhaltlichen Ausprägungen des politischen Extremismus sind Links- und Rechtsextremismus sowie Fundamentalismus und Islamismus. Hinzugekommen ist mit der Expansion der neuen sozialen Medien ein nahezu unüberschaubarer Bereich von Hasskriminalität, der grenzüberschreitend mobilisiert und eine Gefahr für die Demokratie geworden ist. Vom Standpunkt der Gefährdung des Rechtsstaates, politiktheoretisch aus der Sicht der streitbaren Demokratie, wird man solche Erscheinungsformen gut miteinander vergleichen und Unterschiede und Gemeinsamkeiten herausarbeiten können. Doch solche Vergleiche tragen zum wirklichen Verständnis nicht allzu viel bei. Die Extremismen unserer Zeit verfügen über eigene und eigenständige Entwicklungspfade, die für sich selber stehen und zeitbedingte, mittlerweile digitalisierte Entwicklungsgeschichten aufweisen. Sinnvoller erscheint ein historischer Zugang, eine Betrachtung solcher Phänomene über einen längeren Zeitraum.

---

[1]Vgl. das beim BKA angesiedelte, zunächst von 2020 bis 2025 geförderte interdisziplinäre „Monitoringsystem und Transferplattform Radikalisierung" (MOTRA). Es wird getragen von einem Forschungsverbund von BKA, Universitäten und Forschungseinrichtungen, vgl. https://www.bka.de/DE/Unsere Aufgaben/Forschung/ForschungsprojekteUndErgebnisse/Terrorismus Extremismus/Forschungsprojekte/MOTRA/motra_node.html.   Zugegriffen am 8. Juli 2020.

Der Schlüssel zum Verständnis extremistischer Politik in Europa liegt in den Veränderungen der Konstellation Liberalismus – Konservatismus – Sozialismus im 19. und 20. Jahrhundert. *Zusammenfassend könnte man sagen, dass Konservative und Sozialisten aus unterschiedlichen Gründen zunächst die liberale Entwicklung in Ökonomie, Staat und Gesellschaft ablehnen, dann aber sich damit arrangieren und nach 1945 selbst zum Träger der einst bekämpften liberalen Politik werden. Dieser Prozess führt zu inneren Auseinandersetzungen in den konservativen und sozialistischen Lagern und zu zahlreichen Abspaltungen extremistischer Gruppen.*

Die traditionellen Formen des politischen Extremismus, die linke und die rechte Variante, waren und sind historische Antworten auf die liberalen europäischen Verfassungen und die Entstehung des Kapitalismus in Europa. Der Sozialismus betonte das soziale Gleichheitsprinzip und versuchte sich in der Bändigung kapitalistischer Ausbeutungsverhältnisse durch Reformpolitik und soziale Partizipation der Arbeiter an den Gewinnen. Wenn, wie Marx im Kommunistischen Manifest betont hatte, alle Geschichte die Geschichte von Klassenkämpfen sei, dann war es für die Arbeiterklasse nun an der Zeit, zu handeln. Die antikapitalistisch-revolutionäre Strömung löste sich von der sozialdemokratischen Mehrheitsfraktion, als die russische Oktoberrevolution die Herrschaftsfähigkeit des Sozialismus symbolisierte und die europäischen Kommunisten in die Abhängigkeit der Kommunistischen Internationale gerieten. Lenin hatte zuvor die nötigen organisationstheoretischen Antworten gegeben und den Primat der kommunistischen Partei betont. Mit dem Aufschwung der kommunistischen Parteien lässt sich zugleich auch von der Entstehung des Linksextremismus sprechen. Nun sollte es darum gehen, die Diktatur des Proletariats in Form der kommunistischen Partei durchzusetzen, die Wirtschaft zentraler Planung und Lenkung zu unterwerfen und die marxistisch-leninistische Weltanschauung als die ewig wahre und gültige gesellschaftlich zu verankern. Im 20. Jahrhundert hat die Ost-West-Konfrontation bis zum Ende der Sowjetunion dem Linksextremismus den entscheidenden Stempel aufgedrückt, obwohl die sozialen Bewegungen der sechziger und siebziger Jahre durchaus eigenständige trotzkistische, spontaneistische und maoistische Tendenzen zum Ausdruck brachten. Der Fall der Mauer, das Ende der kommunistischen Regime in Osteuropa und das Schwinden der Industriearbeiterschaft in Europa hat im 21. Jahrhundert den Linksextremismus freilich erheblich geschwächt, eine politische Perspektive ist von dieser Seite kaum noch zu erwarten.

Extremismus von rechts entsteht aus der Radikalisierung einiger Elemente des konservativen Denkens im 19. Jahrhundert. Der Konservatismus war eine Antwort auf die Französische Revolution und das daraus folgende liberale politische und ökonomische Denken. Er hielt an der ständisch-agrarischen, feudalen und klerikalen Prinzipien folgenden Gesellschaftsordnung fest, war modernisierungs- und fortschrittskritisch und antidemokratisch. Die anfängliche Antwort von de Bonald und de Maistre als Begründer der Konservatismus trug stark fundamentalistische Züge „indem sie die verlorene Harmonie des Mittelalters der Unordnung der Revolutionsgesellschaft gegenüberstellten" (Giddens 1999, S. 48). Seit dem Ende des 19. Jahrhunderts wurde er von der Dynamik der kapitalistischen Ökonomie und den gesellschaftlichen Veränderungen geradezu überrollt, so dass das *Konservieren* des Bestehenden und Althergebrachten kaum mehr eine Chance hatte. Althergebrachte Auffassungen, denen zufolge die Geschichte sich kreislaufförmig wiederhole, von Gott alleine bestimmt sei oder schicksalhaften Fügungen unterworfen sei, erwiesen sich als überholt und hilflos gegenüber den greifbaren Veränderungen der Gesellschaft: der Industrialisierung, der Elektrifizierung, der Wanderung in die Ballungsräume, der Herausbildung der Arbeiterklasse, den wachsenden sozialen Konflikten zwischen den elenden Lebensbedingungen des Proletariats und den besitzenden Klassen. Im Prozess der Zersplitterung des Konservatismus bis zur Weimarer Republik wurden antisemitische, nationalistische, völkische und rassistische Elemente neu zusammengesetzt zu einer bis zum Ende des Ersten Weltkrieges noch diffusen, unklaren neuen politischen Kraft. Der Nationalsozialismus bündelte diese Strömungen und formte daraus eine rechtsextremistische Massenbewegung.

Rechtsextremismus nach dem Zweiten Weltkrieg wurde bald politisch und gesellschaftlich geächtet, blieb aber gleichwohl eine untergründige politische Strömung. Wahlerfolge erreichte sie Ende der sechziger Jahre durch die NPD, Ende der achtziger und zu Beginn der neunziger Jahre durch die rechtspopulistischen Republikaner, später vereinzelt durch die DVU und wieder die NPD. Seit 2014 ist die AfD zu einer in allen Bundes- und Landtagen vertretenen politischen Kraft rechtsaußen geworden, die eine starke Sogwirkung auf den traditionellen Rechtsextremismus ausübt und im Laufe ihrer kurzen Geschichte immer weiter selber in das Lager des Rechtsextremismus abgedriftet ist. Der Rechtsextremismus insgesamt ist vielfältiger geworden, er entwickelte im Umfeld der Skinhead-Bewegung eigene jugendkulturelle Ausdrucksformen und er ist militanter geworden, zumal seit der Asyldebatte in den neunziger Jahren und der Flüchtlingsdebatte nach 2015. Aber auch seine intellektuelle Spielart hat sich als kleine, aber einflussreiche Randszene im Grenzbereich zum Konservatismus weiter etabliert: Die Neue Rechte. Sie aktualisiert Theorien und Denker der Weimarer Konservativen Revolution wie Carl Schmitt, Heidegger und andere und versucht, daraus eine zeitgemäße radikale Kritik an Demokratie und Liberalismus abzuleiten. Ihre Schlüsselbegriffe „Ethnopluralismus", „Umvolkung", „Bevölkerungsaustausch" haben längst die AfD und rechtsextreme Kreise darüber hinaus erreicht.

Fundamentalismus und Terrorismus entziehen sich dem Links-Rechts-Schema. Sie stehen nicht für Inhalte, sondern für politische *Haltungen* und *Strategien.* Sie sind Facetten des politischen Extremismus, die in ganzer Breite erst im zwanzigsten Jahrhundert entstanden sind, aber vor allem im Zusammenhang des islamistischen Terrorismus. Fundamentalismus und Fanatismus liegen eng beieinander. Der Fundamentalismus als radikaler oder gar extremistischer Protest gegen die Zumutungen der Moderne, gegen den technischen und politischen Fortschritt, hat sich als Haltung in vielfältigen Schattierungen tief in die Struktur der Gesellschaft und ihre

Organisationsnetzwerke eingenistet. Er war immer, seit dem amerikanischen Protestantismus um die Jahrhundertwende, in Deutschland seit den kommunistischen Anfängen und den ersten Alternativbewegungen in der zweiten Hälfte des 19. Jahrhunderts, antimodernistisch. Sein Projekt ist das der heilsbringenden Bewahrung und Wiederherstellung, sein Traum ist der von einem Goldenen Zeitalter in der Zukunft. Er gibt vor, bedrohten Werten oder beschädigten Identitäten wieder Geltung zu verschaffen. Solche Perspektiven basieren auf irrationalen, apokalyptischen Weltbildern einer zerstörten Natur, einer sich auflösenden ethnischen Homogenität oder eines alles mit sich fortreißenden gewalttätigen Kapitalismus.

Im Spektrum des politischen Extremismus ist Terrorismus eine Besonderheit, weil Gewaltbereitschaft im Zentrum der politischen Strategie steht. Militante Aktionen sorgen für öffentliche Aufmerksamkeit, sie provozieren den Staat und drängen ihn zu Reaktionen. Terroristen wähnen sich im Krieg mit dem Staat und sie gehen davon aus, dass die Reaktion des Staates sein wahres Gesicht zeigt und die unterdrückten Massen dadurch sich den Aufständischen anschließen. Terrorismus hat viele Gesichter, es gab und gibt ihn in den klassischen rechts- und linksextremistischen Varianten, als ethnischen oder religiös motivierten. Auch der Staat selbst kann terroristische Qualität annehmen. Attentate auf politische Herrscher standen am Anfang, Verschwörungen, Geiselnahmen, politische Morde, Anschläge auf Einrichtungen und Selbstmordanschläge gehörten und zählen immer noch zum terroristischen Arsenal.

In der neueren sozialwissenschaftlichen Diskussion steht der Begriff *globaler Terrorismus* für die räumliche Entgrenzung der Aktionen, für die Internationalisierung und Globalisierung. Dabei werden die Akteure und Hintermänner immer weniger öffentlich sichtbar hinter den digitalen Fassaden des Internets. *Asymmetrischer Terrorismus* beschreibt die neuen Machtverhältnisse unter Bedingungen einer bestimmten Form der Kriegführung zwischen ungleichen Akteuren. *Cyber-Terror* schließlich verweist auf die Krisenanfälligkeit moderner Gesellschaften im Hinblick auf ihre technischen und digitalen Infrastrukturen und auf die möglichen Angriffspunkte terroristischer Gruppen.

Der Anschlag auf das World-Trade-Center am 11. September 2001 steht symbolisch auch für die Störanfälligkeit hochtechnologischer Infrastrukturen. Angriffe auf IT-Systeme etwa von Bahnen, Banken, Energieversorgern und anderen lebenswichtigen Branchen können die Funktionsfähigkeit von Städten, Regionen oder ganzen Gesellschaften erheblich beeinträchtigen. Die Anfang 2020 einsetzende weltweite Corona-Pandemie zeigt neben medizinischen und ökonomischen Problemen eine weitere, in Zukunft denkbare Herausforderung: *Bio-Terrorismus* als Möglichkeit der bewussten Freisetzung gefährlicher Viren und eines nachhaltigen Angriffs auf bestehende Gesellschaftsordnungen.

Politischer Extremismus und Gewaltbereitschaft hängen eng zusammen. Ideengeschichtlich unterscheidet sich der Linksextremismus vom demokratischen Sozialismus in der Diagnose des Kapitalismus, vor allem aber in der Wahl der Mittel zu seiner Überwindung. Hier reformorientierte Politik, dort der revolutionäre Weg einschließlich der Anwendung von Gewalt. Mit der leninistischen Variante in den Jahren vor und nach 1917 gewinnt der Linksextremismus an Kontur und historisch-politischem Gewicht. Der Rechtsextremismus unterscheidet sich vom Konservatismus in der Radikalisierung einiger theoretischer Annahmen wie Volksgemeinschaft, Antisemitismus, Staatsfixiertheit und adaptiert militante Mittel am Ausgang des Ersten Weltkriegs und bei der Gründung erster nationalsozialistischer und faschistischer Parteien in Europa.

Die Geschichte des modernen politischen Extremismus umfasst nahezu 200 Jahre. Er ist radikale und militante Kritik an der Liberalität der staatlichen, ökonomischen und gesellschaftlichen Verfasstheit und an der vernunftgeleiteten modernen Idee des Fortschritts. So gesehen ist er eine mächtige historische Triebfeder, die immer wieder Kriege und Bürgerkriege verursacht hat. Ablehnung, Abwehr, aktive Zurückweisung erscheint angesichts dessen nicht genug. Gefordert ist die aktive politische und zivilgesellschaftliche Ausgestaltung der demokratischen Idee.

Kommentierte Literaturhinweise und Internetadressen

A. Liberalismus, Konservatismus, Sozialismus
Heidenreich, Bernd, Hrsg. 2002. *Politische Theorien des 19. Jahrhunderts.* Berlin: Akademie Verlag.

Politischer Extremismus ist historische Folge der Veränderung der Grundkonstellationen von Liberalismus, Konservatismus und Sozialismus seit Beginn des 19. Jahrhunderts. Ohne Berücksichtigung der ideengeschichtlichen Grundlagen ist dies kaum nachvollziehbar.

Dieser Band behandelt diese drei Grundbegriffe des Politischen. Besonders empfehlenswert sind die jeweiligen Einleitungen von Gerhard Göhler. Es folgen dann Porträts der wichtigsten Theoretiker. Für den Konservatismus sind dies unter anderem Edmund Burke, Joseph de Maistre, L.G.A. de Bonald, Friedrich von der Gentz und Adam Müller. Für den Liberalismus werden vorgestellt: Adam Smith, Alexis de Tocqueville, John Stuart Mill, Wilhelm von Humboldt und andere. Für den Sozialismus: Karl Marx, Ferndinand Lassalle, Eduard Bernstein und andere.

B. Extremismus, Radikalisierung und Deradikalisierung allgemein
Ben Slama, Brahim und Kemmesies, Uwe Hrsg. 2020. *Handbuch Extremismusprävention. Gesamtgesellschaftlich. Phänomenübergreifend.* Wiesbaden: Bundeskriminalamt.

Download: https://www.bka.de/SharedDocs/Downloads/DE/ Publikationen/Publikationsreihen/PolizeiUndForschung/1_54_ HandbuchExtremismuspraevention.html

Dieser umfangreiche Sammelband beschäftigt sich mit Phänomenen der politisch motivierten Kriminalität, Prozessen der Radikalisierung und Praxisproblemen. Dazu gehören ein Überblick über die Präventionslandschaft, Praxiskonzepte der Extremismusprävention und Fragen der Umsetzung. In elf Exkursen werden spezielle Fragen diskutiert wie etwa das Verhältnis von Terroristen und Journalisten, Prävention in der Fußballfan-Szene und digitale Gewalt und Handlungsmöglichkeiten der Opfer.

Daase, Christopher/Deitelhoff, Nicole/Junk, Julian, Hrsg. 2019. *Gesellschaft extrem. Was wir über Radikalisierung wissen.* Frankfurt/New York: Campus.

Die sieben Kapitel dieses interdisziplinär angelegten Sammelbandes bieten eine Bestandsaufnahme des Forschungsstandes zur Radikalisierung und Deradikalisierung. Neben theoretisch-konzeptuellen einleitenden Bemerkungen geht es um individuelle, gruppenbezogene und gesellschaftliche Radikalisierung, Deradikalisierungsprojekte und ihre Begründungen, die Rolle des Internets und Fragen der Evaluation von Radikalisierungspräventionsmaßnahmen.

Della Porta, Donatella. 2013. *Clandestine Political Violence.* Cambridge University Press.

Die Autorin untersucht in vergleichender Perspektive linke, rechte, ethno-nationalistische und religiös-fundamentalistische geheimbündlerisch-militante Gruppen. Im Mittelpunkt der Handlungsdynamik steht das Dreieck von militanten Gruppen, unterstützenden sozialen Bewegungen und politischen Gegen-Bewegungen und den Reaktionen des Staates. Damit entwickelt della Porta einmal mehr eine richtungsweisende Forschungsperspektive.

Göttinger Institut für Demokratieforschung, Hrsg. 2020. *Demokratie-Dialog. Werkstattbericht der Forschungs- und Dokumentationsstelle zur Analyse politischer und religiöser Extremismen in Niedersachsen (foDEx).* Göttingen: Göttinger Institut für Demokratieforschung.

Berichtet wird über linke Militanz, radikalen Islam und die extreme Rechte und ihr Umfeld auch über Niedersachsen hinaus. Bisher sind sechs Ausgaben erschienen (Stand: Juli 2020). Kontakt: www.fodex-online.de

Ebner, Julia. 2020. *Radikalisierungsmaschinen. Wie Extremisten die neuen Technologien nutzen und uns manipulieren.* Bonn: Bundeszentrale für Politische Bildung.

In einer Mischung aus Reportage und Analyse beschreibt die Autorin, wie extremistische Gruppen aller Schattierungen das Internet nutzen um zu rekrutieren, zu mobilisieren und um anzugreifen. Ziel sei es für die Zivilgesellschaft, Gegen- kulturen und geschützte Blasen hervorzubringen, um die Radikalisierungsprozesse voranzutreiben.

Uwe Backes und Eckhard Jesse, Hrsg. 1989ff. *Jahrbuch Extremismus & Demokratie.* Baden-Baden: Nomos.

Dieses Jahrbuch enthält Abhandlungen, Daten und Dossiers sowie Buchbesprechungen über Veröffentlichungen des jeweils vorhergehenden Jahres. Abgedeckt wird der politische Extremis- mus in einem sehr weiten Sinne, wobei der politikwissenschaft- liche Zugang dominiert. Es ist eine wahre Fundgrube für Leser, die sich systematisch informieren wollen und längst schon zum Standardwerk geworden.

Möllers, Martin H.W. und van Ooyen, Robert Chr., Hrsg. 2002ff. *Jahrbuch Öffentliche Sicherheit.* Frankfurt am Main: Verlag für Polizeiwissenschaft.

http://www.jbös.de/

Dieses im Abstand von zumeist zwei Jahren erscheinende Jahrbuch versammelt Fachaufsätze überwiegend aus einer politikwissenschaftlichen und staatsrechtlichen Sicht. Es geht um die Entwicklung des politischen Extremismus selbst, mehr noch aber um den staatlichen Umgang damit. Gängige Kapitel-überschriften sind etwa Wehrhafte Demokratie, öffentliche Sicherheit in Deutschland, Europäische Sicherheitsarchitektur, internationale Sicherheit. Vor allem für Fragen des staatlichen Umgangs mit Linksextremismus ist dieses Jahrbuch eine vorzügliche Adresse.

Lützinger, Saskia. 2010. *Die Sicht der Anderen. Eine qualitative Studie zu Biographien von Extremisten und Terroristen.* Köln: Luchterhand.

Der Band ist das Ergebnis eines empirischen Forschungsprojektes der Forschungsstelle Terrorismus/Extremismus im Bundeskriminalamt. In Zusammenarbeit mit der Universität Duisburg-Essen wurden 40 inhaftierte männliche Personen befragt, die aus islamistischen, rechts- und linksextremistischen Motiven heraus Straftaten begangen hatten. Diese erste empirisch vergleichende Studie fragt nach Gemeinsamkeiten und Unterschieden der verschiedenen Extremismen im Hinblick auf die Motive von Tätern. Es wird die These vertreten, dass der Eintritt in bestimmte Formen des Extremismus zufälligen und situativen Charakter hat, denn die vorausgehenden Lebenslagen und Problemfelder sind ähnlich: Schwierige Kindheit und Jugend, kaum Erleben von Akzeptanz und Sicherheit, Suche nach Rückhalt und Geborgenheit. So gesehen sind die politischen Aspekte des Extremismus eher sekundär, im Zentrum der Aktivisten und Sympathisanten stehen eher identitätsstiftende Momente.

Pfahl-Traughber, Armin und Hochschule des Bundes für öffentliche Verwaltung, Hrsg. 2006 ff. *Jahrbuch für Extremismus- und Terrorismusforschung.* Brühl: Hochschule des Bundes für öffentliche Verwaltung.
    http://www.hsbund.de/DE/01_Hochschule/30_ Zentrale_Hochschulverwaltung/15_Referat_W/40_ Publikationen/20_Schriften_Extremismus_Terrorismus/ Schriften_Extremismus_Terrorismus-node.html

Dieses seit 2006 zumeist zweijährlich erscheinende Jahrbuch versammelt Fachaufsätze zu den Themen Links- und Rechtsextremismus, Islamismus und Terrorismus. Kurze Zusammenfassungen am Schluss erleichtern die Orientierung. Das Jahrbuch ist hilfreich, indem es den neueren Stand der sozialwissenschaftlichen Extremismusforschung aus einer überwiegend politikwissenschaftlichen Sicht dokumentiert.

C. Linksextremismus

Baron, Udo. 2017. *Linksextremisten in Bewegung.* http://www.bpb.de/politik/extremismus/linksextremismus /261924/linksextremisten-in-bewegung/. Zugegriffen: 2. Juli 2020.

Der Beitrag diskutiert anhand der militanten Proteste gegen das G20-Treffen im Juli 2017 in Hamburg die Spannungen zwischen den klassischen Autonomen und den sogenannten „Post-Autonomen". Ihnen geht es – entgegen den anarchistischen Grundstimmungen – um mehr Organisation, Strategie und Planungen. Der Autor vertritt die These, dass die politische Kraft der autonomen Bewegung erheblich zunehmen könnte, wenn sich die Post-Autonomen durchsetzen.

Dovermann, Ulrich, Hrsg. 2011. *Linksextremismus in der Bundesrepublik Deutschland.* Bonn: Bundeszentrale für Politische Bildung.

Der Sammelband enthält 15 Beiträge und dokumentiert ein Streitgespräch. Themen sind unter anderem: Ideengeschichte des linken Extremismus, Geschichte des linken Radikalismus in der Bundesrepublik nach 1945, die linksalternative Szene in Berlin, die Autonomen, linker politischer Extremismus in Europa.

Linksextremismus. 2019. http://www.bpb.de/politik/extremismus/linksextremismus/. Zugegriffen am 2. Juli 2020.

Dieser Link führt zum Abschnitt über Linksextremismus des von der Bundeszentrale für politische Bildung herausgegebenen Dossiers über Extremismus. Der Abschnitt bietet Begriffsbestimmungen, informiert über Akteure, Gruppen, Strömungen und historische Hintergründe. Kontroverse Debatten etwa über den Begriff „Extremismus" werden dokumentiert. Der Abschnitt eignet sich sehr gut als Einstieg in die Debatte, aber auch als Quelle für den neueren Stand der Diskussion und nicht zuletzt auch für Zwecke der politischen Bildung.

Pfahl-Traughber, Armin. 2020. *Linksextremismus in Deutschland. Eine kritische Bestandsaufnahme.* 2. Auflage, Wiesbaden: Springer VS.

Der Band informiert über den Forschungsstand, Definitionsprobleme, ideologische Grundlagen, historische Aspekte, Organisationen, Linksterrorismus und die Lage in neun europäischen Ländern. Er eignet sich gut als Einführung, aber durch die kleinteilige Gliederung geht er sehr in die Breite und wenig in die Tiefe.

D. Rechtsextremismus und -populismus

Ahlheim, Klaus und Kopke, Christoph. 2017. *Handlexikon rechter Radikalismus.* Ulm: Klemm + Oelschläger.

Dieses empfehlenswerte Handlexikon eignet sich sowohl zum Nachschlagen von Begriffen von „Antifaschismus, Antifa" über „Mobile Beratung gegen Rechtsextremismus" bis hin zu „Zivilgesellschaft in der Auseinandersetzung mit rechtem Radikalismus" als auch zur einführenden Lektüre. Die jeweiligen Artikel sind kurze Aufsätze mit einem guten Problemaufriss und sie geben weiterführende Literatur an.

Pfahl-Traughber, Armin. 2019. *Die AfD und der Rechtsextremismus. Eine Analyse aus politikwissenschaftlicher Perspektive.* Wiesbaden: Springer VS.

Diese einführende und knappe, 48-seitige Einführung gibt einen guten ersten Überblick. Nach einer Definition von „Rechtsextremismus" geht es um Aussagen von AfD-Funktionsträgern, gefolgt von einer Verortung der AfD im Spektrum des Rechtsextremismus und einer abschließenden Einschätzung. Im Ergebnis bescheinigt der Autor der AfD eine eindeutige rechtsextreme Orientierung im Laufe eines mehrjährigen Radikalisierungsprozesses.

Salzborn, Samuel. 2014. *Rechtsextremismus. Erscheinungs-formen und Erklärungsansätze.* Baden-Baden: Nomos.
Diese Einführung beginnt mit einer Diskussion des Begriffs „Rechtsextremismus". Es folgt ein Abschnitt über Erscheinungs-formen wie Parteien, Vereinigungen, Medien und Neue Rechte. Es folgt ein längerer Abschnitt über Erklärungsansätze, bevor am Schluss Präventions- und Interventionsmöglichkeiten vorgestellt werden.

Schroeder, Wolfgang u. a. 2020. *Bedrängte Zivilgesellschaft von rechts. Interventionsdruck und Reaktionsmuster.* Frankfurt am Main: Otto Brenner Stiftung.
www.otto-brenner-stiftung.de/fileadmin/user_data/stiftung/02_ Wissenschaftsportal/03_Publikationen/AH102_Rechtspopulis-mus.pdf. Zugegriffen am 14. Juni 2020. Untersucht wird, wie der Rechtspopulismus versucht, zivilgesellschaftliche Organisationen wie Gewerkschaften, Kirchen, Sportvereine und kulturelle Ein-richtungen zu unterwandern.

Virchow, Fabian und Langebach, Martin und Häusler, Alexander, Hrsg. 2016. *Handbuch Rechtsextremismus.* Wiesbaden: Springer VS.
Dieses Handbuch versammelt 18 durchaus in die Tiefe gehende Beiträge, die für die gegenwärtige politikwissenschaft-liche Diskussion von Bedeutung sind. Es geht unter anderem um eine Einschätzung des wissenschaftlichen Diskussionsstandes, die Geschichte des Rechtsextremismus in der Bundesrepublik, seine Themen, Organisationsformen und Inhalte.

Weiß, Volker. 2017. *Die autoritäre Revolte. Die Neue Rechte und der Untergang des Abendlandes.* Stuttgart: Klett Cotta.
Diese sehr kenntnisreiche Darstellung wählt einen zeit-geschichtlich-essayistischen Ansatz. Er reicht von der Ent-stehung der Neuen Rechten im Umfeld von Armin Mohler in den 1950er Jahren bis hin zu den aktuellen Ausformungen um Pegida und die AfD. Überraschend ist die These, dass die Neue Rechte und die Islamisten sich durchaus ähneln im Kampf gegen Demokratie und Aufklärung.

E. Fundamentalismus, Islamismus, Salafismus

Buchta, Wilfried. 2017. *Die Strenggläubigen. Fundamentalismus und die Zukunft der islamischen Welt.* Bonn: Bundeszentrale für Politische Bildung.

Dieser historisch angelegte Band rekonstruiert die Konflikte innerhalb des Nahen Ostens und der arabischen Welt und die Konfrontationen mit der westlichen Welt. Die Auseinandersetzungen zwischen Sunniten und Schiiten, die iranische Revolution 1979, die Entstehung von Al-Quaida und des Islamischen Staates und das Kriegsgeschehen im Nahen Osten sind weitere Schwerpunkte.

Biene, Janusz und Daase, Christopher und Junk, Julian und Müller, Harald (Hrsg.). 2016. *Salafismus und Dschihadismus in Deutschland. Ursachen, Dynamiken, Handlungsempfehlungen.* Frankfurt/New York: Campus.

Der Band enthält acht Beiträge, die den wissenschaftlichen Erkenntnisstand gut abbilden. Es geht um die Herausforderungen empirischer Forschung, Rekrutierung, salafistische Karrieremuster, dschihadistische Rechtfertigungsnarrative und schließlich um Prävention und Deradikalisierung.

Neumann, Peter R. 2016. *Der Terror ist unter uns. Dschihadismus und Radikalisierung in Europa.* Berlin: Ullstein.

Im ersten Teil dieses als politisches Sachbuch konzipierten Bandes untersucht der Autor Radikalisierungsverläufe. Dabei werden Bausteine von Radikalisierungsprozessen herausgearbeitet und verschiedene Bewegungen miteinander verglichen. Dabei gibt es Gemeinsamkeiten und Unterschiede zwischen den Radikalisierungsverläufen im IS, NSU und der RAF. Im zweiten Teil werden unter anderem Religion, Internet und „einsame Wölfe" in der dschihadistischen Bewegung untersucht.

F. Terrorismus

Atwan, Abdel Bari. 2016. *Das digitale Kalifat. Die geheime Macht des Islamischen Staates.* München: C.H. Beck.

Bari verbindet die Geschichte des Islamischen Staates und den journalistischen Blick ins Innere der Organisation mit einer Analyse des Digitalisierungsprozesses. So gesehen kann der IS als warnendes Beispiel dienen für künftige, digital organisierte und gesteuerte Formen des transnationalen Terrorismus.

Bundeszentrale für Politische Bildung (Hrsg.). 2019. *Themenheft „Rechtsterrorismus"*. Aus Politik und Zeitgeschichte 49–50/2019, 2. Dezember 2019.

Beiträge zum Begriff „Rechtsterrorismus" und zu seiner Geschichte in Deutschland, zum NSU-Prozeß und zu transnationalen Aspekten.

Hegemann, Hendrik und Kahl, Martin. 2018. *Terrorismus und Terrorismusbekämpfung. Eine Einführung.* Wiesbaden: Springer VS.

Nach einer Begriffsbestimmung geht es um Motive von Terroristen, Erscheinungsformen, Erklärungsansätze und Maßnahmen zur Terrorismusbekämpfung. Am Schluss findet sich ein Kapitel mit offenen Fragen und ein kommentiertes Literaturverzeichnis.

Jost, Jannis. 2017. Der Forschungsstand zum Thema Radikalisierung. In *SIRIUS. Zeitschrift für strategische Analysen.* Heft 1: 80–89.

Vorgelegt wird ein komprimierter Überblick unter besonderer Berücksichtigung der anglo-amerikanischen Diskussion. Theorien sozialer Bewegungen im Umfeld von Charles Tilly, die Differenzierung nach Mikro-, Meso- und Makroebenen sowie Forschungen über Identität stehen im Mittelpunkt.

Malthaner, Stefan und Waldmann, Peter (Hrsg.). 2012. *Radikale Milieus. Das soziale Umfeld terroristischer Gruppen.* Frankfurt am Main/New York: Campus.

Die Bedeutung von Milieus und sozialem Umfeld für die Entstehung und Stabilisierung terroristischer Gruppen wurde lange unterschätzt. In der polizeilichen Diskussion stehen „Gefährder" oder „relevante Personen" für solche Umfelder, doch die Personalisierung auf Einzelne verkürzt die Bedeutung der Milieus. Dieser Band versammelt Fallstudien unter anderem zur Roten-Armee-Fraktion (RAF) und der Bewegung 2. Juni sowie weitere Fallstudien über rechtsextreme, salafistische und ethnisch-religiöse Terrorgruppen.

Steinberg, Guido. 2014. *Al-Quaidas deutsche Kämpfer. Die Globalisierung des islamistischen Terrorismus.* Hamburg: Edition Körber.

Themen in dieser umfassenden Darstellung sind unter anderem die Geschichte des Dschihadismus in Deutschland, Rekrutierung und Radikalisierung, Einsätze deutscher Dschihadisten im Ausland. Diese Bereiche werden eingeordnet in die internationale Entwicklung des islamistischen Terrorismus.

G. Internet-Adressen

www.belltower.news
Von der Amadeo-Antonio-Stiftung herausgegebener Informationsdienst, Schwerpunkte: Rassismus, Rechtsextremismus und Antisemitismus.

https://www.bka.de/SiteGlobals/Forms/Autorenliste/Autorensuche_Formular.html?nn=3806
Die Website des Bundeskriminalamtes enthält frei zugängliche Publikationen und Forschungsergebnisse zu politisch motivierter Kriminalität, Extremismus und Terorismus.

www.bnr.de
Blick nach rechts. Sozialdemokratischer Informationsdienst. Er wendet sich vor allem an Journalisten, bietet neben Informationen auch ein bis 196 zurückreichendes Archiv. Er ist in Teilen kostenpflichtig.

www.bpb.de
Bundeszentrale für politische Bildung. Die Homepage hat einen eigenen Themenbereich Rechtsextremismus und umfasst

vor allem Materialien für den Unterricht. Sie enthält darüber hinaus ein Online-Lexikon Ausländer, Fremdenfeindlichkeit, Extremismus sowie Materialien über Linksextremismus und Fundamentalismus.

https://hait.tu-dresden.de/ext/
Website des Hannah-Arendt-Instituts für Totalitarismusforschung an der Universität Dresden. Schwerpunkte sind totalitäre Herrschaft und politischer Extremismus in historischer, vergleichender und aktueller Sicht.

www.jugendschutz.net
Das „jugendschutz.net" wurde 1997 von den Jugendministerien der Länder gemeinsam eingerichtet, um für die Beachtung des notwendigen Jugendschutzes in den neuen Informations- und Kommunikationsdiensten zu sorgen. Regelmäßig erscheinen Berichte über Rechtsextremismus, Hasskriminalität und Islamismus im Netz.

www.mut-gegen-rechte-gewalt.de
Unterstützt vom Wochenmagazin „Stern" sind hier Informationen und Hilfen für gesellschaftliche Aktivitäten gegen Rechtsextremismus abrufbar.

www.swp-berlin.org/swp-themendossiers/jihadismus/
Das laufend aktualisierte Dossier der Berliner Stiftung Wissenschaft und Politik bietet aktuelle Informationen und wissenschaftliche Darstellungen des Dschihadismus in einer internationalen Perspektive.

www.verfassungsschutz.de
Eine erste Adresse, wenn es um amtliche Informationen und Analysen des organisierten Extremismus geht. Mit Links auf die Landesämter für Verfassungsschutz, die ihrerseits teilweise sehr informative websites anbieten.

https://violence-prevention-network.de
Website von Violence Prevention Network, einer der wichtigsten
NGOs zu Ausstiegshilfen aus dem Extremismus und zu
Deradikalisierung. Hier werden auch wissenschaftliche Literatur
und Forschungsergebnisse angeboten.

www.zentrum-demokratische-kultur.de
Hier werden vor allem Ausstiegshilfen, Elternhilfe sowie
Jugend- und Erwachsenenbildungsangebote koordiniert, aber
auch kommunale Beratung. Auch kann hier die wissenschaftliche Online-Zeitschrift JEX Zeitschrift für Deradikalisierung
heruntergeladen werden.

Literatur

Arzheimer, Kai. 2019. Extremismus. In *Politikwissenschaftliche Einstellungs- und Verhaltensforschung,* Hrsg. Thorsten Faas, Oscar W. Gabriel, und Jürgen Maier, 296–308. Baden-Baden: Nomos.

Atwan, Abdel Bari. 2016. *Das digitale Kalifat. Die geheime Macht des Islamischen Staates.* München: Beck.

Backes, Uwe. 2006. *Politische Extreme. Eine Wort- und Begriffsgeschichte von der Antike bis zur Gegenwart.* Göttingen: Vandenhoeck & Ruprecht.

Baeyer-Katte, Wanda v. et al. 1982. *Gruppenprozesse. (Analysen zum Terrorismus Bd. 3).* Opladen: Westdeutscher Verlag.

Beck, Ulrich. 2005. Politik der Angst. Die offene Gesellschaft und die Terroristen. *Süddeutsche Zeitung,* 25. Juli.

Bednarz, Liane. 2019. *Die Angstprediger. Wie rechte Christen Gesellschaft und Kirchen unterwandern.* Bonn: Bundeszentrale für Politische Bildung.

Birsl, Ursula, Hrsg. 2011. *Rechtsextremismus und Gender.* Opladen & Farmington Hills: Budrich.

Bitzan, Renate. 2016. Geschlechterkonstruktionen und Geschlechterverhältnisse in der extremen Rechten. In *Handbuch Rechtsextremismus*, Hrsg. Fabian Virchow, Martin Langebach, und Alexander Häusler, 325–374. Wiesbaden: Springer VS.

BKA/BfV/HKE. 2016. Analyse der Radikalisierungshintergründe und -verläufe der Personen die aus islamistischer Motivation aus Deutschland in Richtung Syrien oder Irak ausgereist sind. Fortschreibung 2016. https://www.bka.de/SharedDocs/Downloads/DE/Publikationen/Publikationsreihen/Forschungsergebnisse/2016AnalyseRadikalisierungsgruendeSyrienIrakAusreisende.html?nn=27638.

Blasius, Dirk. 2005. *Weimars Ende. Bürgerkrieg und Politik 1930–1933.* Göttingen: Vandenhoeck & Ruprecht.

Borstel, Dierk und Wilhelm Heitmeyer. 2012. Menschenfeindliche Mentali-
    täten, radikalisierte Milieus und Rechtsterrorismus. In *Radikale Milieus.
    Das soziale Umfeld terroristischer Gruppen,* Hrsg. Stefan Malthaner
    und Peter Waldmann, 339–368. Frankfurt a. M.: Campus.
Bracher, Karl Dietrich. 1982. *Zeit der Ideologien. Eine Geschichte
    politischen Denkens im 20. Jahrhundert.* Darmstadt: Wissenschaftliche
    Buchgesellschaft.
Braml, Josef. 2004. *Die religiöse Rechte in den USA. Basis der Bush-
    Administration?*   www.swp-berlin.org/fileadmin/contents/products/
    studien/2004_S35_brl_ks.pdf. Zugegriffen: 8. Juli 2020.
Buchta, Wilfried. 2017. *Die Strenggläubigen. Fundamentalismus und die
    Zukunft der islamischen Welt.* Bonn: Bundeszentrale für politische
    Bildung.
Bundesministerium des Innern und für Heimatschutz (Hrsg.). 2013 ff.
    Jahresberichte Politisch motivierte Kriminalität. Berlin: Bundes-
    ministerium des Innern und für Heimatschutz.
Bundesministerium des Innern und für Heimatschutz (Hrsg.). 2019. *Ver-
    fassungsschutzbericht 2018.* Berlin: Bundesministerium des Innern und
    für Heimatschutz.
Bundesministerium des Innern und für Heimatschutz (Hrsg.). 2020. *Ver-
    fassungsschutzbericht 2019.* Berlin: Bundesministerium des Innern und
    für Heimatschutz.
Daase, Christopher, et al., Hrsg. 2019. *Gesellschaft extrem. Was wir über
    Radikalisierung wissen.* Frankfurt a. M.: Campus.
Dantschke, Claudia. 2015. Radikalisierung von Jugendlichen durch
    salafistische Strömungen in Deutschland. *Zeitschrift für Jugendkriminal-
    recht und Jugendhilfe* 1:43–48.
Della Porta, Donatella. 2013. *Clandestine political violence.* Cambridge:
    Cambridge University Press.
Dienstbühl, Dorothee. 2014. *Erscheinungsformen und Auswirkungen des
    transnationalen symbiotischen Terrorismus in Deutschland.* Berlin:
    Epubli.
Dittrich, Miro et al. 2020. *Alternative Wirklichkeiten. Monitoring rechts-
    alternativer Medienstrategien.* Berlin: Amadeu Antonio Stiftung.
Dudek, Peter, und Hans-Gerd Jaschke. 1984. *Entstehung und Entwicklung
    des Rechtsextremismus in der Bundesrepublik,* Bd. 1. Opladen: West-
    deutscher Verlag.
Ebner, Julia. 2020. *Radikalisierungsmaschinen. Wie Extremisten die neuen
    Technologien nutzen und uns manipulieren.* Bonn: Bundeszentrale für
    Politische Bildung.
Eckert, Roland, et al. 2001. Lust an der Gewalt. *Journal für Konflikt- und
    Gewaltforschung* 1:28–43.
Europol. 2018. Terrorist threat in the EU remains high despite the decline of
    IS in Iraq and Syria. www.europol.europa.eu/newsroom/news/terrorist-
    threat-in-eu-remains-high-despite-decline-of-in-iraq-and-syria.

Falter, Jürgen W. 1994. *Wer wählt rechts? Die Wähler und Anhänger rechts-extremistischer Parteien im vereinigten Deutschland*. München: Beck.

Fichter, Michael et al. 2004. *Ausgewählte Ergebnisse des Forschungs-projekts „Gewerkschaften und Rechtsextremismus"*. Berlin. https://docplayer.org/75265050-Michael-fichter-richard-stoess-bodo-zeuner-ausgewaehlte-ergebnisse-des-forschungsprojekts-gewerkschaften-und-rechtsextremismus-1.html.

Frankenberger, Patrick et al. 2015. Islamismus im Internet. Propaganda, Verstöße, Gegenstrategien. www.Jugendschutz.net.

Frischlich, Lena, et al. 2017. *Videos gegen Extremismus? Counter-Narrative auf dem Prüfstand*. Wiesbaden: Bundeskriminalamt.

Funke, Hajo. 2015. *Staatsaffäre NSU. Eine offene Untersuchung*. Münster: Kontur.

Gareis, Sven Bernhard. 2003. Die neuen Gesichter des Krieges – Wesens-merkmale, Reaktionsformen und erforderliche Strategien. In *Jahr-buch Öffentliche Sicherheit 2002/2003*, Hrsg. Martin H.W. Möllers und Robert C. van Ooyen, 479–496. Frankfurt a. M.: Verlag für Polizei-wissenschaft.

Gemein, Gisbert, und Hartmut Redmer. 2005. *Islamischer Fundamentalis-mus*. Münster: Aschendorff.

Giddens, Anthony. 1999. *Jenseits von Links und Rechts. Die Zukunft radikaler Demokratie*. Frankfurt a. M.: Suhrkamp.

Göhler, Gerhard. 2002. Konservatismus im 19. Jahrhundert – eine Ein-führung. In *Politische Theorien des 19. Jahrhunderts. Konservatis-mus, Liberalismus, Sozialismus,* Hrsg. Gerhard Göhler, 19–32. Berlin: Akademie.

Goertz, Stefan. 2019. Islamistischer Terrorismus und Organisierte Kriminalität. *SIAK Journal* 3:65–77.

Grande, Hanna, et al. 2016. *Dschihadismus: Prozesse der Radikalisierung in Deutschland*. Berlin: Berliner Wissenschafts-Verlag.

Gumbel, Emil Julius. 1980. *Vier Jahre politischer Mord*. Berlin: Verlag Das Wunderhorn (zuerst 1922).

Habermas, Jürgen. 1973. *Technik und Wissenschaft als Ideologie*. Frankfurt a. M.: Suhrkamp.

Hegemann, Hendrik und Kahl, Martin. 2018. *Terrorismus und Terrorismus-bekämpfung. Eine Einführung*. Wiesbaden: Springer VS.

Hess, Henner. 1988. Terrorismus und Terrorismus-Diskurs. In *Angriff auf das Herz des Staates. Soziale Entwicklung und Terrorismus,* Hrsg. Henner Hess et al. Bd. 1, 55–74. Frankfurt a. M.: Suhrkamp.

Hillebrand, Katrin, et al. 2015. *Politisches Engagement und Selbstverständ-nis linkssaffiner Jugendlicher*. Wiesbaden: Springer VS.

Hobsbawm, Eric. 1995. *Das Zeitalter der Extreme*. München: Hanser.

Hoffman, Bruce. 2001. *Terrorismus – Der unerklärte Krieg. Neue Gefahren politischer Gewalt*. Frankfurt a. M.: Fischer.

Hummel, Klaus et al. 2016. Datenlage und Herausforderungen empirischer Forschung. In *Salafismus und Dschihadismus in Deutschland. Ursachen, Dynamiken, Handlungsempfehlungen,* Hrsg. Biene, Janusz et al., 43–78. Frankfurt a. M.: Campus.

Huntington, Samuel. 1993. The clash of civilizations? *Foreign Affairs* 72 (3): 22–49.

Huntington, Samuel. 1996. *Kampf der Kulturen. Die Neugestaltung der Weltpolitik im 21. Jahrhundert.* Hamburg: Spiegel.

Jaschke, Hans-Gerd. 1991. *Streitbare Demokratie und Innere Sicherheit. Grundlagen, Praxis und Kritik.* Opladen: Westdeutscher Verlag.

Jaschke, Hans-Gerd. 1997. *Öffentliche Sicherheit im Kulturkonflikt. Zur Entwicklung der städtischen Schutzpolizei in der multikulturellen Gesellschaft.* Frankfurt a. M.: Campus.

Jost, Jannis. 2017. Der Forschungsstand zum Thema Radikalisierung. *SIRIUS. Zeitschrift für strategische Analysen* 1:80–89.

Kepel, Gilles. 2009. *Die Spirale des Terrors. Der Weg des Islamismus vom 11. September bis in unsere Vorstädte.* München: Piper.

Kippenberg, Hans G. 1996. Nachwort. In *Herausforderung Fundamentalismus. Radikale Christen, Moslems und Juden im Kampf gegen die Moderne,* Hrsg. Martin E. Marty und Scott A. Appleby, 226–247. Frankfurt a. M.: Campus.

Klärner, Andreas. 2006. „Zwischen Militanz und Bürgerlichkeit" – Tendenzen der rechtsextremen Bewegung am Beispiel einer ostdeutschen Mittelstadt. In *Moderner Rechtsextremismus in Deutschland,* Hrsg. Andreas Klärner und Michael Kohlstruck, 44–67. Hamburg: Hamburger Edition.

Kniest, Karl. 2000. *Die Kühnen-Bewegung.* Frankfurt am Main: Dissertation Universität Frankfurt am Main FB Gesellschaftswiss.

Koenen, Gerd. 2002. *Das rote Jahrzehnt. Unsere kleine deutsche Kulturrevolution 1967–1977.* Frankfurt a. M.: Fischer.

Kraetzer, Ulrich. 2018. Die salafistische Szene in Deutschland. www.bpb.de/politik/extremismus/radikalisierungspraevention/211610/die-salafistische-szene-in-deutschland. Zugegriffen: 2. Juli 2020.

Kreutz, Michael. 2019. Die Muslimbruderschaft. www.bpb.de/politik/extremismus/islamismus286322/die-muslimbruderschaft.Bonn. Zugegriffen: 18. Mai 2020.

Langenbacher, Nora, und Britta Schellenberg, Hrsg. 2011. *Europa auf dem „rechten" Weg? Rechtsextremismus und Rechtspopulismus in Europa.* Berlin: Friedrich-Ebert-Stiftung.

Laqueur, Walter. 2001. *A history of terrorism.* London: Routledge.

Lawrence, Bruce. 2005. *Messages to the world – statements of Osame Bin Laden.* London: Verso.

Lazillière, Penepole. 2003. Palästinensische „Märtyrer": Eine vergleichende Analyse über Selbstmordattentäter. *Journal für Konflikt- und Gewaltforschung* 2:121–142.

Linse, Ulrich (Hrsg.). 1983. *Zurück o Mensch zur Mutter Erde. Land-kommunen in Deutschland 1890–1933.* München: Dtv.

Lohlker, Rüdiger et al. 2016. Transnationale Welten. In *Salafismus und Dschihadismus in Deutschland. Ursachen, Dynamiken, Handlungs-empfehlungen,* Hrsg. Biene, Janusz et al. 199–232. Frankfurt a. M.: Campus.

Maier, Hans. Hrsg. 2003. *Totalitarismus und Politische Religionen. Bd. 3: Deutungsgeschichte und Theorie.* Paderborn: Schöningh.

Malthaner, Stefan und Klaus Hummel. 2012. Islamistischer Terrorismus und salafistische Milieus: Die „Sauerland-Gruppe" und ihr soziales Umfeld. In *Radikale Milieus. Das soziale Umfeld terroristischer Gruppen,* Hrsg. Stefan Malthaner und Peter Waldmann, 245–278. Frankfurt a. M.: Campus.

Malthaner, Stefan und Peter Waldmann. 2012. *Radikale Milieus. Das soziale Umfeld terroristischer Gruppen.* Frankfurt a. M.: Campus.

Marty, Martin E. und Scott A. Appleby. 1996. *Herausforderung Fundamentalismus. Radikale Christen, Moslems und Juden im Kampf gegen die Moderne.* Frankfurt a. M.: Campus.

Meissner, Matthias, und Heike Kleffner, Hrsg. 2019. *Extreme Sicherheit. Rechtsradikale in Polizei, Verfassungsschutz, Bundeswehr und Justiz.* Freiburg: Herder.

Melzer, Ralf, und Sebastian Serafin, Hrsg. 2013. *Rechtsextremismus in Europa. Länderanalysen, Gegenstrategien und arbeitsmarktorientierte Ausstiegsarbeit.* Berlin: Friedrich-Ebert-Stiftung.

Merkel, Wolfgang. 2010. *Systemtransformation. Eine Einführung in die Theorie und Empirie der Transformationsforschung.* Wiesbaden: Springer VS.

Meyer, Thomas. 1989. Der unverhoffte Fundamentalismus. Beobachtungen in der Bundesrepublik. In *Fundamentalismus in der modernen Welt,* Hrsg. Thomas Meyer, 263–286. Frankfurt a. M.: Suhrkamp.

Miliopoulos, Lazaros. 2010. Der Totalitarismus-Ansatz nach 1990. Bestandsaufnahme, Tendenzen, Forschungsperspektiven, in: Uwe Backes/Alexander Gallus/Eckhard Jesse (Hrsg.): In *Jahrbuch Extremis-mus & Demokratie 2009,* Hrsg. Uwe Backes et al., 32–52. Baden-Baden: Nomos.

Minkenberg, Michael. 2005. *Demokratie und Desintegration. Der politik-wissenschaftliche Forschungsstand zu Rechtsradikalismus, Fremden-feindlichkeit und Gewalt.* Berlin: Pro-business.

Mischler, Antonia, et al. 2019. Neue Wege in den Terrorismus? Deutungs-muster extremistischer Ideologien in Social Media. *Rechtswissenschaft. Zeitschrift für rechtswissenschaftliche Forschung* 4:481–524.

Moeller van den Bruck, Arthur. 1923. *Das dritte Reich.* Berlin: Ring.

Möllers, Martin H. W. 2009. Keine Freiheit den Feinden der Freiheit – Instrumente wehrhafter Demokratie in der Praxis. In *Jahrbuch Öffentliche Sicherheit 2008/2009,* Hrsg. Martin H. W. Moellers und

Robert Chr. van Ooyen, 117–152. Frankfurt a. M.: Verlag für Polizei-wissenschaft.

Moreau, Patrick. 2004. Die kommunistischen und postkommunistischen Parteien Westeuropas: Ein unaufhaltsamer Niedergang? *Totalitarismus und Demokratie* 1:35–62.

Münkler, Herfried. 2004. Angriff als beste Verteidigung? Sicherheits-doktrinen in der asymmetrischen Konstellation. *Internationale Politik und Gesellschaft* 3:22–37.

Neugebauer, Gero. 2000. Extremismus – Rechtsextremismus – Links-extremismus. In *Rechtsextremismus in der Bundesrepublik Deutschland. Eine Bilanz*, Hrsg. Wilfried Schubarth und Richard Stöss, 13–37. Bonn: Bundeszentrale für Politische Bildung.

Neumann, Peter et al. 2019. Radikalisierung und De-Radikalisierung: Die Rolle des Internets. In *Gesellschaft extrem. Was wir über Radikalisierung wissen,* Hrsg. Christopher Daase et al., 211–254. Frankfurt a. M.: Campus.

Neumann, Sigmund. 1973 (zuerst 1932). *Die Parteien der Weimarer Republik.* Stuttgart: Kohlhammer.

Pfahl-Traughber, Armin. 2000. Politischer Extremismus – was ist das über-haupt? In *Bundesamt für Verfassungsschutz. 50 Jahre im Dienst der inneren Sicherheit,* Hrsg. vom Bundesamt für Verfassungsschutz, 185–211. Köln: Carl Heymanns.

Pfahl-Traughber, Armin. 2002. *Antisemitismus in der deutschen Geschichte.* Opladen: Leske + Budrich.

Pfahl-Traughber, Armin. 2015. *Linksextremismus in Deutschland. Eine kritische Bestandsaufnahme.* Bonn: Bundeszentrale für Politische Bildung.

Pflieger, Klaus. 2004. *Die Rote Armee Fraktion – RAF – 14.5.1970 bis 20.4.1998.* Baden-Baden: Nomos.

Piper, Ernst. 2005. *Alfred Rosenberg. Hitlers Chefideologe.* München: Pantheon.

Podjavorsek, Peter. 2017. Der Bio-Nazi von nebenan. Völkische Siedler im ländlichen Raum. www.deutschlandfunkkultur.de/voelkische-siedler-im-laendlichen-raum-der-bio-nazi-von.976.de.html?dram:article_id=379541. Zugegriffen: 27. März 2020.

Ramm, Tilo. 2002. Die Frühsozialisten. In *Politische Theorien des 19. Jahr-hunderts. Konservatismus, Liberalismus, Sozialismus,* Hrsg. von Bernd Heidenreich, 429–446. Berlin: Akademie.

Riesebrodt, Martin. 1990. *Fundamentalismus als patriarchalische Protest-bewegung.* Tübingen: Mohr Siebeck.

Riesebrodt, Martin. 2004. Die fundamentalistische Erneuerung der Moderne. In *Fundamentalismus. Politisierte Religionen,* Hrsg. Kilian Kindelberger, 10–27. Potsdam: Brandenburgische Landeszentrale für Politische Bildung.

Röpke, Andrea und Andreas Speit. 2019. *Völkische Landnahme. Alte Sippen, junge Siedler, rechte Ökos.* Berlin: Christoph-links-verlag.

Rudzio, Wolfgang. 1996. *Das politische System der Bundesrepublik Deutschland*, 4. Aufl. Opladen: UTB.

Salzborn, Samuel. 2014. *Rechtsextremismus. Erscheinungsformen und Erklärungsansätze.* Baden-Baden: Nomos.

Scheerer, Sebastian. 2002. *Die Zukunft des Terrorismus. Drei Szenarien.* Lüneburg: Zu Klampen.

Schmitz, Dominic Musa. 2016. *Ich war ein Salafist. Meine Zeit in der islamistischen Parallelwelt.* Bonn: Bundeszentrale für Politische Bildung.

Schneckener, Ulrich. 2003. Globaler Terrorismus. *Informationen zur politischen Bildung* H. 280.

Schröder, Klaus und Monika Deutz-Schroeder. 2016. *Linksextreme Einstellungen und Feindbilder. Befragungen, Statistiken und Analysen.* Frankfurt a. M.: Lang.

Schubert, Klaus, und Martina Klein. 2018. *Das Politiklexikon*. Bonn: Bundeszentrale für Politische Bildung.

Senatsverwaltung für Inneres und für Sport. 2014. *Denis Cuspert – eine jihadistische Karriere.* Berlin: Senatsverwaltung für Inneres und für Sport.

Senatsverwaltung für Inneres und für Sport. 2016. *Verfassungsschutzbericht 2015.* Berlin: Senatsverwaltung für Inneres und für Sport.

Simon, Christian. 2020. Immer wieder rechte Gewalt in Deutschland. https://www.sueddeutsche.de/politik/rechtsextremismus-deutschland-1.4634518?print=true. Zugegriffen: 16. Juli 2020.

Simon, Paul. 2018. Weil Gott es will. Evangelikale Christen stützen Donald Trump. www.zeit.de/kultur/2018-07/evangelikale-donald-trump-religioeser-fundamentalismus-usa-migration. Zugegriffen: 2. Aug. 2020.

Sinus: 5 Millionen Deutsche: „Wir sollten wieder einen Führer haben…". Die SINUS-Studie über rechtsextremistische Einstellungen bei den Deutschen. Reinbek 1981.

Spann, Othmar. 2014. *Der wahre Staat.* Oldenburg: Dogma (Erstveröffentlichung 1921).

Spengler, Oswald. 1933. *Jahre der Entscheidung.* München: Beck.

Steinberg, Guido. 2005. Entwicklungstendenzen im militanten Islamismus. In: *Islamismus. Diskussion eines vielschichtigen Phänomens,* Hrsg. Senatsverwaltung für Inneres, 44–59. Berlin: Senatsverwaltung für Inneres.

Steinberg, Guido. 2015. *Kalifat des Schreckens. IS und die Bedrohung durch den islamistischen Terror.* München: Knaur.

Stowasser, Horst. 2014. *Anarchie! Idee, Geschichte, Perspektiven.* Hamburg: Nautilus.

Tibi, Bassam. 1992. *Islamischer Fundamentalismus, moderne Wissenschaft und Technologie.* Frankfurt a. M.: Suhrkamp.

Townshend, Charles. 2005. *Terrorismus. Eine kurze Einführung.* Stuttgart: Reclam.

Virchow, Fabian. 2016. Rechtsextremismus: Begriffe – Forschungsfelder – Kontroversen. In *Handbuch Rechtsextremismus*, Hrsg. Fabian Virchow, Martin Langebach, und Alexander Häusler, 5–42. Wiesbaden: Springer VS.

Virchow, Fabian. 2016a. *Nicht nur der NSU. Eine kleine Geschichte des Rechtsterrorismus in Deutschland.* Erfurt: Landeszentrale für Politische Bildung Thüringen.

Wagner, Bernd. 2014. *Rechtsradikalismus in der Spät-DDR.* Berlin: Edition Widerschein.

Waldmann, Peter. 2005. Islamistischer Terrorismus – Ideologie, Organisation, Unterstützungspotential. In *Vortragsveranstaltung über den islamistischen Terrorismus in der Industrie- und Handelskammer zu Berlin,* Hrsg. von Securitas, 6–13. Berlin: Securitas.

Weber, Max. 2005. *Die protestantische Ethik und der Geist des Kapitalismus.* Erftstadt: Area.

Wehler, Hans-Ulrich. 2001. *Nationalismus. Geschichte, Formen, Folgen.* München: Beck

Weick, Edgar. 1974. Arbeiterbewegung. In *Handlexikon zur Politikwissenschaft*, Bd. 1, Hrsg. Axel Görlitz, 19–23. Reinbek: Rowohlt.

Weiß, Volker. 2017. *Die autoritäre Revolte. Die Neue Rechte und der Untergang des Abendlandes.* Stuttgart: Klett Cotta.

Weißer, Bettina. 2019. Die Entwicklung des deutschen Terrorismusstrafrechts – Expansionen und notwendige Eingrenzungen. *Rechtswissenschaft* 4:453–480.

Wesel, Uwe. 2004. Mit Bomben und Pistolen. 200 Jahre europäischer Terrorismus von rechts, von links, von unten und von oben. *DIE ZEIT,* 17. Juni 2011.

Willems, Helmut. 2002. Rechtsextremistische, antisemitische und fremdenfeindliche Straftaten in Deutschland: Entwicklung, Strukturen, Hintergründe. In *Handbuch Rechtsradikalismus*, Hrsg. Thomas Grumke und Bernd Wagner, 141–158. Opladen: Leske und Budrich.